瀬戸内しまなみ海道

歴史と文学の旅

森本　繁

浪速社

まえがき

「国鉄山陽本線尾道駅」懐かしい名である。駅前桟橋はすぐその目と鼻の先にあった。その駅前桟橋から瀬戸内の島々へポンポン蒸気船が旅客と文化を運び、島々からここへ若者たちが夢を抱いて上陸し、全国の都会地へと旅立った。

その尾道が四国本土の対岸今治と並んで、瀬戸内しまなみ海道の起点となり、終点となった。平成十一年（一九九九）五月一日、この尾道と今治をつなぐ西瀬戸自動車道が開通し、瀬戸内しまなみ海道と名づけられた。これは瀬戸内の大小九つの島を十の橋で結ぶもので、九つの島とは広島県側で向島・因島・生口島、愛媛県側で大三島・伯方島・見近島・大島・武志島・馬島である。また十の橋とは二十世紀大詰めの先端技術の粋を集めた尾道大橋、新尾道大橋、因島大橋、生口橋、多々羅大橋、大三島橋、伯方・大島大橋、第一・第二・第三の来島海峡大橋である。

この世紀のプロジェクトによって、有史以来海にへだてられていた安芸・備後の広島県と、伊予の愛媛県の内陸部は橋でつながった。たしかにこれは祝福すべきことである。これによって隔離されていた芸予の島々には人の出入りが多くなり、さまざまな都市文化が障害なく入り込んで来ることになる。

だが、その反面、失われるものもまた多く、それをメリットと見るか、デメリットと見るかは人それぞれの受け取り方の問題である。島々と沿海の民俗や伝統的思考様式および対人関係を、封建制社会の残滓と把握するか、失われつつある日本の美風と考えるか……。

同じようなことが、六十四年前、大東亜戦争末期と敗戦直後にもあった。村や町の土地が軍用地として接収され、大勢の疎開者が島々に流入し、敗戦後は軍隊にとられていた復員兵たちがドッとふるさとに帰ってきたときである。

そのときも、村や町の雰囲気が大きく変わった。古くからの仕きたりや、長老支配の自治の形態が変わり、対人関係を律していた伝統的人情が失われた。「封建制打破」のスローガンの下に古来の因習が排除され、「合理的」の名のもとに虚礼廃止と生活改善が断行された。

だが、それらがすべて村や町の改善に役立ったとは思えない。老人たちは口を揃えて「ああつまらぬ世の中になったもんじゃ」と慨嘆し、都市の食糧難のおかげで生活が豊かになったにもかかわらず、農家の老人たちは、農作業で曲がった腰を伸ばしながら、貧しかったむかしの暮らしをなつかしんだ。

では、そうした老人たちが懐旧談に花を咲かせ、若くして村や町を出たさすらい人たちに、ノスタルジアを喚起させるふるさととの民俗と故事来歴とは、どのようなものであったのか?

神話の故事があり、村上水軍の活躍の舞台があり、流人と遊女の物語があり、段々畑と海を生活の場とするさまざまな人のいとなみがあった。

そうしたものを、かつてこの地に足跡を印した文人墨客たちの文学作品を織り交ぜながら紹介したのがこの作品である。

世紀のプロジェクトがもたらした一大変革の背後に何があるのか?

そこに、どんな歴史と人間ドラマが秘められているのか?

閉ざされた島の中と海浜と沖で、どんな伝説が語り継がれてきたのか？

たしかに、平成十一年五月一日の西瀬戸自動車道の開通を前にして、たくさんのイベントが企画され、さまざまなガイドブックが出版された。だが、これらは時期が過ぎれば忘れ去られてしまう一過性のものだった。

より深く、この地域の風土と生活に根ざした地域文化のモニュメントとなるような作品をつくりたい。

そうした願いの下に、わたしは十数年来こつこつと積み重ねてきた研究成果を土台にして、この作品をまとめた。

実をいうとこの作品は、平成十一年（一九九九）二月二十七日午前二時台と三時台に放送されたNHKラジオ深夜便「文学と歴史でめぐる瀬戸内しまなみ海道」を機軸として、それにわたしが当時の因島市をはじめ、沿海各市町村で行った講演内容と、平成十二年の二月から八十回にわたって山陽新聞に執筆した「瀬戸内しまなみ海道　歴史と文学の旅」および平成十四年三月から二十一回にわたって愛媛新聞に掲載したその続編を大幅に書き換え、加筆して、まとめたものである。

深夜便は、その年五月一日に西瀬戸自動車道が開通する直前ということもあって多大の反響を呼び、山陽・愛媛両新聞の連載記事も概して好評であった。

その後数年を閲《けみ》して、平成十七年（二〇〇五）に大合併が行われて行政区画が変わり、その翌年の五月に未完成であった西瀬戸自動車道も全面開通したので、これを契機に完全版のかたちで作品を上梓することに思い至った。

対象としたエリアは、尾道市と今治市および愛媛県越智郡上島町と広島県豊田郡大崎上島町の木江である。そして、この地域を訪れた内外文人たちの作品の断章は可能なかぎりすべてを網羅して解説し、わたしが長年にわたって発掘し、研究してきた郷土史の成果も隈なく盛り込んだ。

ところが、その時は適当な出版社が見当たらず、発表の機会を逸してそのままになっていたが、今年の五月一日、瀬戸内しまなみ海道が開通から十年を迎えるのを記念してこれを出版し、地域文化の遺産として後世に伝えたいと決意した。

このしまなみ海道にどのような故事来歴が秘められているか……どのような観光資源があるか……そして、この地域の景観と人情が、古今の文人たちに、どのような感動を与え、どんな作品を残してきたか……それらを本書によって会得し、理解していただけることを念願してこの作品をまとめたのである。

幸い、今年が瀬戸内しまなみ海道開通一〇周年を迎えるので、丁度良い機会だと思い、浅学非才をかえりみず、敢えて出版に踏み切った次第である。

本書によって、瀬戸内の歴史と民俗への理解が深まり、旅の情趣が一層かき立てられることを念じてやまない。

平成二十一年三月二十九日

森　本　　繁

瀬戸内しまなみ海道　歴史と文学の旅——目　次

後編

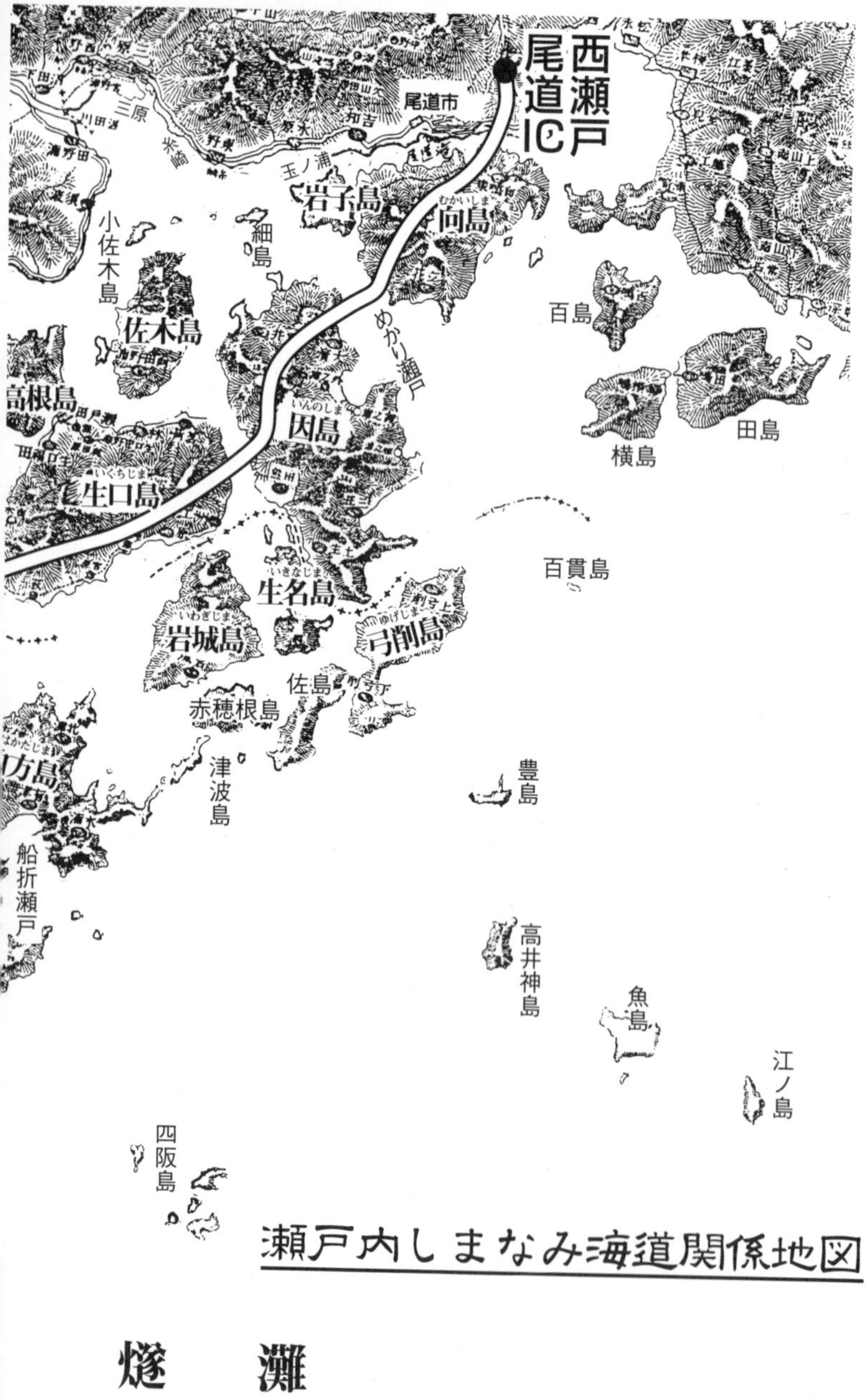

瀬戸内しまなみ海道関係地図

広島県
竹原
阿波島
忠海
大久野島
ひょうたん島
横島
おおみしま
大三島
大崎上島
古城島
栗のせと
伯
小大下島
大下瀬戸
大下島
観音崎
大崎下島
大角鼻
舵取鼻
波方
鵜島
能島
津島
おおしま
大島
小島
馬島
武志島
来島
中渡島
来島海峡
斉
灘
大西
南光坊
延命寺
今治 IC
今治港
今治市
蒼社川
頓田川
比岐島
平市島
野
間
菊間
高縄山
泰山寺
栄福寺
国分寺
仙遊寺
唐子浜
鈍川温泉
愛媛県

大宝山
千光寺
玉の岩
千光寺公園
暗夜行路のみち
千光寺みち
宝土寺
信行寺
天寧寺
善勝寺
艮神社
妙宣寺
慈観寺
正授院
長江小学校
御袖天満宮
タイル小路
大山寺
愛宕山
蓮華坂
福善寺
常称寺
磯弁天
丹花小路
商店街
西国寺
金剛院
持善院
浄泉寺
八幡神社
正念寺
尊光寺
八坂神社
かんざし灯籠
住吉神社
中央桟橋
防地峠へ
高等女学校
久保小学校
山王神社
瑠璃山
西郷寺
海徳寺
国道2号
奥の院へ
浄土寺
海龍寺
水道（玉ノ浦）

旧尾道市街史跡地図

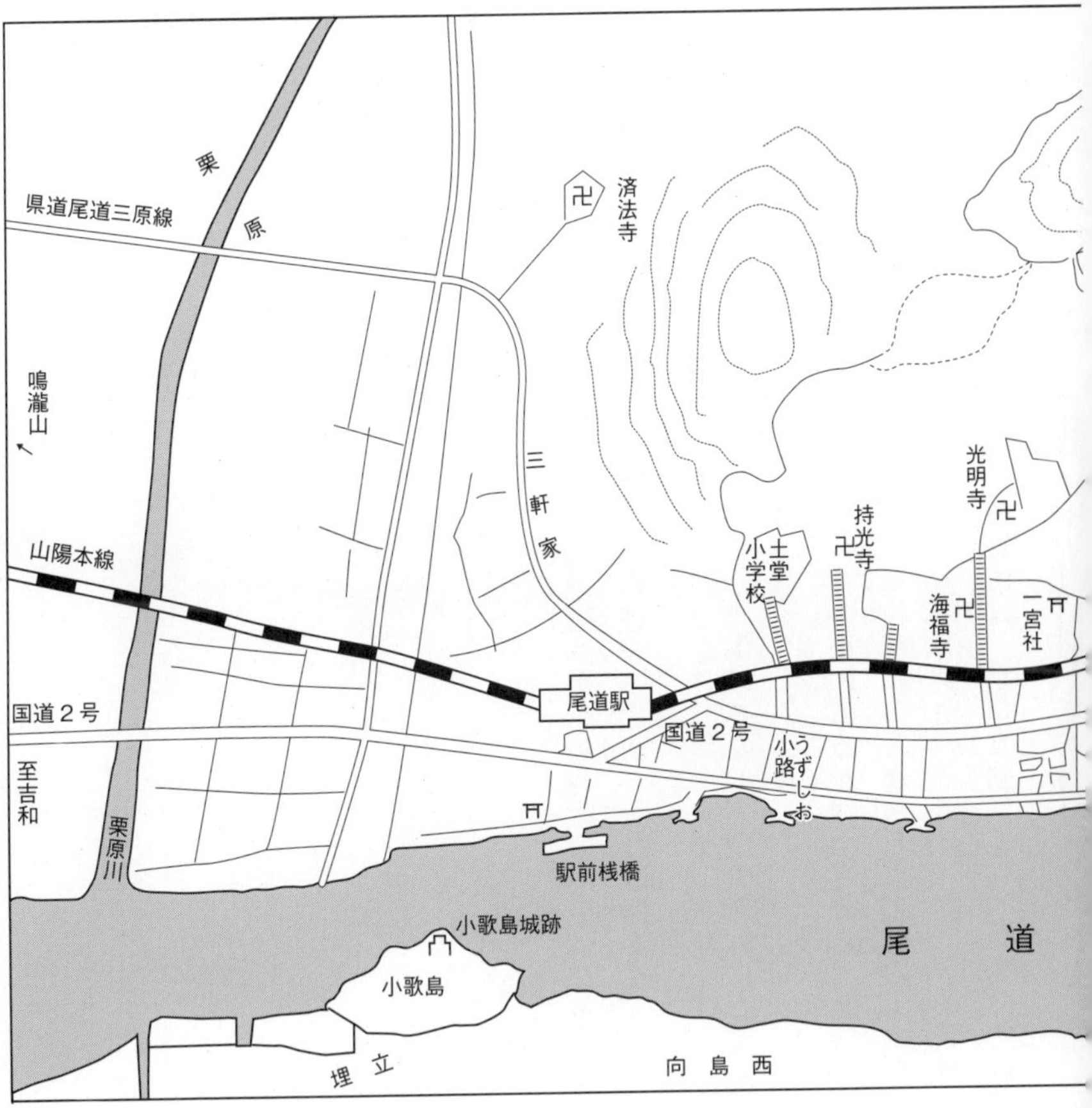
栗原
県道尾道三原線
済法寺
鳴瀧山
三軒家
光明寺
持光寺
土堂小学校
山陽本線
海福寺
一宮社
尾道駅
国道２号
国道２号
小路
うずしお
至吉和
栗原川
駅前桟橋
小歌島城跡
小歌島
尾道
埋立
向島西

前編——

尾道（尾道市）

備後尾道名所案内記

尾道は広島県備後国御調郡《みつぎのごおり》の南部に位《くらい》し、山陽鉄道岡山広島両駅の中央に在る中国無二の一大良港にして、海陸運輸の便四通八達《べんしつうはったつ》し、汽車汽船の往来《ゆきき》・出入《でいり》・昼夜間断《ひるよるたえま》なく、物貨《ぶっか》の集散《しゅうさん》、商業の殷盛《いんせい》、敢《あえ》て五港に譲らず。

地勢は山を負ひ、海に臨み、前湾向島《むかいしま》を横たへ、一海峡をなし、空気新鮮にして気候平和、夏涼しく、冬暖かに、伝染病の流行等きわめて希《まれ》なり。

有名なる三大伽藍《がらん》は三方《さんぽう》に巍然《ぎぜん》として鼎峙《ていじ》し、その東にあるを浄土寺《じょうどじ》とし、北にあるを西国寺《さいこくじ》とし、西にあるを千光寺《せんこうじ》とす。そのほか、古刹旧蹟枚挙《ふるでらきゅうせきまいきょ》にいとまあらず。その山水《さんすい》の明媚風光《めいびふうこう》の佳麗《かれい》なる、妙画《みょうが》も及ぶあたわざる所にして、特に多島海眺望《たとうかいちょうぼう》の若《ごと》きは、実に宇宙間無比《うちゅうかんむひ》の絶景《ぜっけい》なり。かつ湾内水《みず》深くして魚類に富《と》み、発刺《はつらつ》たる鮮魚《せんぎょ》は、常に食膳《しょくぜん》に上《のぼ》り、海魚《うみうお》の新鮮美味《しんせんびみ》なるものも、亦《また》他方《たしょ》のなき所《ところ》なり。
故に四方遊覧《しほうゆうらん》の人士商賈《しょうこ》估客《こかく》となく、風流韻士《ふうりゅういんし》となく、四時《しじ》を問はず、遠近《とおきちかき》を論ぜず、杖《つえ》を比《この》地《ち》に曳《ひ》くもの、常《つね》に踵《きびす》を断《た》たず。まことに山陽《さんよう》の仙郷《せんきょう》、天下の楽土《らくど》なり。

この文章は、備後尾道町賛同協会が、明治二十八年（一八九五）三月三十一日に発行した『備後尾道名所案内記』のはしがきの部分である。

したがって、この文章中の「四方遊覧の人士」の中に、明治三十九年にやってきて暮らした倉田《くらた》百三《ひゃくぞう》や大正元年から翌年にかけて滞在した志賀直哉《しがなおや》などの文豪と閨秀《けいしゅう》作家の林芙美子《はやしふみこ》や歌人中村憲《なかむらけん》吉《きち》たちは含まれていないわけであるが、昔からここが風光明媚で旧蹟に恵まれた文学的風土であったことを、巧みに表現している。

これから、この名所案内を参考にしながら、杖を曳いて、尾道の町を紀行してみよう。

「備後尾道名所案内記」の表紙

うずしお小路

ＪＲ山陽本線尾道駅から国道2号を東へ。しばらく歩いたところで商店街が右に分岐している。その入り口のところに港町尾道が生んだ閨秀《けいしゅう》作家林芙美子の像がある。バスケットに洋傘をたてかけてしゃがみこみ、指先をほおにあてて思案する和服姿の芙美子像だ。

林芙美子は明治三十六年（一九〇三）、北九州の門司（林芙美子『放浪記以前』には下関とある）で生まれたが、行商人の養父と母に連れられて九州各地を転々とし、大正五年（一九一六）に尾道へやってきた。日の丸の旗がひらめく綺麗な海辺の町だったので、つい下車したのだという。そのとき芙美子は数えて十四歳。狭い町なので犬までが大きく見え、行商の品物がよく売れたので、一家はここに住みついた。彼女は尾道第二尋常小学校（土堂小学校）に編入学し、そのあと尾道市立高等女学校へ入学した。

当時の生活のことは、その自伝的小説「風琴と魚の町」に、〝行商オイチニの新馬鹿大将の娘〟としてくわしく描かれ、また名作「放浪記」でもうかがえる。

彼女が大正十一年に卒業した尾道高女は、現在の尾道東高等学校で、校庭の一隅に記念碑が建っている。

「巷《ちまた》にくれば憩《いこい》あり、人間みな吾を慰めて、煩悩滅除《ぼんのうめつじょ》を歌ふなり」

彼女の随筆『文学的自叙伝』によると、芙美子は両親が泊まりがけで付近の町や村へ行商に出かけ、雨の日以外は毎日おそく帰ってくるので、女学校時代の四年間はほとんど図書館で過ごしたという。彼女の文学的エネルギーと才能とは、そうした孤独と貧しさの中から生まれたのであった。

林芙美子像のところから東の商店街に入って、海岸に向かう細い路地を行くと、その奥に小さな石碑が立っている。いわく「林芙美子が多感な青春時代をすごし、林文学の芽生えをはぐくんだ家の跡です」

この路地は昭和三十九年にＮＨＫが芙美子の一生を描いた田中澄江の小説『うず潮』をテレビで放映して以来、うずしお小路と呼ばれるようになった。

尾道商店街入口の林芙美子像

アーケードとネオンの商店街からは、数多くの小路が南の海岸通りに向けて通じている。その海岸通りには、むかし、鮮魚や乾物屋やさまざまな商品をあきなう行商人が屋台を並べてにぎわい、東へ歩むと、そこにはベンガラ格子の遊郭があって、白い脂粉の手が道行く男たちの袖を引いていた。

まさにこの町は、モダンと粗野とが綯《な》い交《ま》ぜった「風琴と魚の町」であった。

風琴と魚の町

芙美子の日記体自伝小説『放浪記』のはしりは、尾道を舞台にした「風琴と魚の町」である。ここには彼女の少女時代すなわち大正五、六年（一九一六―一七）頃の尾道が息づいている。

この作品を摘記しながら、当時の尾道をしのぼう。

延々《えんえん》とした汀《なぎさ》を汽車は這《は》っている。動かない海と、屹立《きつりつ》した雲の景色は十四歳の私の目には壁のように照り輝いて写った。その春の海を囲んで、沢山《たくさん》、日の丸の旗をかかげた町があった。目蓋《まぶた》をとじていた父は、朱《あか》い日の丸の旗を見ると、せわしく立ちあがって汽車の窓から首を出した。

「此町《こんまち》は、祭りでもあるらしい。降りてみんかやのう」

母も経文《きょうもん》を合財袋《がっさいぶくろ》にしまいながら、立ちあがった。

「ほんとに綺麗な町じゃ。まだ陽が高いけに。降りて弁当の代でも稼ぎまっせ」

で、私達三人は、各々《おのおの》の荷物を肩に背負って、日の丸の旗のヒラヒラした海辺の町へ降りた。

こうして尾道駅に降り立った芙美子たちは、尾道で行商を始めた。駅の前に白く芽をふいた柳の大木があり、その向こうに煤《すす》で汚れた旅館が二、三軒並んでいた。浜通りを歩くと、魚屋が多く、浜には小さな船着き場が沢山あった。河のようにぬめぬめとした海の向こうに樹木の茂る向島《むかいしま》があり牛が歩いていた。そんな尾道の町で芙美子の父は風琴と弁当を持って一日中オイチニイ、オイチニイと町を流して薬を売り歩いた。初めはその薬が飛ぶように売れた。

母は待合所の方を見上げながら、桟橋の荷物の上に凭《もた》れていた。

「何しよったと、お父さん見て来たとか？」

「うん、見て来た！　山のごツ売れよった」

「ほんまな？」

「ほんま！」

私の腰に、また紫の包みをくくりつけてくれながら、母の眼は嬉し気であった。

「ぬくうなった、風がぬるぬるしよる」

「小便がしたか」

「かまうこたなか、そこへせいよ」

桟橋の下には沢山《たくさん》藻《も》や塵芥《ごみ》が浮いていた。その藻や塵芥の下を潜《もぐ》って影のような魚がヒラヒラ動いている。帰って来た船が鳩《はと》のように胸をふく

芙美子に文学の芽をはぐくんだ
商店街の路地

らませた。その舟の吃水線《きっすいせん》に潮が盛り上がると、空には薄い月が出た。

「馬の小便のこつある」

「ほんでも長いこと、きばっとったじゃもの」

私は、あんまり長い小便にあいそをつかしながら、うんと力んで自分の股間《こかん》を覗《のぞ》いてみた。白いプクプクした小山の向こうに、空と船が逆《さか》さに写っていた。私は首筋が痛くなる程《ほど》身を曲《かが》めた。白い小山の向こうから霧を散らした尿《いばり》が、キラキラ光って桟橋をぬらしている。

だが、父親の好景気も間もなく沙汰やみとなる。一つは商売が飽きられたことと、新しく仕入れた一瓶《ひとびん》十銭の化粧品がインチキであったため、尾道警察署に摘発されたからだ。

芙美子は巡査になぐられながら、卑屈に平身低頭している父親を見て、人生最初の蹉跌《さてつ》を味わう。彼女はオイオイ声をあげて泣き、「馬鹿たれ！　馬鹿たれ！」と叫びながら海岸の方へ走る。

その屈辱感が、彼女の文学創作の肥やしとなった。まさにそうしたコンプレックスこそは、天が人間に与えてくれる励ましのエネルギー源なのであろう。

「山の朱《あか》い寺の塔に灯がともった。島の背中から鰯雲《いわしぐも》が湧いて、私は唄をうたいながら、波止場の方へ歩いた。桟橋には灯がついたのか、長い竿の先に籠をつけた物売りが、白い汽船の船腹をかこんで声高く叫んでいた」

文学に目覚めた少女芙美子の「風琴と魚の町」の結びの文章である。

閨秀画家　平田玉蘊

芙美子は尾道が育んだ旅の閨秀作家だが、もう一人尾道には生粋の閨秀画家がいる。頼山陽とのラブロマンスが取りざたされる福岡屋の豊《とよ》（章子）である。うずしお小路から高架の「うずしお橋」を渡って、坂道をあがり、林芙美子が通学した土堂小学校の体育館の下を抜けて急勾配《きゅうこうばい》の石段を登ると、頭上にアーチ型の石の門が見える。「ええ門は福善寺、かたい門は持光寺」という「かたい門」がこれで、弘化三年（一八四六）に築造された三十七枚組の花崗岩《かこうがん》の門だ。門をくぐると、持光寺の境内で、本堂前に平田玉蘊《ぎょくおん》遺愛の蘇鉄と、墓地に彼女と彼女の両親の墓碑がある。

平田玉蘊の墓（持光寺）

玉蘊は尾道土堂の木綿問屋福岡

屋新太郎の二女として、天明七年（一七八七）に産まれた。号を五峯と称した画人の父新太郎の感化を受けて、生まれながらにして絵心があり、幼い頃から八田古秀に入門して修行したので、やがて著名な女流画家として知られた。

ところが、父新太郎の道楽が過ぎたのか、福岡屋の身代は左前となり、新太郎の死後、一家は彼女の彩管《さいかん》一本にたよるようになった。彼女は傾いた家運を挽回するため、孜々《しし》として画業に精進し、豪商や名家の邸宅に出かけて襖《ふすま》絵や軸物などを描いたが、そうした多忙の中にも尾道を訪ねる高名な文人墨客たちと親交を結んだ。菅茶山、梁川星巌、田能村竹田、頼山陽など、いずれも錚々《そうそう》たる人物で、とりわけ頼山陽とは親密の度を加えて、二人の艶物語が囁《ささや》かれた。

玉蘊は蘇鉄が好きで、自分のアトリエもその名にちなんで鳳尾蕉軒《ほうびしょうけん》と号し、屋敷内に蘇鉄八株を植えていたが、菩提寺の持光寺境内にも蘇鉄一株を寄進してこれを愛《め》でた。

安政二年（一八五五）六月二十日に死去し、墓碑には頼山陽の高弟宮原節庵の筆跡で、「平田玉蘊墓」という五文字が刻まれている。

玉蘊・玉葆の後裔

安政二年（一八五五）六月二十日、享年六十九歳でなくなった平田玉蘊《ぎょくおん》には子がなかった。頼山陽との仲が取りざたされたあと、彼女は一生独身で通したからだ。だが、玉蘊は妹玉葆《ぎょくほ》の子助三郎を養子にした。

岩城本陣三浦家の奥座敷

玉葆は名を庸《つね》といい、姉の豊（玉蘊）と同じく画技に長じていたが、その「常盤《ときわ》子を抱くの図」に題したのが有名な梁川星巌の七言絶句だといわれる。けれども、玉葆は尾道の豪商で同じ芸術仲間であった橋本竹下の媒酌で、三原の大原吉右衛門に嫁し、家庭の人となった。文化十年（一八一三）に玉葆の長男として産まれた助三郎は幼名を新助といい、商人の子として育ったが、やはり血は争えず、幼少のころから絵心があり、伯母の玉蘊に弟子入りをして玉圃《ぎょくほ》という画家になった。

玉圃は長じて伊予松山藩士で岩城村の住人黒瀬彦九郎の娘弓枝と結婚して岩城村で所帯をもった。玉圃は弓枝とのあいだに三人の子をもうけ、長男の源太郎は実業家として名を成し、二男の鳳吉は峯石と称する画家となった。岩城村の町西金毘羅堂の天井画は、この峯石の絵である。

玉蘊は岩城村に居住することが多く、そこで数々の作品をものしたが、現存するものは見当たらない。岩城村の八幡神社にはそうした画人たちの奉納絵馬があり、かつて玉蘊と玉圃が描いた二幅の「岩城島全図」があったが、今は玉圃のものと、ほかに玉蘊の弟子大観堂有孚斎《ゆうふさい》が奉納した「駿馬《しゅんめ》二頭」の絵馬しか残っていない。

玉蘊は尾道の生家である木綿問屋福岡屋が倒産したとき、その借財をつぐなうため、岩城島本陣三浦屋の奥向きに奉公したといわれている。三浦屋は当時瀬戸内きっての豪商で、尾道や三原の商人たちとも広く取り引きをしていたからである。

玉蘊の絵が岩城島に残らぬのは、そうした豪商たちも没落し、やがては島を離れてしまったからである。いま岩城島本陣三浦家は、村の郷土館となっている。

三つ首様（海福寺）

三つ首様

西土堂町の持光寺境内から東方へ、少し下がったところに無量山海福寺という時宗の寺がある。本堂の西側に三つ首様という三人の戒名を刻んだ墓石が祀られている。惣兵衛・亀蔵・利助という三人の泥棒だが、分限者から盗んで貧乏人に施すという義賊であったから、巷《ちまた》で人気があり、文政十一年（一八二八）に捕らえられて処刑されるときには、涙を流して手を合わせる人もあったという。

尾道西御所の奉行所から引き出された三人の盗賊は、縄で後手にしばられて馬に乗せられ、木原村の六本松処刑場に送られて、この年の神無月《かんなづき》二十六日、木枯らしの吹く中で首を斬られた。成仏出来ず、冥界《めいかい》をさまよう三人の霊は、そのあと数ヵ月を経て海福寺二十一世堪応和尚の夢枕に立ち、「わしら三人の首を埋めて供養してくだされば、お礼に諸人の首から上の病気をことごとく癒して進ぜよう」といったので、和尚がその通りにしたところ霊験があらたか。町の人々がこの三つ首様に香華を手向けて祈願すると、どんな疾患でもたちどころになおったという。

今も境内の小祠中に数基の地蔵さまが祀られており、くだんの墓石には、碑面に功阿良勤信士、眼阿通天信士、界阿精進信士という三人の戒名が刻まれている。

光明寺ゆかりの人物

海福寺から北へ上がると、清浄山光明寺という浄土宗の寺がある。この寺の境内にはさまざまな文化財があって人目を惹く。まず南側の旧南之坊の墓地には、尾道在住の後裔たちが建てた宮地大炊助《みやちおおいのすけ》明光《みょうこう》の記念碑があり、碑面に「やき太刀のみやちの君の名を代々に、たてつとふるやこれの石ぶみ」という字が刻まれている。この明光は、あとから述べる吉和の鳴滝山城主宮地弘躬《ひろちか》の子で、鳴滝城が応永三十年（一四二三）九月十三日にライバル木来《きごろ》経兼の奇襲により落城したとき、脱出して因島

陣幕久五郎の墓と句碑

へ逃れ、因島村上水軍家の二代吉資に仕えた人物である。船手奉行として海上輸送業務に従事し、対明貿易にも活躍して、村上水軍家の富強に貢献した。したがって、二人の子息も、長男の資弘は因島大江城主として父の仕事を受け継ぎ、中庄《なかのしょう》に金蓮寺《こんれんじ》を再建した。また、二男の資長も島居氏《しまずい》の祖となり、向島《むかいしま》余崎《よざき》城の城主となった。この島居資長が光明寺に寄進したのが、有名な十一面観音菩薩像（平安時代後期作）で、俗に浪切《なみきり》観音と呼ばれ、国の重文となっている。

この島居氏一族の墓石群も、宮地大炊助明光の記念碑と同じ旧南之坊の墓地内にある。これは西南隅の白土塀の中だ。

廃寺南之坊の前庭にある尾道市の天然記念物「蟠龍《ばんりゅう》松」を見ながら、左折して本堂の前に出ると、本堂東側に見事な宝篋印塔が一基端正な姿を見せ、本堂南前には十二代横綱陣幕《じんまく》久五郎夫妻とその師匠初汐の墓及び句碑がある。

蟠龍の松は、白亜の棟塀の中に瀟洒な姿態をくねらせ、東西三〇メートルにも及ぶ枝を石の柱が支えているので、その石柱の並びを琴柱に見たてて、琴柱《ことじ》の松とも呼ばれている。

陣幕は文政十二年（一八二九）島根県東出雲町に生まれ、少年の頃より力が強く、相撲で身を立てようと十九歳のとき尾道へ来て初汐久五郎の弟子となった。四股名《しこな》を黒縅《くろおどし》と名乗り、初汐の娘婿となったが、大坂へ出て朝日山の門に入り、さらに江戸で秀の山の部屋に入って修行を重ね、安政四年（一八五七）に阿波藩のお抱え力士となって陣幕久五郎と改名した。

久五郎が角界に名声を轟かせたのは、安政五年の正月場所で横綱不知火《しらぬひ》を破ったからである。慶応三年（一八六七）三十九歳で頂点をきわめ、第十二代横綱となった。彼は土俵に立って、一度も「待った」をしなかったという強剛無双の力士で、その勝率は九四・六パーセントであった。

受けながら　風の押す手を柳かな

この句碑は陣幕久五郎が詠んだ角力道の極意だが、もう一つ、本堂裏庭には、幕末の傑僧物外《もつがい》の詠んだ句碑も立っている。

亀も来て　息災かたれ　庵《いお》の春

物外は尾道市栗原町にある済法寺の住職で、拳骨和尚の異名をもつ。

「暗夜行路」の道

光明寺から東へ、悪役退散の奇祭として有名なベッチャー祭の吉備津彦神社と宝土寺の境内を通り抜けると、渡し場上の坂道に出る。いわゆる「暗夜行路の道」で、尾道をテーマとした映画のロケによく使われる。暗夜行路の道と呼ばれるのは、この石畳を上った左側の丘に、文豪志賀直哉が大正元年にやってきて、翌年の十一月まで滞在した寓居《ぐうきょ》が残っているからだ。彼はここで名作「暗夜行路」の草稿である「時任謙作」を書き、港町尾道の名を全国に広めた。

当時三十歳であった直哉は、この棟割り長屋で出入り船の行き交う玉ノ浦水道を眺め、千光寺で打ち鳴らす鐘の音を聞きながら「時任謙作」を書き、短編の「清兵衛と瓢箪」および「児を盗む話」を書いた。この「時任謙作」をもとにして名作『暗夜行路』を完結したのは二十六年後のことである。

景色はいい所だった。前が展《ひら》けて、寝ころんでいて色々な物が見える。直《す》ぐ前に島がある。其処《そこ》に造船所がある。朝からカーンカーンと槌の音をさせている。同じ島の左手の山の中腹に石切場がある。松林の中で石切りが絶えず歌を唄い乍《なが》ら石を切り出している。その声が市の遥《はる》か高いところを通って直接私のいる所に聞こえてくる。夕方、伸び伸びした心持で狭い濡縁《ぬれえん》へ腰をかけて居ると、下の方の商家の屋根の物干しで、沈みかけた太陽の方を向いて子供が棍棒《こんぼう》を振って居るのが小さく見える。十時になると多度津通いの連絡船が汽笛をならしながら帰って来る。艫の赤と緑の灯、甲板の黄色く見える幾つかの電燈、それらを美しい縄を振るように海に映しながら進んで来る。もう市からは何の騒がしい音も聞こえなくなって、船頭等のする高話が手に取るように聞こえて来る。

これは「児《こ》を盗む話」に出てくる港町尾道だ。

井伏鱒二の随筆「志賀直哉と尾道」によると、直哉はここの三軒長屋の東端（家賃一円五十銭）に居住し、朝は遅くまで寝ていて、夜になるとごそごそと机に向かって考え込み、夜中でも不意に東京へ出かけることがあったので、近所の人々は彼を自堕落で相当に胡散《うさん》臭い人物だと思っていたようである。彼を尊敬し、よく面倒をみていたのは、アイという隣のばあさんだけだったそうだ。「暗夜行路」は、そんな生活の中から生まれた不朽の名作である。

「暗夜行路」の碑

直哉が見た尾道

『暗夜行路』は直哉の自伝的長編

志賀直哉旧居

小説であるが、その草稿ともいうべき「時任謙作」に大正初年頃の尾道の情景がリアルに描写されているので、その場面を順序不同で摘記しておこう。

尾道に着いた謙作は、

「二階の静かな部屋に通された。彼は起《た》って障子を開けて見た。未だ戸が閉めてなく、内からさす電燈の明かりが前の忍返《しのびかえ》しを照らした。その彼方《むこう》が一寸《ちょっと》した往来で、直《す》ぐ海だった。海と言っても前に大きな島があって、河のように思われた。何十隻という漁船や荷船が所々にもやっている。そして、その赤黄色い灯《ひ》の美しく水に映るのが、如何にも賑やかで何となく東京の真夜中の町を想わせた」

これは、直哉が初めて尾道へ来て、通された宿の二階から見た尾道港の描写である。

「暫くして、彼は再び長い長い石段を根気よくこつこつと町まで降りて行った。其朝、宿の者に買わした下駄は下まで降りると、すっかり鼻緒《はなお》がゆるんで了《しま》った。不潔なじめじめした路地《ろじ》から往来に出る。道幅は狭かったが、店々には割りに大きな家《うち》が多く、一体に充実して道行く人々も生き生きと活動的で、玉の岩を抜かれた間抜《まぬけ》な祖先を持つ人々には見えなかった」

この「玉の岩を抜かれた間抜けな祖先」というのは、千光寺の玉の岩の伝説で、後述する。
このあと、彼はその千光寺へ登る。

「翌日十時頃、彼は千光寺という山の上の寺へ行くつもりで宿を出た。その寺は市の中心にあって、一ト目《ひとめ》で全市が見渡せるというので、其処《そこ》から大体の住むべき位置を決めようと彼は思った」

こうして決めた寓居が、このあと直哉が一年余り住んだ三軒長屋だったのである。

「千光寺の山の中腹に、彼の小さい家が一層小さく眺められた。先刻《さっき》まで着ていた綿入《わたいれ》と羽織とが軒の物干竿《ものほしざお》に下がっている。それも如何にも小さく眺められた。其前《その》に婆《ばあ》さんが腰かけて此方《こっち》を見ている。彼は一寸《ちょっと》手を挙《あ》げて見た。婆さんも直ぐ、不器用に片手を挙げた。そして笑っているらしかった」

直哉は、この婆さんに食事・洗濯その他の世話を頼んでいたのである。婆さんは彼の隣の住人で、その先に松川という四十ばかりのノラクラ者が住んでいた。彼は細君《さいくん》を町の宿屋へ仲居《なかい》に出して、少しずつ小遣い銭を貰い、酒を飲んでいるような男だったのである。

おのみち文学の館

「志賀直哉旧居」のある文学公園を出て、暗夜行路の石畳をさらに登り、右折して細い路地に入ると、左手の石段の上に福井氏の旧邸がある。そこがこのほど新しく尾道市の手により改装されて「おのみち文学の館」となった。邸内に入ると、尾道水道に面した練り塀と石段のそばに「放浪記」の碑があり、其の前庭に「怪傑黒頭巾《ずきん》の碑」と「緑の地平線の碑」が建っている。

おのみち文学の館入口

「怪傑黒頭巾」は昭和十年（一九三五）に雑誌少年倶楽部へ連載された少年小説で、作者の高垣眸は尾道の出身である。彼は明治三十一年（一八九八）に尾道市土堂町で生まれ、早稲田大学卒業後、高等女学校の

文学記念室内・林芙美子の書斎（おのみち文学の館）

教師をしながら小説を書きはじめ、大正十四年に少年倶楽部へ「龍神丸」を連載して本格的な作家となった。その後、昭和二年に「豹の眼《ジャガー》」を発表して有名となり、その次に放ったヒット作がこの「怪傑黒頭巾」だったわけだ。昭和十一年には「まぼろし城」を連載し、満天下の少年たちに時代小説の醍醐味を満喫させた。かく申す私も、その愛読者の一人であった。

　また「緑の地平線」は昭和十年（一九三五）に朝日新聞へ一年間連載された一万円懸賞小説の一等入選作で、作者の横山美智子は明治二十八年（一八九五）に尾道市久保町に生まれて、尾道高女を卒業した。彼女は昭和五年に『嵐の小夜曲《セレナーデ》』で少女小説の作家としてデビューし、その代表作『緑の地平線』は映画化されている。

　石段を上がると旧福井邸の母屋がそのまま文学記念室に利用され、各部屋に尾道市ゆかりの作家と文学者たちの作品と遺品が展示されてある。林芙美子の書斎がそのままに復元され、隣の部屋には彼女の遺品と著作および手紙類が盛りだくさんに並べてある。まことにリアルで、今にも芙美子がやって来て、机の前の座布団に座り、ペンを走らせるのではないかと思わせるほどである。そのほか、前述の高垣・横山両作家に加えて、尾道出身の歌人山下陸奥の和歌や脚本家行友李風の作品（月形半平太・国定忠治）なども紹介されて、文学の町尾道の情緒を堪能させてくれる。ここから眺める尾道水道の景観も美しい。

尾道来遊の文人たち

江戸時代、身分制度が定着すると、当時の中産階級であった庄屋や地主、富商たちが、さかんに全国的な交流を行った。それは職務や商業上の取引もあったが、中期以降は文化的な交遊が目立った。広島の頼山陽が尾道の町年寄宅に逗留《とうりゅう》し、神辺の菅茶山や備中鴨方の欽塾《きんじゅく》を訪ねるのは、そうした適例だが、坂本龍馬など幕末の志士たちが全国を股《また》にかけて往来したのも、そうした風潮に便乗したものだった。

尾道来遊の文人に田能村竹田という人がいる。おのみち文学の館を出て、細い路地を東へ行くと、千光寺みちに近く、左手に彼の像が立っている。竹田《ちくでん》は江戸時代後期の文人画家で、安永六年（一七七七）六月十日、豊後の直入郡竹田村に藩医碩庵の二男として生まれた。天明七年（一七八七）、藩校の由学館に入学して詩才を認められたが、生涯眼病に悩み、兄の病没によって医業を継ぐが、のちに廃業して由学館の儒員となった。爾来眼病の治療を兼ねて、度々京坂はじめ各地を遊歴し、文人たちとの交流を深めた。とくに頼山陽とは心を許す仲であったから、広島や尾道には足しげくやってきた。文政九年（一八二六）に神辺の菅茶山を廉塾に訪ねたときには、数日間尾道にとどまり、亀山夢研が別船を仕立てて、彼を長崎まで送っている。

千光寺みちを登って、千光寺境内に入ると、玉の岩のそばに瘞紅碑《えいこうひ》が建っている。これは田能村竹田が天保五年（一八三四）の八朔《はっさく》の日に、尾道の文人橋本竹下《ちっか》、亀山夢研《むけん》たちと、千光寺境内で瓶に生けた花木の枯れ枝を集めて酒を注ぎながら土地に埋めて弔い、詩を賦したときの記念碑である。彼はこのとき橋本竹下の家に半年余り滞在して、内海自得斎の茶室や竹原屋虎道の別荘「千翠亭」に招かれた。

田能村竹田の瘞紅碑（千光寺境内）

同じ千光寺境内の護摩堂下のがけに刻まれた俳人河東碧梧桐《かわひがしへきごとう》の「瘞紅《えいこう》の碑あるあり四山眠れるに」という句は、この故事にちなむもので、竹田が尾道の文人たちに与えた影響の大きさを物語っている。

（注）瘞《えい》（うずめる）

頼家一門と尾道

江戸時代、尾道を訪れた文人墨客《ぶんじんぼっかく》の中

で特筆すべきは、なんといっても春水・春風・杏坪《きょうへい》・山陽といった頼家一門と、その関係者である。

頼山陽の郷里は竹原と広島であったから、京都への上下の途中、その都度尾道に足を止め、尾道の豪商たちと交流した。

磐石坐す可《べ》く松《まつ》據《よ》る可《べ》し
松翠《しょうすい》缺《か》くる處海光露《あら》わる
六年重ねて来たる千光寺
山紫水明指顧《しこ》に在り
万瓦《ばんが》半《なか》ば暗くして帆影《はんえい》斜《なな》めなり
相伝う残杯《ざんぱい》未だ傾け去らず
首《こうべ》を回《めぐ》らして苦《ねんごろ》に諸少年に囑《しょく》す
記取《きしゅ》せよ先生曽《かつ》て酔いし處《ところ》と

この漢詩は文政十二年（一八二九）に山陽が千光寺山に登ったとき詠み、後述する大宝山文学のこみちの巨岩に刻まれている。

頼山陽の彫像は市街地の久保に立っているが、その山陽が師事した菅茶山《かんちゃざん》（福山藩神辺《かんなべ》の黄葉夕《こうようゆう》陽村舎主《ようそんしゃしゅ》）も寛政五年（一七九三）尾道に遊び千光寺山の鼓岩《つづみいわ》に登ったとき、「鳴榔《めいろう》漸《ようや》く遠く夕陽《せきよう》沈む、水波《すいは》始めて怡《しづか》にして山影深し、山は皆珍松奇石《ちんしょうきせき》を雑《まじ》う、人は龍鱗《りゅうれん》を撫《な》で虎額《こがく》を躡《ふ》む、此の石鼕々《いわとうとう》と、踏めば声有り」という長詩の一節を詠んでいる。

山陽の母梅颸《ばいし》もまた息子にともなわれてしばしば尾道を訪れ、当時の尾道の人事、風物について感じたことを、彼女の「梅颸《ばいし》日記」に書いて後世に残した。

頼山陽と平田玉蘊との交情のことはすでに述べたが、彼は文政八年（一八二五）十月には、当時尾道に滞在中であった梁川星巌とも相会して、そのことを詩に詠んでいる。そのほか、尾道在住の文人橋本竹下、亀山伯秀《はくしゅう》などと来遊のたびに旧交を暖めて酒を酌み交わすなど、まさにここは来遊する文人墨客にとっては、文化交流の一大サロンであった。


おきなみしずかによるたまのうらや　はるさめかすむ　うみこしのやま

頼山陽の像

これは天明五年（一七八五）に尾道へやってきた京都の歌人梨木祐為《なしのきやすため》が詠んだ和歌で、彼の「尾道下り道の記」に記録されている。同じ頃（天明三年）、備中の古河屋古川古松軒《ふるかわこしょうけん》も『西遊雑記』を著《あらわ》し、尾道と玉の浦の地名に関連した千光寺玉の岩の由緒や、踏めば音の出る千光寺山鼕々石のことを解説している。

歌人憲吉の仮寓

景色がよく、歴史的風土と人情にめぐまれた尾道には、明治以降大正・昭和の世になっても文人たちの来住がひきもきらない。

広島県庄原市出身の劇作家倉田百三《くらたひゃくぞう》と双三《ふたみ》郡布野《ふの》村出身の歌人中村憲吉がそれだ。

論文集「愛と認識との出発」および戯曲「出家とその弟子」で有名な倉田百三は、明治二十四年（一八九一）に生まれて三次《みよし》中学に入学したが、明治三十九年、十五歳のとき一時休学して尾道の姉の家で暮らした。気候が温暖で風光明媚《めいび》な港町にあこがれたからである。

尾道市は、これを尾道来遊の文人の一人として記念し、東土堂町の文学公園に「光り合ういのち」という文学碑を建てている。

アララギ派の代表的歌人中村憲吉は、三次中学で倉田百三よりは三年先輩だったが、晩年病魔におかされ、昭和八年（一九三三）の暮れ、転地療養のため尾道にやってきた。

ふるさとの雪ふる峡《かい》を出《い》でくれば　世の国はぬくし冬日《ふゆび》照らせる

憲吉は急勾配の石段を登って千光寺公園下の仮寓《かぐう》に入った。

前うしろたすけられつつ石段に　夕日ふみて山のぼり終《お》ゆ

大宝山中腹の別荘を終《つい》の住処《すみか》とさだめると、彼はここでつぎのような歌を詠んだ。

冬空の光のさむき今日ひと日　眼下海は氷れるごとし
寒行の山伏の法螺《ほら》の音とよむ　夜に入りたる山下の町に
旅の家に迎ふる年や山したの　賑ふ町へ下りても行かず
ふるさとは深雪とぞきくみんなみの　此處の海辺の日の照る今日も

別荘は尾道水道を俯瞰できる場所で、斎藤茂吉や土屋文明らも見舞いにやってきて励ましたが、その甲斐もなく、翌年五月五日、享年四十六歳で憲吉は他界した。

千光寺　よもすがらなる時の鐘　耳にまぢかく　寝《い》ねがてにける

現在は千光寺公園になっている寓居《ぐうきょ》跡の、前庭に建てられている、憲吉の歌碑である。

文学のこみち

この憲吉の歌碑から始まり、千光寺境内をぬけて登る山道が、文学のこみちである。翠松《みどりまつ》の間に散在する岩肌に、尾道ゆかりの文人たちの作品の断章が刻み込まれて、合わせて二十五体。千光寺境内入口の芭蕉《ばしょう》の句碑（うきわれを寂しがらせよ閑古鳥）のところから道が左右に分かれ、山頂に屹立する徳富蘇峰の詩碑まで、山の斜面の随所に名歌や秀句・詩文などを散りばめて、道行く人びとの文学的情緒をかきたてる。なかには「音に名高い千光寺の鐘は、一里聞こえて二里ひびく」という俚謡《りよう》とか、「ぬばたまの夜は明《あけ》ぬらし玉の浦に、あさりする鶴《たづ》鳴き渡るなり」という読み人知らずの古歌もある。

昼間なら山麓の長江一丁目から山頂までロープーウエーが通じているが、そのゴンドラを降りて出会いの広場に立つと、下り道の前に「文学のこみち」というしるべ石が目につき、そのかたわらに屹立しているのが蘇峰の詩碑で、

海色山光信《かいしょくさんこうまこと》に美なるかな
更に懐《おも》う頼子《らいし》の出群《しゅつぐん》の才を
淋漓《りんり》たる大筆《たいひつ》精忠の気
維新の偉業を振起《しんき》して来たる

芙美子「放浪記」の碑（文学のこみち）

と刻まれている。国民新聞民友社の社主徳富蘇峰が尾道に遊び、千光寺山に登って山陽の「日本外史」を讃えてこの漢詩を賦したものであろう。蘇峰は山陽の「日本外史」や「日本政記」に触発されて「近世日本国民史」を執筆したからである。

だが、この文学のこみちの圧巻は、なんといっても林芙美子と志賀直哉の文学碑だ。その林芙美子の有名な「放浪記」の断章は、ロープウエーのゴンドラが岩松をかすめる山肌に見える。

海が見えた。海が見える。五年振りに見る尾道の海はなつかしい。汽車が尾道の海へさしかかると、煤けた小さい町の屋根が提灯のように拡がってくる。赤い千光寺の塔が見える。山は爽やかな若葉だ。緑色の海、向こうにドックの赤い船が、帆柱を空に突きさしている。私は涙があふれていた。

小林正雄書

碑の筆者小林正雄というのは芙美子の小学校時代の恩師で、彼が彼女の文筆の才を見出して、渋る両親を説得し、不得手な理数科目を補習して尾道高女に入学させた。

志賀直哉の「暗夜行路」の断章は、芙美子の碑の直ぐ上の巨岩に刻まれている。こちらは、小林和作画伯の筆跡である。

> 六時になると上の千光寺で刻《とき》の鐘をつく。ゴーンとなると直ぐゴーンと反響が一つ、又一つ、又一つそれが遠くから帰って来る。その頃から昼間は向島の山と山との間に一寸頭を見せている百貫島の燈台が光り出す。それはピカリと光って又消える。造船所の銅を溶かしたような火が水に映り出す。　小林和作書

大宝山の文学のこみちは、千光寺参道からはじまり、ふたたび千光寺境内にかえる。そのこみちをそ

正岡子規の句碑（文学のこみち）

ぞろ歩き、時に佇みながら鑑賞するのがこの遊歩道の醍醐味《だいごみ》だ。

浜焼きをむしりつつ春惜しむなり　前田曙山《しょざん》
のどかさや小山つづきに塔二つ　正岡子規
あれは伊予こちらは備後春の凪　物外和尚《もつがい》
覚えきれぬ島々の名や夏がすみ　江見水蔭《えみすいいん》
大屋根はみな寺にして風薫る　巌谷小波《いわやさざなみ》
軒しげくたてる家居《いえい》よあしびきの　山のおのみち道せまきまで　緒方洪庵《おがたこうあん》
千光寺の御堂《みどう》へのぼる石段は　わが旅よりも長かりしかな　吉井　勇
日のかげは青海原《あおうなばら》を照らしつつ　光る孔雀《くじゃく》の尾の道の沖　十返舎一九《じっぺんしゃいっく》

千光寺の玉の岩

千光寺の境内は、海岸からつづくなだらかな千光寺みちが行きついたところから始まる。石段を登った正面にあるのが毘沙門堂《びしゃもんどう》、右手の巨岩に磨崖仏《まがいぶつ》が刻まれ、左手に観音堂が見える。正面を直進すると、俗に赤堂《あかどう》と呼ばれる朱塗りの千光寺本堂である。貞享三年（一六八六）の建立で本尊は十一《じゅういち》面千手観音《めんせんじゅかんのん》、火伏せ観音と称される。

断崖と岩壁を利用して造営された千光寺の建物は奇観《きかん》の一語に尽きるが、本堂横にある三重岩の自

千光寺の玉の岩と鐘楼

然の妙は実に見事である。

奇観といえばもう一つ、本堂の北側の護摩堂《ごまどう》の前にある烏帽子岩《えぼしいわ》の存在も忘れてはならない。実はこの岩こそ、大宝山という山号の起こりであり、千光寺が大宝山千光寺と呼ばれ、尾道水道が玉の浦と称される由緒なのだ。

千光寺発行『千光寺と文学のこみち』によると、この玉の岩（烏帽子岩《えぼしいわ》）は周り五十米、高さ十五米で、その伝説を次のように記している。

往古この岩上に如意宝珠《にょいほうしゅ》あり。夜ごとに異光遥かに海上を照らす。しかるに異国人来たりてこの山に登り、寺僧に向かって、我に金あり、汝にこれを与えるにより、この大石を我に与えよと。寺僧それに答え、売ることは出来ぬが、この大石を買いて何するかとあやしむに、異国人は、この僧が岩上に宝石のあるを知らぬことを確かめ、心中欣《よろこ》び、ひそかにこの大岩に登り、美玉を奪い去りたり。

今もこの大岩の頂きに径一四センチ、深さ一七センチの穴が残っているが、これが問題の如意宝珠のあった跡だといわれている。

千光寺の玉の岩のことは、ニュアンスの違いこそあれ、昔から有名な話で、前述した地理学者の古川古松軒（一七二六〜一八〇七）も『西遊雑記』に次のように書いている。

> 千光寺の庭に高さ数尺の雅なる大石あり（土人烏帽子石という）、往古は石に玉石ありて闇夜には光り海上にうつる。此故にや古名玉の浦といひし所なり。いつの頃にや有けん。朝鮮の人の船（阿蘭陀《オランダ》人とも）風雨によってしばらく此津に止まりし時、深夜是を盗取《ぬすみとり》て帰帆す。数日の後に浦人盗まれしことを知るといえどもいかんともしがたし。是より地名尾道と改定す。万葉集に玉の浦とよみしは此所なりといひ伝ふ。

なお、彼は鼕々石のことにもふれて、「千光寺の西に鼕々石とて大なる石あり。ふめば音ありといふ。其上より見渡せば、松嶼石島《しょうしょせきとう》の間々に海見ゆること大小長短十五六きれありて、まことに奇景筆の及ぶ所にあらず」と述べている。

右の写真を見ると、玉の岩の眼下に朱塗り唐《カラ》造りの鐘楼が見えるが、これが元禄初年より除夜の鐘として名高い千光寺名物の「時の鐘」である。

天寧寺羅漢堂の五百羅漢像

天寧寺の由緒

尾道と室町時代の足利氏とは切っても切れない関係にある。曹洞宗天寧寺も、その例外ではない。

天寧寺は南北朝時代の貞治六年（一三六七）に万代道円が発願し、普明国師を開山として創建されたが、その伽藍の建立にあたっては、足利二代将軍義詮が父尊氏の遺志により、経費を寄進したと伝える。また、康応元年（一三八九）三月二十一日には、三代将軍義満が厳島詣《もうで》の帰るさ、備後守護山名時熙の招待で、海路をこの尾道に寄港して一泊した。そのとき山名時熙は、将軍義満の御座船から寺までうき橋をかけて参道にしたと「鹿苑院殿厳島詣記」に書かれている。

二十一日御舟出。風なを吹はりて、御ふねのや、ほの柱吹おりにけり。いまだ朝のほどに備後国尾道につかせ給ぬ。御座は天寧寺とて天龍寺の末寺なり。海中までうき橋かけて御道とせり。なにとなくめづらしかりき。

古へにこりかたまりし跡なれや　もしほくむてふあまの浮橋

朝鮮回礼使の宗希璟（老松堂）もこの寺のことを詩に賦《ふ》しているから、当時は東西三町にわたる七堂伽藍を配した広壮な大寺院だったことがわかる。

境内の羅漢堂には、五百二十六体の彩色された羅漢像が整然と並び、溜め息が出るほど壮観である。羅漢堂は鉄筋コンクリートの新しい建築物だが、中の仏像は江戸時代中期から信者が寄進し、明治期になって五百二十六体が揃った。五百二十六体というのは、釈迦の十六弟子が十体、十六羅漢が十六体で、それに五百羅漢さんが五百体と、全部揃うことをいうのである。

天寧寺から背後の竹藪と住宅の間の細道を登って行くと、海雲塔と呼ばれる三重塔がある。嘉慶二年（一三八八）に道慶という人が発願して建立した五重塔だったが、上層部の痛みがひどくなったので、元禄五年（一六九二）に改修されて、三重の塔婆となった。

国の重要文化財で、内部には舟型光背の前に、金色の弥勒菩薩が端座し、天井と周囲の壁面上部には極彩色の仏画が見事に描かれている。

港の守護神　平山角左衛門

千光寺みちの長い石段をまっすぐ下って、鉄道線路を越えると、商店街を過ぎて、海岸線の中央桟橋のところへ出る。そこが住吉浜で、尾道港築調工事発祥の史跡である。

天寧寺のところで述べたように、足利三代将軍義満が安芸厳島神社参詣の帰路、尾道沖に寄港したとき、その御座船は天寧寺の真っ直ぐ下の海岸に係留され、其処から浮橋をかけて境内に上陸したというから、当時の海岸線はずっと内陸部に入り込んでいたことがわかる。また豊臣秀吉が文禄の役で肥前へ出陣するとき、陸路をとって尾道を通過したことがあったが、そのとき使用した井戸が柳水の井戸として長江の奥深くに残っている。長江という名称がその裏付けとなり、尾道市久保一丁目と十四日元町《とよひもとまち》の境にある磯《いそ》の弁天社《べんてんしゃ》はその名残りで、そうした地形の変遷を物語っている。

つまり、そこに海辺の磯があり、そこから南に下り、海岸通りを西に進んだところが住吉浜であるから、そのあたりは当然海中であったはずだ。江戸時代にそれを埋め立てて港湾として築調したのが芸州藩御先手《さきて》物頭平山角左衛門尚住である。

彼は元文五年（一七四〇）二月に尾道町御奉行となり、翌年の寛保元年（一七四一）三月二日から埋め立て工事を指揮して同年五月十日に竣工させた。奉行に協力して築調工事に活躍したのは、町年寄鰯屋《いわしや》三郎右衛門・泉屋彦右衛門らであったが、この埋立工事が完成すると、平山奉行は古くから尾道浄土寺境内にあった住吉神社を、この住吉浜に移して港の守護神とした。

総工費は銀二十八貫八百十四匁であったと記録されているが、これによって住吉浜は尾道近代化の原点となった。そこで町の人々は平山奉行を尾道港の恩人として、その功績をたたえ、住吉神社境内に生祠《せいし》平山霊神社を祀った。さらに明治二十九年（一八九六）になると、浜問屋の商人たちは同神社境内に平山奉行頌徳碑《しょうとくひ》を建立し、毎年四月に盛大な港まつりを行うようになった。これが尾道港祭りの起こりである。

昭和四十三年（一九六八）四月、尾道市は開港八百年と市制七十年の祝賀を記念して、平山奉行に尾道名誉市民の称号を贈り、千光寺山頂にその記念碑を建てた。ちなみにこの平山角左衛門の墓は浄土寺境内にあるが、これは広島市にあったものを昭和五十一年（一九七六）七月に移転したものである。

平山角左衛門の墓（浄土寺）

もう一つ、この住吉神社境内には三個の力石が置かれてある。これは尾道西浜の弥助・和七・新助・長造などの名が刻まれている。この力競べで名を馳せた沖仲仕が、あとで述べる西浜和七である。

丹花小路

住吉浜から右へ。中央商店街に入り、十四日元町《とよひもとまち》の「尾道絵のまち通り」を見物しながら金座街を過ぎると久保町だ。その久保町一丁目の商店街から北の路地に入り、そこから坂道を上がって行くと、文政六年九月吉日の銘がある常夜灯がある。それを右に見ながら丘を越えると長江一丁目へ通じる道があり、それが丹花小路《たんがこうじ》である。むかし、この小路で、夜更けに一軒の飴屋の雨戸をトントンとたたく若い女がいた。「こんな夜更けになんの用かいな」と、渋々戸を開けると、スーッと白い手が伸びて一文銭を何枚か差し出して、「これで飴をちょうだい」という。丹花飴を紙袋《かんぶくろ》に入れて差し出すと、また白い手が伸びて受け取り「おおきに」といって、闇の中に消える。

それが幾夜となくつづくので、店の主人がいぶかしく思っていると、その小路の先の福善寺の墓地で、夜な夜な赤子《あかご》の泣き声がするとの噂が立った。「不思議なことがあるものじゃ」と、町の男たちがある晩それをたしかめようと行ってみると、なるほど、とある新墓《にいはか》の下から噂のように赤子の泣き声がしている。

そこで寺の住職と相談して、墓石を取り除き、棺桶《かんおけ》の中を調べてみると、なんと女の遺骸のかたわらに赤ん坊が寝ころがって飴をしゃぶっている。その赤ん坊は産み月で死んだ女が葬られたあと、棺桶の中で産み落とした赤子であった。女の執念が、飴を買って赤ん坊を育てていたのだ。

かんざし灯籠

幽霊話が出たついでに、もう一つ。これは久保二丁目にある明神さんの簪灯籠《かんざしどうろう》のはなしである。

東の防地口《ぼうじぐち》から入る尾道商店街は、久保町の二丁目から一丁目にかけて、尼寺小路《あまでらこうじ》、風呂小路、八軒小路、鎮神《ちんじん》小路、水尾《みずお》小路とさまざまな小路が南北に走っている。丹花小路もその一つで、それぞれに由緒があって面白い。久保二丁目の明神通りを南に下ると、古い町並みの奥に明神さんの鳥居が見えてくる。鳥居の中は八坂神社と厳島明神の境内だが、そこに一基、婦人の髪かんざしによく似た灯籠が建っている。

かんざし灯籠

江戸時代の中期、港町尾道が全盛をきわめていた頃、このあたりは新開地の花《はな》街《まち》として賑わった。見世物が立ち、芝居《しばい》小屋が並び、飲食店が軒を連ねていたが、一軒の芝居小屋に絣《かすり》の着物を着て前垂《まえだ》れをつけた可愛いお茶子《ちゃこ》がいて、お客の接待をしていた。そのお茶子の中にひかえめではあるが、気立てのよい楚々とした美女がいて、芝居見物の若者の人気を集め、その一人がこの娘と恋仲になった。

ところが、この若者は尾道でも一、二を争う浜旦那《はまだんな》の跡継ぎであったから、父親がこの縁談には反対であった。

父親は精いっぱいめかしこんで来た娘を一目見るなり「たしかにあんたは別嬪《べっぴん》で気立ても良いようじゃが、年頃の娘が髪に簪《かんざし》の一本も差していないようでは、家へ入れるわけにはゆかぬ」と冷笑した。たしかに娘の家は貧乏で簪を買う金もなかったので、娘は返す言葉もなく、恥ずかしさで俯《うつむ》くばかりであった。家にもどった娘は、思いつめてとうとうわが身の不運を呪いながら、近くの井戸に身を投げて死んだ。

それからというもの、この厳島明神の境内に夜な夜な娘の幽霊があらわれて、明神に詣でる人々にか細い声で「簪がほしい、簪がほしい」とささやきかけた。そこで町の人たちはこの娘の、簪にかける執念《しゅうねん》を哀れみ、境内に造ってやったのが、この簪灯籠だったというのである。

軍配灯籠と西浜和七の墓

簪灯籠のある八坂神社から明神通りを真っ直ぐ北へ。尊光寺《そんこうじ》の横からJR山陽本線を横断して石段を登ると、西久保町の亀山八幡神社境内に入る。創建は平安時代初期と伝え、一の鳥居には万治の元号が彫られている。尾道市内最古の鳥居で、笠木の反《そ》りが美しい。この神社の正面左右に、東西《とうざい》西浜の仲仕たちが寄進した軍配《ぐんばい》灯籠があり、灯籠の台座に軍配の形をした石が嵌《は》め込まれている。

その八幡神社境内から西側に見える大屋根が尾道一の広さをもつ浄泉寺本堂の大甍《おおいらか》で、本堂前を通る山陽本線の電車の中からもよく見える。大屋根には十六畳分の広さをもつ鬼瓦を東西に載せ、平瓦の波はあたかも瀑布《ばくふ》の流れるが如くである。本堂の縁側は軒が高くて深く、涼風が吹き込むので、老人たちが真夏の炎天下、よく昼寝にやって来ていたものである。名付けて昼寝寺《ひるねでら》。本堂前の水盤に刻まれた「垢離《こり》」の文字は頼山陽の筆跡と伝え、裏手の広大な墓地には、藪内流《やぶのうちりゅう》茶道の宗匠内海自得斎《うつみじとくさい》や沖仲仕《おきなかし》西浜和七の墓がある。

和七の墓は墓地の中央に位置し、二条の縄を締めた形の台座の上に力石に似た墓石が立ち、裏面には「明治二二己巳季六月二十日、大紺屋大湊和七」と刻まれている。

西浜和七の墓（浄泉寺墓地）

福善寺とタイル小路

久保一丁目から長江一丁目へ通じる丹花小路は、むかし光明山福善寺の山門下へ通じていた。その山門は町の人々から「ええ門は福善寺」と賞賛されたように、龍の彫刻をした立派な山門であり、扉の鶴の丸も見事である。また境内の鷲の松は人目を驚かす尾道市の天

タイル小路

然記念物である。

　この福善寺の後山《うしろやま》は昔の丹花城《たんがじょう》の跡で、城山の墓地には丹花城主持倉則秀とその子則保の大きな五輪塔（市重文）がある。丹花小路の名はこの城名に由来する。福善寺の墓地から眺める大宝山（千光寺山）の景観は素晴らしい。

　境内の鷲の松（市天然記念物）を鑑賞して、北側の寺門を出ると、途中に尾道の新名所として知られるタイル小路がある。細い路地にさまざまな形のタイルが埋め込まれ、道ばたにあれこれと落書きされたタイルが所狭しと並べられている。

　この小路は御袖天満宮（長江一丁目）の参道に通じているが、映画「時をかける少女」のロケ地に利用されたため、一躍有名となった。尾道市産業部商工観光課と尾道観光協会が発行した「おのみちロケ地案内図」によると、このタイル小路のほか、「転校生」「さびしんぼう」など、大林宣彦監督が尾道を舞台として製作した映画のロケ地は市内の各所にあり、この港町を映画の町として印象づけた。

尾道は小津安二郎監督の名作「東京物語」など映画の舞台として利用されることが多かったが、ここを「少年の心が似合う街」として売り出したのが大林監督である。彼は昭和十三年（一九三八）に土堂町の医師の子として生まれ、土堂小学校、中江中、尾道北高校を経て成城大学文学部へ入学した。しかし、少年のころから8ミリ映画の製作に興味を持っていたので、大学を中退して映画の世界に入った。数々のコマーシャルフィルムを手がけたあと、昭和五十二年に映画監督としてデビューし、「ハウス」を発表した。尾道を舞台にした作品は一九八二年の「転校生」が最初である。それ以来、前述した尾道三部作のほか、新尾道三部作として、一九九〇年「ふたり」、一九九五年「あした」、一九九九年「あの夏の日」を製作した。彼の尾道での映画つくりの動機となったのは、開発という破壊からふるさとを守りたいという思いであった。「尾道の風景には皺《しわ》が多い。まるで年老いた両親の顔に刻まれた皺のようだ。それはぼくらを育ててくれた、その日々の喜怒哀楽を刻んだ心の記録だ。しかしそれらは多くの町が汚れたもの、恥ずべきもの、隠すべきものとして取り壊してきた。なんという親不孝、古里不孝だろう。町の皺は、町の恥部などではない。大切にすべきもの、誇るべき文化の歴史を刻むものでこそあるのだ」と、大林監督は述べている。

御袖天満宮

タイル小路の細い路地を下って、旧出雲街道を北上すると、道が東西に分岐し、「右天満宮道」「左

御袖天満宮参道の石段と鳥居

いずも往来」と刻んだ道標が立っている。右折して天満宮の参道を上がると、右手の路地の奥に菅公腰掛岩がある。延喜元年（九〇一）に菅原道真が大宰府へ左遷される途中で、尾道の長江に船がかかりして、この岩に腰を掛けたという由緒の史跡である。

このとき里の人たちが菅公の旅情を慰めるために麦飯と甘酒を献上したところ、菅公は喜び、着衣の片袖に自画像を描いて渡したと伝える。そのため里人たちは此処を麦畑にして、収穫した麦で御飯を炊き、甘酒をつくって御袖天満宮へ献上するようになったという。御袖天満宮の御神体はこの菅公の片袖自画像である。

御袖天満宮の名物は、なんといっても長い一本石を敷きつめた参道の見事な石段である。本殿は尾道市内最古の建築物と伝え、この石段を登る途中の丘に、力石を担いだ西浜和七の陶像が立っている。西山和七は三十貫（約一一〇キロ）の鉄棒を二本かついで天満宮の境内から五十五段の急な石段を下ったことで一躍尾道の名士になった。

江戸時代、尾道港は北前船の集結地として繁盛していました。当時肥料として用いられた鰊粕は一俵が四十貫（約一五〇キロ）、年一二四～一二五万俵もこの湊に集められたと伝えています。尾道港では海産物を扱う東浜、備後地方の特産物畳表を扱う西浜に分かれて、浜の仲仕たちは仕事の合間に庶民の娯楽として現在の重量挙げにも似た力比べ・力競技に熱中していました。競技の成功者は力石に名前を刻まれて、栄誉を永くたたえました。

西山和七の陶像の側に建てられている案内板の文言である。

蓮花坂土居咲吾《れんがざかどいしょうご》の墓

御袖天満宮の東隣が古くから天神坊と呼ばれた別当寺（真言宗大山寺）である。日切地蔵が祀られ、天神さん（御袖天満宮）と並び学問・受験に霊験あらたかとかで、参詣・祈願者が絶えない。

その大山寺境内を出て東の蓮花坂へ向かう途中、左手の墓地にあるのが案外さんと残念さんの墓である。

この奇妙な名のいわれをもつ二基の墓の主は、長州藩士で、慶応三年（一八六七）の暮れ、長州藩の軍勢が周防三田尻を出港して尾道に上陸し、徳川家譜代の福山藩を攻めるとき、この地で果てた。一人は無頼漢まがいな兵士で、隊長に呼び出されて武功を誉められるものと思いきや、その乱暴を咎められて切腹を命ぜられた。これが案外さんで、いま一人は福山城攻撃の途中で敵の伏兵に斬られ、「残念、残念」と叫びながら死んだ兵士である。

蓮花坂・土居咲吾夫妻の墓

一九九五年春、私は土居良三という人から『咸臨丸《かんりんまる》海を渡る』という本を頂いた。土居氏はその咸臨丸で渡米した長尾幸作の曾孫にあたる人である。これは同氏の次期作品『評伝・老中首座阿部正弘』について、私に史料の提供を求めるためであったが、私はこの『咸臨丸海を渡る』に紹介されてある「亜行日記・鴻目《こうもく》魁耳《かいじ》」によって、咸臨丸の太平洋横断航海がどのようなものであったかを、くわしく知ることができた。じつはこの「鴻目魁耳」こそは、土居氏の曾祖父長尾幸作が矢立の筆で記した和紙・和綴の旅行記なのである。

長尾幸作は天保六年（一八三五）、尾道の中浜で、医師俊良の長男として生まれた。幼少のころより父について西洋医学を学び、二十一歳の春に上京して蘭学を修め、二十五歳のときさらに江戸へ下り、坪井芳州の門に入った。

しかし、彼の目的は英語の修得にあったので、渡米の機会をうかがっていたところ、たまたま咸臨丸の壮挙のことを聞き、伝手《つて》を求めて奉行木村摂津守に接近し、従者として自費で随行できるようとりはからってもらった。幸作はその費用二十両を本因坊秀策から借りた。秀策は備後浅野藩主の推挙で江戸へ出て本因坊を襲名した囲碁の名人である。

万延元年（一八六〇）五月五日、無事にアメリカから浦賀に帰った幸作は、父俊良の死去によって医家を継いだ。文久二年（一八六二）に再び上海に行き、翌年池田筑後守長発《ながおき》を正使とする遣仏使節に随行してヨーロッパへ渡航しようとしたが、これは失敗して長崎へ送還された。このときから名を土居咲吾と変えている。

明治維新後、彼は三原藩主浅野忠英が領内の東野村松浜（三原市糸崎町松浜）に設立した三原洋学舎で英語を教授し、その後明治四、五年ころから尾道長江町の正授院で英学塾を開設した。ここで医業のかたわら塾生たちに英語教育を続けたのであった。

曾孫良三氏の言によると、長尾幸作はその後、家族や子弟・患者たちから咲吾先生、咲吾さんと呼ばれ、敬愛されながら平穏な後半生を送ったということである。明治十八年（一八八五）五月二十四日没、享年五十一歳、墓は妻イトと並んで蓮花坂にある。

咲吾の墓碑銘は「土居咲吾紀淳良」であるが、夫人のそれは「土居伊止媛」である。この夫人も、広島県下最初の幼稚園「土居遊戯園」を開設した女傑であった。

西国寺の大草鞋《わらじ》

蓮花坂《れんがざか》を下って、十字路を左に曲がると、北方の愛宕《あたご》山麓にある西国寺へは一本道である。しばらく行くと参道正面に大草鞋のぶら下がった有名な仁王門が見えてくる。桃山時代の建立で、格子《こうし》の中

西国寺仁王門の大草鞋

に安置されている仁王像には面白い伝説がある。

　今は昔、西国寺には近郷近在にない立派な仁王門をつくったが、中に入れる仁王像がない。そこで、住職が京都の有名な仏師にこれを注文したところ、仏師は精魂込めて二体の仁王像を彫り上げたが、あまりにも立派な出来栄えであったから、尾道へ送るのが惜しくなって、そのままにしておいた。

　西国寺では待てど暮らせど仁王像が彫像されたとの便りがないので、住職みずから京都に行き、仏師を訪ねて仁王像のことをたずねると、「まだ彫り上がっていない」という。ところが、話の途中、奥の仕事場から二体の仁王さんがノッシノッシと表へ出て来て「わしらは尾道へ行く」といった。喜んで住職はたくさんの製作費を支払い、仁王さんを連れて尾道へ帰り、仁王門の中に安置した。

　元来、この仁王さんはお寺と町を守護するのが役目であったから、西国寺では仁王さんのために大草鞋を造って門の外に吊るしておいたところ、寺の後山である愛宕山《あたごやま》（西国寺山）に登って、山の上を歩きまわり、山の上から町を見下ろして守護に任じた。尾道には大宝山（千光寺山）と瑠璃《るり》山（浄土寺山）とこの西国寺山と三つの山があり、西国寺山が一番高かったが、仁王さんが踏みつけたため、どの山よりも低くなったという伝承がある。しかも、仁王さんは山を歩いたその足で町の中へ繰り出すので、町の人々は夜中にドスンドスンという大きな物音がして眠れない。とうとう苦情が出て、住職は仁王さんの足に楔《くさび》を打ち、仁王門に頑丈な格子を打ちつけてお経で仁王さんの魂を抜き、外に出られなくしてしまった。

ふつう、仁王門の格子は下半分だけだが、西国寺のそれは上までいっぱいに格子を張り、外からよく見えないようにしている。また格子の外に吊るしてある大草鞋が仁王さんのものでその下方に吊るしてある沢山の小草鞋は、その仁王さんの丈夫な足にあやかりたいという信者たちの願いのあらわれだということである。

「摩尼山《まにさん》」という金字の額を仰いで山門の中に入ると、幾層もの長い石段があり、石段を登り切ったところの左右に大きな石柱があり、右側に「初汐久五郎」、左側に「大蔦力蔵《おおつた》」と刻まれてある。両者とも尾道ゆかりの横綱陣幕にかかわる人物である。正面には丹朱《にしゅ》の大殿堂である金堂ほかさまざまな建物があるが、瑠璃山麓の浄土寺につぐ文化財の宝庫で、国宝級の古文書や仏像が数多く収蔵されている。

真言宗西国寺の開基は遠く天平《てんぴょう》の昔にさかのぼり、名僧行基《ぎょうき》との伝承がある。その後再建を重ねたが、後山の三重塔は足利六代将軍義教が寄進したと伝える。塔内には四天王に四方を守護させて本尊如意輪観世音菩薩《にょいりんかんぜおんぼさつ》像が祀られている。塔の側の大五輪塔は千光寺山城主木梨民部大輔元恒の墓塔と伝え、このほか境内には尾道出身の画家小林和作や実業家で名誉市民の山口玄洞の墓もある。このあたりは、土塀の白と塔の朱と樹木の緑とが絶妙なコントラストとなって、素晴らしい景観である。

この西国寺の参詣を終え、長い石段を下って東側の丘に上がると、金剛院という真言宗の寺がある。この寺の大きな烏天狗《からすてんぐ》の面や、金毘羅宮《こんぴらぐう》拝殿裏の祠に祀られている重軽三天狗面《おもかるさんてんぐめん》も見逃せない。「重軽さん」という三体の石造天狗面は、これに願をかけて持ち上げると、願いが叶えば軽くなり、叶わなければ重くなるという不思議な御神体である。

重軽三天狗面（真言宗金剛院）

常称寺天女の乱舞

尾道には六ヵ所の時宗寺院がある。三つ首さままで知られる海福寺のことはすでに述べたが、ほかに慈観寺、常称寺、正念寺、西郷寺、海徳寺がある。

尾道の時宗は、建治三年（一二七七）に宗祖一遍上

常称寺本堂天井画の天女妓楽図

人が沖の道場といわれた久保町地先の小島に草庵を結んだのが端緒といわれているが、一遍上人が瀬戸内海をへだてた伊予の河野氏の出であり、この頃の尾道浦が備後内陸部大田荘《おおたのしょう》(世羅郡)の倉敷地として年貢米を上方《かみがた》へ運ぶ海上輸送の基地として繁栄していたからと思える。

その時宗寺院の中でもっとも古く最大規模を誇ったのが尾道市西久保町の常称寺である。この寺は正和年中(一三一二～一七)に呑海《どんかい》上人が時宗二祖真教上人を開祖として創建したが、建武三年(一三三六)足利尊氏が西国下向に際して尾道浦に寄港し、豪商や漁民たちの協力を得たので、征夷大将軍に就任すると、その恩顧にこたえるために暦応三年(一三四〇)、念仏道場であった常称寺に七堂伽藍を建立したという。このとき常称寺は本山光明院の祈願所となり、尾陽山願王院《がんのういん》の号を賜った。

かくして、この寺は中国地方随一の時宗寺院となったが、文和元年(一三五二)に本堂を残してことごとく焼失した。その後再興されて、江戸時代にも安芸・備後両国における時宗門下の触頭役《ふれがしらやく》をつとめている。室町期の遺構である本堂・観音寺・大門・薬医門の四棟がこの常称寺境内にそのまま残っているのは広島県内でも珍しいが、大門は鉄道と国道2号線に分断されて市街地の民家の側《そば》に置き去られている。

その四棟の建物が県の重要文化財になっているほか、市の重文になっているさまざまの仏像や遊行《ゆうぎょう》上人縁起絵巻（国重文）ほか他阿真教上人像（県重文）などの宝物がある。とりわけ、この寺に参詣して感動をおぼえるのは本堂の天井に描かれている天女の図である。濃艶な天女が妓楽《ぎがく》を奏しながら天井いっぱいに乱舞しているさまは、内陣の四方にびっしりと並ぶ三千仏と須弥壇本尊の阿弥陀如来立像とあいまって、参詣者を幽玄な極楽浄土に誘い込むのである。

西郷寺、鳴き龍の天井

西国寺の仁王門から出て南下し、元の十字路を蓮華坂とは反対側へ歩き、昔の西国街道へ出る。その西国街道を湊の方へ下ると、防地口《ぼうじぐち》を経て浄土寺下に至るが、バス停「東校前」を東へ直進すると、林芙美子の碑が建つ尾道東高等学校である。その尾道東高校の南隣が久保小学校で、グランド横の参道を登ったところに西郷寺という時宗の寺院がある。切妻造りの大門は国の重文で、中に入ると正面に端正な寄棟《よせむね》造り・本瓦葺《ほんがわらぶき》の本堂が見える。文和二年（一三五三）の創建当時は、時宗寺院としての風格を備えていたが、その後度々修復が加えられて、様式が変わった。昭和三十九年からの解体復元

時宗西郷寺本堂

によって、現在は旧規《きゅうき》に復し、足利尊氏の創建と伝える西江寺を彷彿とさせる。本尊阿弥陀如来立像と、文和三年在銘の扁額「西江寺」は尾道市の重文である。

本堂に入って拍手すると、天井からビーンビーンと冴えた音響がはねかえってくる。俗に鳴き龍の天井というのがこれで、つぎのような伝承がある。

むかし、この寺の二世託阿《たくあ》上人が鎮西行脚《ちんぜいあんぎゃ》に出たが、肥前の松浦沖を航行中、時化《しけ》にあって船が転覆しそうになった。そこで託阿上人は八大龍王に祈願して嵐を鎮めてもらうため、弥陀《みだ》の名号《みょうごう》を記した紙を海中に投じ、一心不乱に祈った。すると龍王の怒りがおさまり、船は無事平戸に入港したが、その夜、龍王が白髪の老翁に変化《へんげ》して託阿の夢枕にあらわれ、「今日、汝が海中に投じた名号と祈願のおかげで、永い苦海三熱《くがいさんねつ》の苦しみから解き放たれた」と感謝し、「未来永劫《みらいえいごう》、汝の寺の守護神となるであろう」と誓ったという。

現在この寺の境内に大岩があるが、その岩かげに龍王が潜んでいるといわれ、拍手してひびく鳴き龍の天井も、その龍吟《りょうぎん》だといわれている。そのため大岩の頂きには八大龍王が祀られて、信仰の対象となっている。

本堂脇に鎮座する当寺の開山一鎮上人の座像は玉眼《ぎょくがん》・紅頬《こうきょう》で、さながら生けるがごとく、広島県の重文である。

境内の南に薬師《やくし》の霊水があって、そこに「水之庵」という西郷寺の末《まつ》寺があった。天正の頃、織田信長に追われた摂津の伊丹城主荒木村重がここに避難し、仮寓したのがこの水之庵だったといわれているのである。

西郷四郎逝去之地碑

姿三四郎のモデル

西郷寺の山門を出て寺下の路地を南に下り、尾道市民病院の前を左折すると、浄土寺道である。ここからの夕陽の眺めは風情があり、「夕陽の道」と名付けられている。この坂道を東の浄土寺へ向けて歩むと、左側の段の上に西郷四郎逝去之地碑が立ち、その側に柔道着姿の若き西郷四郎像がある。

西郷四郎は富田常雄著『姿三四郎』のモデルといわれ、記念碑の刻字は講道館長嘉納履正の筆跡である。彼は講道館の四天王と称された柔道家で、傍らの案内板には次のように記されている。

「西郷四郎は日本柔道界の奇才で、嘉納治五郎の講道館創設に際してこれを助け、日本柔道を大成した。小柄であったが、その特技山嵐は天下無敵で、姿三四郎のモデルとなった。大正九年病気療養のため尾道に来て浄土寺の末寺吉祥坊で養生につとめたが、大正十一年十二月二十三日に五十七歳で亡くなった」

そういえば、このあと訪れる浄土寺山門の前にも「柔能制剛《じゅうよくごうをせいす》、弱能制強《じゃくよくきょうをせいす》」という武道の極意を記した石碑が立っている。こちらは江戸時代浄土寺下で道場を開いていた新影流の剣術指南佐野甚十郎義忠の記念碑で、碑文は頼山陽の筆と伝え、門人たちが建立したものである。

浄土寺と足利尊氏

真言宗浄土寺は、西国寺と並ぶ文化財の宝庫だ。東から国道2号を下ると、市街地に入る手前に北へ向かって参道が通じ、頭上をJR山陽本線が走っている。石段を登ると目の下に海が見える。石畳を踏んで切妻造・本瓦葺の四脚門（国重文）をくぐると、浄土寺境内だが、正面の入母屋造《いりもやづくり》・本瓦葺本堂と右前の朱塗りの多宝塔《たほうとう》が国宝で、本堂東隣の阿弥陀堂《あみだどう》、茶室露滴庵《ろてきあん》、多宝塔東方の塀際に並ぶ納経塔《のうきょうとう》、宝篋印塔など国の重文が数々目に入る。

文化財宝庫　真言宗浄土寺

　この寺の山門である四脚門の蛙股には足利市の家紋である二《ふた》つ引両《びきりょう》がくっきりと描かれ、境内の南側塀際の木柵内には足利尊氏の墓といわれる宝篋印塔があるので、足利将軍家とのかかわりが推定できる。大屋根に鳩の群がる本堂の右脇陣《わきじん》が尊氏参籠の間と呼ばれているのは、建武三年（一三三六）五月五日、足利尊氏が弟直義《ただよし》と共にこの部屋に参籠して一万巻の観音経を読誦《どくじゅ》したからで、その由緒はこうである。

　建武三年二月、新田義貞と楠木正成の軍勢に敗れた足利尊氏は、瀬戸内を九州へと逃れる途中、備後鞆《とも》ノ津《つ》で光厳《こうごん》上皇の院宣《いんぜん》を拝受して形勢を挽回し、尾道港に軍船を繋留《けいりゅう》して浄土寺に参詣した。このとき尊氏は近傍から軍船の船手を募ったが、これに応じたのが吉和浦の漁民たちである。彼らは勇躍足利軍に参陣して、その兵員を海路九州に輸送した。

　建武三年五月、菊池軍を撃破して九州から凱旋した尊氏は、再びこの浄土寺下に軍船を停泊して浄土寺に参詣。三十三首の法楽連歌を奉納した。このとき尊氏は吉和の漁民たちを集め、兵員輸送の功を賞したので漁民たちはこれを記念して足利軍の調練方法を模した太鼓踊りを考案した。今も隔年の旧暦七月十八日に吉和から尾道市街地を通って浄土寺まで踊りながら行進する「吉和の太鼓踊」(広島県無形文化財)は、このときの故事にちなむものである。

また、このとき尊氏は兵庫での新田・楠木連合軍との決戦に備えて、敵の矢や投石を防ぐ楯板《たていた》にするため、浄土寺本堂の桟唐戸《さんからど》を残らずはずして持ち去ったと伝え、それ以降昭和の大修理が行われるまで、この寺の本堂には扉がなかったということである。浄土寺の寺紋に足利氏の紋所が許されたのはこのためである。


わだつみのふかきちかいのあまねさに　たのみをかくるのりのふねかな

五月四日の夜、御座船《ござぶね》を浄土寺下の石段に係留して霊夢を見た尊氏は、明けて五月五日の朝、白雲たなびく天空から山鳩が二羽、ゆるやかに船上へ舞い降りてくるのを見ながら、身を浄めて浄土寺に参籠して、本尊十一面観世音菩薩に祈願した。

右にあげた一首は、このときに詠んだ和歌である。尊氏はこのほか六首、弟の直義が同じく七首、源頼貞が八首、藤原高範が三首、桂芳法師が四首、院主道謙が四首と、合計三十三首の和歌をこの寺に奉納して出陣したのであった。

また、この浄土寺の茶室露滴庵とその庭園は、伏見城内にあったものを芸州浅野公が太閤秀吉から拝領し、それが御用商人天満屋に払い下げられて、この浄土寺へ寄進されたと伝えられている。

浄土寺境内の茶室　露滴庵

浄土寺の宝物と瑠璃山奥の院

平成十一年三月二十二日、尾道市は市制施行百周年を記念して尾道市の寺院を一斉公開した。国宝・重文三塔（浄土寺多宝塔・西国寺三重塔・天寧寺塔婆）の公開は、その前二日を含めて三日間であったが、わたしはこの日、浄土寺多宝塔の内陣を拝観した。

極彩色《ごくさいしき》の合天井《ごうてんじょう》と柱の内陣中央には本尊の大日如来像と釈迦如来像・薬師如来像が祀られている。一際《ひときわ》大きい大日如来像をはさんで右と左に釈迦如来座像と薬師如来座像が並び、周囲に三千仏《さんぜんぶつ》が隈無《くまな》く金色の光を放ち、内陣壁面には弘法大師など真言八祖の頂相《ちんぞう》が懸けられている。緑青と朱で彩色されたこの浄土寺多宝塔の内陣に佇むと、しばし俗界を忘れえて無限の仏教世界を逍遥することができる。

その仏教世界の余韻を残して、今度は浄土寺の宝物館に入り、仏涅槃《ねはん》図（国重文）や三体の聖徳太子像（太

大坂文楽の墓（海龍寺境内）

子孝養像・南無太子像・太子摂政像）などさまざまな浄土寺ゆかりの宝物を拝観した。とりわけ南北朝時代の浄土寺と不可分の関係にある後醍醐天皇の綸旨《りんじ》や足利尊氏の判物、足利氏に関する文書類と足利直義の肖像には目を奪われた。今なお踊り継がれている吉和の太鼓踊りも、江戸時代にはどのように催されていたかがわかって興味が尽きない。平家納経に似た写経もあり、西の厳島神社と並んで浄土寺が西日本における文化財の宝庫といわれるゆえんである。

浄土寺の裏山が瑠璃山《るりさん》である。浄土寺山《じょうどじやま》ともいう。登山道の途中、右手に海龍寺があるので参詣する。この寺は鎌倉時代、曼荼羅《まんだら》堂と呼ばれ、定証上人《じょうしょうしょうにん》が鎮西行脚のみぎりこの寺で一夏を過ごし、浄土寺中興の悲願を起こしたことで知られている。山門をくぐると、本堂の側に三基の「大坂文楽の墓」が目につく。これは江戸時代の化政期に、尾道の浜問屋《はまどんや》の旦那衆が文楽の師匠をむかえて芸事に励んだ名残りである。

登山道にかえって、瑠璃橋《るりばし》を渡ると、観音の小道が山頂まで通じている。道端に観世音三十三番さんが祀られ、天徳四年（一三二二）の年号を刻んだ名号岩《みょうごういわ》と不動明王像を刻んだ不動岩は少し寄り道したところにある。巌谷小波《いわやさざなみ》の「明王を刻む巌や苔香る」という句は、この不動岩を詠んだものだ。

坂道のところどころに大岩が転がっているが、これは秀吉に命ぜられた大坂築城の残り石だということである。山頂は浄土寺の奥の院嶺《みね》の薬師で、大展望台から玉ノ浦を俯瞰する景観は、ただ感嘆の一語に尽きる。

ここからは、しまなみ海道新旧の尾道大橋が咫尺《しせき》の間に見える。

風流と絵のまち尾道

尾道は風流のまち、絵のまちとして名高い。

「おれに似よ　俺に似るなと子をおもひ」「人類は悲しからずや左派と右派」、この二首は尾道市十四日

浄土寺奥の院　大展望からの眺望

町出身の川柳作家麻生路郎（一八八八～一九六九年）の作品で、思わずニヤリとほほ笑む。この人に関する文学展が平成十二年（二〇〇〇）の七月に尾道市の文学記念館で開催されたが、それによると、麻生路郎は生後間もなく母と死別し、一八八九年に大阪に転居したが、大阪高商在学中から川柳を始め、大正十三年（一九二四）に「川柳雑誌」を創刊した。一九五六年に関西短詩文学連盟の初代理事長に就任して各地柳壇の選者となり、岸本水府、椙元紋太《すぎもともんた》らと並ぶ川柳六大家の一人として知られた。その作風は人生を奥深く詠み、彼の妻葭乃《よしの》（一八九四～一九八一年）も川柳作家で、「飲んでほし　やめてもほしい酒をつぎ」という名句を詠んでいる。夫妻の句碑は尾道文学公園にある。

シナリオライター高橋玄洋は尾道がはぐくんだ文人だが、その著作『花を見るかな』で、尾道名誉市民の洋画家小林和作（一八八八～一九七四年）の生き方を礼賛している。現在の尾道で毎年開催されている「絵のまち尾道四季展」は、和作の一周忌に開かれた「小林和作忌協賛街頭展」に始まるもので、尾道を絵のある町として位置づけた。

金座街に立つ小林和作の像

　元来、尾道は絵になる町として有名画家が訪れ、多くの作品を残したが、小林和作もその一人であった。彼は明治二十一年（一八八八）山口県吉敷郡秋穂町に生まれ、京都市立美術工芸学校で日本画を学んだ。続いて同市の絵画専門学校に進学したが、在学中「椿」で第四回文展に入選、大正二年（一九一三）にも第七回文展に入選している。その後洋画に転向して梅原龍三郎・林武・中川一政らに師事し、大正十四年と翌年に春陽会賞を受けた。

独立美術協会に入り、尾道へ居住したのは昭和九年（一九三四）であったが、それ以降、尾道市民として創作活動に励み、地方美術と文化の振興に貢献した。彼は随筆家としても知られ、その画風は幽玄豊麗という高い評価を受けたが、昭和四十九年十一月四日、三次へスケッチ旅行に出かけたとき、急逝した。

小林和作の墓は西国寺の三重塔へ向かう途中の墓地に、ゆかりの筆塚とともに建てられているが、尾道四季展が開かれる金座街にも、その肖像が立ち、パレットと画筆を持って「絵を描こう」と道行く人々に呼びかけている。

文化のかけはし

愛媛県岩城島の知新小学校跡地に「師道顕揚之碑」がある。これは明治初年にこの島に開設された私塾「知新館」の館長であった藤井修之輔（諱《いみな》を守約、字を浩然、弘堂と号す）の遺徳をたたえて、大正十三年（一九二四）十一月に建立されたものである。発起人以下世話人は岩城村在住の門弟たちだが、碑文を読むと、実際の建碑者は修之輔の高弟であった尾道出身の実業家山口玄洞である。

山口玄洞は文久三年（一八六三）十月十日、尾道の医師寿安の長男謙一郎として久保町に生まれたが、明治三年（一八七〇）、岩城島の私塾知新館に入学した。これは父の寿安が三原出身の朱子学者藤井修之輔に私淑して、修之輔が岩城村に開設した知新館に謙一郎の訓育を託したからである。

すなわち修之輔は青年のころより江戸へ出て、古賀精里の門に入って朱子学を学び、明治維新に際会して備後三原に帰り、三原藩の儒官になろうとしたが受け入れられず、伝手《つて》をたよって岩城島に行き私塾を開いたのであった。知新とは彼の命名するところであり「和以接物、厳以教子弟」がその校風であった。注（和をもって物に接し、厳をもって子弟を教《おし》う）

山口玄洞の墓（西国寺）

ところが明治十年、その師修之輔と父寿安を相次いで失い、謙一郎はやむなく学業を断念して一家の生計を支えるために荒物の行商を始めなければならなくなった。翌年大阪へ出て洋反物《たんもの》店に勤めたが、二年後に店が倒産したので、彼は明治十四年に独立して大阪伏見町に洋反物の卸業山口商店を開いた。こうして商人となった謙一郎は、正直・誠実をモットーとして骨身を惜しまず、知新館での師の教えを実践したので、次第に信用を築き、明治三十年に本町三丁目へ店舗を新築して、大阪を代表する実業家として大成した。彼が祖父の号玄洞を襲名したのは明治二十九年であった。

玄洞が朱子学を体した商人であったことは、彼が各地の神社・仏閣や教育・医療機関に多額の寄付をしたことで実証できる。特に故郷の尾道市に対しては、大正十一年に上水道建設資金の四分の三を負担している。

玄洞は昭和十二年（一九三七）に七十四歳で死去し、西国寺に葬られたが、昭和四十三年、尾道市は彼に名誉市民の称号を贈った。

拳骨和尚の寺

千光寺公園の文学のこみちを歩いていると、「あれは伊予こちらは備後春の凪」という物外《もつがい》和尚の句が刻まれた岩が、山頂近くにある。

拳骨和尚の寺とは、この物外和尚が九世の住持となった曹洞宗済法寺のことで、JR尾道駅を北口から出て三軒屋町に入り、旧西国街道から北上した路地の向こうにある。

拳骨《げんこつ》和尚は江戸時代後期の曹洞宗の僧で、諱《いみな》を不遷、道号を物外という。寛政六年（一七九四）、伊予松山藩家臣三木兵大夫信茂の子として生まれ、六歳のとき出家した。十二歳で広島の伝福寺に入り、国泰寺と越前の永平寺で修行した。尾道の済法寺に住したのは文政二年（一八一九）、二十六歳のときだ。

物外不遷は文武両道の達人だったので、安芸広島の支藩である三原の浅野侯に信任され、幕末動乱期の国事に奔走することができた。特に、萩藩毛利氏と幕府の間を周旋して名を成した。

柔術不遷流の開祖で、その門弟は三千人と称され、儒学にも秀で、武芸百般の達人と評された。それでいて武辺一辺倒ではなく、俳諧、書画、三味線から双六《すごろく》といった遊芸にも通じる多彩な趣味人である。

物外が拳骨和尚と呼ばれるようになったのは、彼が剛力無双で怪力の持ち主だったからだ。彼は安政四年（一八五七）に因島外浦出身で、囲碁の名人となった本因坊秀策と一緒に、讃岐の金毘羅宮に参詣して旅館に泊まった。その後二人で碁石を並べていたとき、物外が負けた腹いせに拳骨を碁盤に打ち込んで、その跡が碁盤に残ったというエピソードがある。

物外和尚の墓と記念碑（済法寺境内）

物外不遷は元治元年（一八六四）に済法寺を退隠して旅に出、三年後の慶応三年（一八六七）十一月二十五日に、大坂の旅館で示寂《じじゃく》したが、その飄々とした生き方は、親しく尾道の人たちに語り継がれた。今も済法寺には、その墓塔と背負石および物外が抱えたという手洗鉢など、数々の記念品が寺宝として残されている。

済法寺裏山の磨崖仏も見事で、一見に価する。

今川了俊の道ゆきぶり

南北朝時代の初期、北朝方に今川貞世（了俊《りょうしゅん》）という辣腕《らつわん》政治家がいた。彼は、足利尊氏が九州から東上の途中、尾道の浄土寺に立ち寄ってから三十五年目の応安四年（一三七一）二月に、九州探題《たんだい》となって博多へ下る途中、備後尾道に立ち寄った。目的は大宰府を根城に、北九州を支配している南朝征西府を討滅するためである。彼は京都から陸路を備中矢掛を経て備後へ入り、神辺から芦田川を渡り、赤坂・松永と下り、防地峠を越えて尾道に入った。

今川了俊はこの尾道に約三ヵ月間も滞在して、備後と安芸の諸将に従軍を呼びかけ、征西府討滅《とうめつ》の秘策を練ったが、文人としても著名であった彼は、ここでつぎのような紀行を『道ゆきぶり』という作品に残している。

足曳《あしび》きの山分け下りて、おのみちの浦に至りつきぬ。この所のかたちは、北にならびてあさぢ深く岩ほこりしける山あり。ふもとに沿ひて家々所せくならびつつ、網干《あみほ》すほどの庭だに少なし。西より東《ひんがし》に入海《いりうみ》遠く見えて、朝夕、潮の満ち干もいとはやりかなり。風のきをひに従ひて行くる舟の帆影もいと面白く、はるかなるみちのく、つくし路の舟もおほくたゆたひゐたるに、一夜のうきねする君どもの、ゆきては来ぬるか、この浮かびありくも、げに小さき鳥にぞまがふめる。

尾道はむかしも、今にかわらぬ細い路地に沿うて人家の立ち並ぶ、港町であったことがわかる。当時も奥州や九州から来航して碇泊する舟が多く、これら船人たちを相手に、一夜妻で稼ぐ遊女たちがいたことも描かれている。

つづいて応安四年五月十九日の条には、

五月十九日、備後の尾道より安芸国ぬたといふ所にうつり侍《はべる》。道は南東へ出たる山あり、ひかたをへだてたり。いぬゐにそひて、いそ路《じ》はるかにゆくに、吉和といふ所あり。ほどなく夕になりぬ。

日も暮《くれ》ぬ　夕しほ遠く流れあしの　よしわが磯に　宿やからまし

其海中に木《こ》ぶかき小嶋二《ふたつ》ならびたり。是なんくぢら嶋といふなり。年ごとのしはすにくぢらといふうを多くよりきつつ、又のとしのむ月に又かへり侍《はべ》るとなん、海人どもの申也《もうすなり》。

岩子島《いわしじま》の西方海中に今も眺められる風物詩の鯨島《くじらじま》のことが描写され、毎年十二月に鯨が泳いで来て、越年し、翌年の正月が過ぎて帰って行くさまが漁民たちの口を通して語られている。

この鯨島のことは足利義満の『鹿苑院殿《ろくおんいんでん》厳島詣記《もうでき》』にも「備後国おの道といふ処の西にくぢら島、いとさき、いくらの島などいふ浦々北にあたりてみゆ。この所々はいにし比《ころほひ》、つくしへ下り侍し時、通侍《とおりはべり》しなりけり。此南にいよの三島はるかにかすみたり」とあるから、小さくとも名の通った島であったことがわかる。

鳴滝山落城伝説

吉和が名の知れた在所であったことは、今川了俊の『道ゆきぶり』の記述によってもあきらかだが、ここには前九州探題の渋川氏の居城であった鳴滝山城《なるたきやま》があり、吉和がその城下町だったからでもある。だから、この鳴滝山は渋川氏の役職にちなんで探題山《たんだいやま》とも呼ばれている。渋川氏は九州探題に任命されながら、征西府の力にはねかえされて、九州へ赴任できなかった武将である。

鳴滝山城は標高三一八・七メートルの山頂に築かれた山城だが、渋川氏が退去したあとは備後の豪族杉原氏の部将宮地《みやち》弘躬《ひろちか》が城主となっていた。城跡を訪ねると急坂の山麓に石垣の残欠が累積して

吉和鳴滝山城跡遠望（中央の山）

おり、相当の年月をかけて築かれた水軍城であったことがわかる。本丸跡からは備後灘《びんごなだ》や布刈瀬戸《めかりのせと》および三原・尾道の両水道を一眸《ぼう》の下に俯瞰することができる。城主宮地氏は杉原氏麾下の海将で、奥地の木梨鷲尾《きなしわしお》山城主杉原氏の海事方《かいじかた》をつとめていた。

ところが、応永三十年（一四二三）、この鳴滝山城は本郷《ほんごう》（美《み》ノ郷《ごう》町）大平山《おおひらやま》城主木来《きごろ》（頃）石見守経兼の軍勢に攻められて落城の悲運に逢着した。木頃氏は木梨鷲尾山城主の杉原氏とライバルの関係にあり、抗争を繰り返していたので、それに連動した奇襲であった。城は落城して城主の宮地弘躬は敗走の途中、久山田《ひさやまだ》の守武谷《もりたけだに》で戦死し、そこにはその悲劇を物語る紅岩と弘躬の墓がある。紅岩は矢傷・刀傷を負って瀕死の状態になった弘躬がこの岩に凭《もた》れかかったところ、みるみる岩が紅色に染まったという由緒を持つ。

鈴姫（宮地弘躬の妻）の祠

ここに哀れをとどめたのは、戦死した宮地弘躬の奥方鈴姫である。彼女は木梨の鷲尾山城主杉原民部の女《むすめ》であったから、父を頼って山伝いに城から脱出し、山麓の道を北東さして逃れる途中、栗原の門田《もんでん》というところで追いつめられ、池の迫《さこ》というところで自害した。そこは今の尾道バイパスの沿道に位置し、沿道の北側に鈴姫を祀った祠がある。その最期が哀れであったから、村人たちが怨霊をしずめるために祠を建てて、代々供養をつづけてきたのである。

しかし、いまはその伝承を語り伝えることがなく、付近の人々にたずねても、腰の曲がった老人のほかは、なんのためにこの小祠があるのかを知らず、鈴姫の名も鈴鳴り御前とか雀御前《すずめごぜん》とか呼ばれて、さだかでない。池の迫の北西方向にはすずめ迫と呼ばれる水源池があるが、これはこの鈴姫の伝承にちなんだ命名であろう。

伝承は年とともに薄らぎ、昔のように子供たちが老人たちから昔話を聞くことも無くなった。これは、大切な民族の魂を喪失させるものであるから、残念なことである。

たしかに郷土に残る昔話には、不合理な因襲とか封建的で非情な一面や、荒唐無稽《こうとうむけい》で馬鹿馬鹿しいと思われることが多いであろう。だが、その奥には、汲めども尽きせぬ民族の魂の源泉があるのである。

家舟

『民法風土記』という紀行がある。筆者は民法学者の中川善之助氏で、昭和四十年(一九六五)一月に同氏が東北大学教授であった当時、日本評論社から刊行された。この本は一人の民法学者が見たいろいろな土地の、さまざまな民俗習慣を書き記したもので、『法学セミナー』に昭和三十七年四月から翌年九月まで連載された。

いわゆる「権利乱用」の典型的事例として有名な黒部峡谷の宇奈月温泉事件から始まり、全国各地の習俗を紹介しながら、それを民法学的に解明している。

巻ノ八の「家舟の村々」で、長崎県西海岸の瀬戸町、香川県高松市の西浜、和歌山県和歌浦の雑賀崎と並んで、尾道の漁師町吉和の家舟が紹介されている。

中川氏がこれを取り上げたのは、末子《ばっし》相続の慣習を探るためである。農村では昔から長子が家督を相続する慣習が一般であるのに対して、こうした家舟では長男や二男は一人前になると親元を離れて独立し、最後に残ったオトンボ（末子）が親の面倒をみるというのだ。「家舟はエフネまたはエブネと読み、舟をもって家となし、主として一本釣り漁業で海上生活する零細漁民のことで、その住居は小さな船の中だけである。したがって、息子が長じて嫁をもらうことになっても、婚舎の建てようがないから新しい舟を造り、その新舟を新婚の住居と定める」

こうした家舟は因島市土生町の箱崎にもある。そ

家舟の里　吉和の太鼓踊

の漁場は遠距離にあったので、漁民が箱崎港に帰ってくるのは盆・祭・正月といった節日《せちにち》に限られた。そこで因島市はそうした海上生活者の子どもたちを預かって教育するため、かつて土生町に湊学寮《みなとがくりょう》という寄宿舎を設けていた。

ところが、同じ家舟でも、尾道市の吉和では、そうした家舟式の慣習は早くから消えてしまった。これは、ここの漁民たちが延元元年（一三三六）に足利軍の船方となって尊氏の九州下向に協力したからで、褒美に漁師の称号と土地を与えられ、早くから陸上生活に移ったためだといわれている。今も隔年の旧暦七月十八日に、この漁師町の人々が尾道の浄土寺へ奉納する「太鼓踊」（広島県無形文化財）はその名残と伝えられている。

伝承とか慣行というものは、その土地で生きて来た人たちの生活の知恵であるから大切に保存しなければならない。これを封建的遺制として排除することは民族の個性を喪失させるものである。人類は普遍で世界は一つといっても、それは、それぞれの地域と風土に根ざした複合的なものであるはずだからである。

では、本州からしまなみ海道の最初の島嶼である向島に渡ろう。

向　島（尾道市）

歌島と和泉式部

むかしの尾道駅前は、タクシー・バスの発着所と飲食店・雑貨店と土産物を売る店などの混在する雑然とした溜り場で、その先に島通いの連絡船の待合室と桟橋があった。ところが、一九八八年の尾道市制百周年と一九九九年の瀬戸内しまなみ海道の開通をきっかけに、駅前再開発事業が行われ、随分と様変わりした。小売の商店群が退去し、古びた桟橋と待合室が姿を消して、すっきりとした広場の西側に、モダンな「しまなみ交流館」と十一階建てのビルが建ち、駅前桟橋もそちらへ移動した。

その見晴らしのよくなった尾道水道の正面に、造船所のクレーンと並んで、白亜の灯台が立つこんもりとした島山が見える。これが向島《むかいしま》の小歌島である。

向島小歌島城跡

和泉式部供養塔（西金寺墓所）

小歌島は「おかじま」と読み、古い時代に向島が歌島と呼ばれていた名残りをとどめている。すなわち明治二十八年（一八九五）三月三十一日に発行された『備後尾道名所案内記』に、「向島は古昔《むかし》和泉《いずみ》式部《しきぶ》歌詠みの由緒ある町にして、古名を歌島と称す」「小歌島は尾道向島の中心に介《はさ》まる一小島にして、四時眺望の景に富み、島上に亭《ちん》を設け、多くの桃桜梅樹《とうおうばいじゅ》を栽へ、これを望むにさながら一小蓬莱洲《いちしょうほうらいしゅう》なり」と書かれている。蓬莱洲とは仙人が住む不老不死の島といった意味だが、戦国時代には因島村上水軍の一族が玉の浦すなわち尾道水道を航行する商船から荷駄別役銭《にだべつやくせん》（通行税）を徴収するための関所を設けていたところだ。砦を小歌島城《おかじまじょう》という。

この向島が歌島と呼ばれた由緒はこうだ。

尾道と向島を結ぶ尾道大橋（長さ三八五メートルの斜長橋・昭和四十三年三月開通）を渡って、向島彦ノ上の二番潟十字路で左折し、県道向島循環線を東へ行くと、天女浜《てんにょはま》を経て歌《うた》地区に入る。右に歌島山西金寺《さいこんじ》の山門が見え、参道を上がって境内に入ると、丘の墓地に和泉式部の供養塔が祀られている。和泉式部は長徳四年（九九八）京都から安芸厳島神社へ参詣しての帰るさ（途中）、この向島沖で大嵐に遭い、船が転覆しそうになったので、一心不乱に龍神に祈った。願いが叶って嵐がおさまったので、お礼にこの島の古江浦《ふるえうら》に上陸して一寺を建立した。これが西金寺だというのである。だから、境内仏堂の本尊である観音菩薩は和泉式部の念持《ねんじ》仏と伝え、島の人たちは和泉式部の功徳を讃えて供養塔を建立した。

この島で和泉式部が詠んだ歌が、

へるを谷　おそしとおもふ唐衣《からごろも》
　　　たつをきじとや誰か言ふらん

で、式部がへるを谷の峠を越えるとさ、足下から不意に雉《きじ》が飛び立つのを見て、この歌を詠んだという。むかし古江浦には大きな垂松《たれまつ》があって、式部お手植の松と呼ばれていた。へるを谷は、和泉式部が住んでいた歌の浦から古江浦にいたる峠の名である。

天女浜伝説

天女浜《てんにょはま》というのは尾道市向東町字天女浜にある新開地のことである。『備後向島岩子島史』（昭和十三年十月十八日発行）によると、この浜は元禄五年（一六九二）に尾道の豪商栗原屋市右衛門が築調した塩田で、周囲に樹木を植えたので、後年塩田亭樹として眺望が佳絶《かぜつ》

猿礁大明神の祠（天女浜神社）

となった。そのため、この風景を鑑賞しようと文人墨客がひきもきらず訪れ、多くの詩歌を詠んだ。

中にも「十一勝」の詩は有名で、尾道から見た塩田、塩田から見た尾道の景色が詠みこまれていたということだが、遺憾ながらその歌詞は残っていない。

ところで、この天女浜の命名の由来については、つぎのような言い伝えがある。猿礁《えんしょう》大明神にまつわる哀れな人柱伝説で、その猿礁大明神の祠は、この地に鎮座する天女浜神社の境内に祀られている。

むかし、この天女浜が海であった頃、島の人たちは沖の岩礁《がんしょう》（猿礁）に明神を祀って、その岩礁を起点に堤防を築いて海水をせきとめ、塩造りのための十一浜の塩田を開拓しようと考えた。ところが工事を始めると、中央の沖明神のところの六番浜の堤防が切れて、いくら築き直してもどうしても崩れてしまう。

そこで村人たちは。「これは猿礁明神のたたりにちがいないから、人柱を立てて、明神の怒りを鎮めようではないか」と相談し、人柱を立てることになった。

ところがそれからが大変で、人柱になる者がいない。こうした場合、すぐ目をつけられるのが古くからの村人とは馴染みの薄い余所者《よそもの》で、村人たちが白羽の矢を立てたのが、近頃村にやって来て村外《むらはず》れに住み着いていた女性である。女は妙齢な小娘で気が弱かったから、村人たちが大勢で説得に行くと、ことわりきれず、「わたしは海の見えるこの村が好きで、山の奥地から出て来てここに住まわせてもらっていました。でも仕方がありません。みなさんがどうしてもとおっしゃるなら、わたしの不運とあきらめて、お言葉にしたがいましょう」と、泣きながらいった。

娘はひるむ自分の心に、「これまでここに住まわせてもらったせめてもの御恩報じではないか」と言い聞かせながら、泣く泣く村人たちの見守る中で人身御供《ひとみごくう》の人柱に立ったのであった。

すると、この娘の一念が通じたのか、そのあと六番浜の堤防は二度と崩れることがなく、どんな高潮や暴風雨にも耐えたということである。

そこで村人たちは、この娘を天女と呼び、娘が沈んだこの浜を天女浜と名づけたということである。

江奥の吉原家

県道向島循環線を古江浜方面へ南下して御調《みつぎ》郡向島町に入り、干汐《ひしお》バス停の手前で北上すると江奥《えのおく》バス停の西側に吉原家住宅がある。平成三年五月三十一日に国の重文に指定された民家で、藁葺寄棟《わらぶきよせむね》造《づくり》の主屋《おもや》と本瓦葺切妻造の納屋《なや》で構成されている。重文の指定を受けた主屋は寛永十一年の火災で全焼したものを、翌十二年に建て替えた。

この吉原家はその昔、藤原鎌足の子孫が京都吉原の里より下向して向島に住みつき、吉原を名乗ったと伝え、江戸時代初期に帰農して以来、代々向島西村の庄屋をつとめた。

住宅内には祖先が京都吉原から背負って来たという木造仏殿様《ぶつでんよう》厨子《ずし》がある。これは家族でさえ百年以上も開けなかった居間の中から発見されたもので、重文に指定されている。わたしは江戸時代初期の住宅様式を知りたくて、両三度《りょうさんど》ここを訪ねたが、最初は昭和四十六年四月にこの住宅が広島県の重要文化財に指定されて間もない頃であった。ここでは、そのときの印象が強烈であったので、当時の紀行文をそのまま掲載しておこう。

兼吉行きのバスに乗って江奥でおりる。バス停のところに案内板があって道順が表示されてあるが、少しあともどったところに交番の派出所があるので、そこで道を聞くと、

江奥の吉原家住宅

「ここの路地を奥に入って、安保《あぼ》家累祖の碑のところで右に曲がり、それからちょっと歩くと、山の手にそれらしい大きな藁《わら》屋根の家が見えますよ。古い木が茂っているのですぐわかります。そこが吉原さんちです。ええ、お婆ちゃんが一人住んでいましてね。言えば屋敷の中を案内してくれますよ」と答えてくれた。

吉原家は古くから代々続いた庄屋の家柄である。藤原鎌足の子孫だという吉原家の先祖が、ただ一つ厨子を背負って元弘二年（一三三二）、京都吉原の里よりここへ移り住み、粒々辛苦の末、向島一円を支配する大吉原家をつくりあげた。当主吉原ふくよさんは、その第三十七代にあたる。

このほど広島県の重文に指定された家屋は入母屋造りの麦藁葺《むぎわらぶき》で、屋根の葺き替えは、なんと小麦藁が三千五百貫（一三、〇〇〇余キロ）も要る。最初が表側と棟、ついで裏側、南側、北側と四区分して、五年ごとに二十年かけて葺き替えるのがしきたりだということだ。

入口の戸を開けて、「ごめんください」と声をかけたが、テレビの音がするばかりで返事がない。三、四回呼んでも反応が無いので、思いきって勝手口の方へ足を踏み入れた。台所の障子の向こうに誰やら人の居る気配がするので、閉じ忘れた障子のすき間から顔をのぞけると、老婆が一人火燵《こたつ》の中に入ってテレビを見ていた。

「すみません、お楽しみ中のところ。実はお屋敷を見せていただきたくて……」

小腰をかがめたわたしの声と同時に、老婆はなんの未練もなくテレビのスイッチを切って、するりと火燵から抜け出した。もう八十に手がとどくかと思われる上品な媼《おうな》である。

老女は先ず土間におりてきて、そこに並べてある台所用具について簡単に説明した後、わたしに座敷へあがるようにすすめて、しばらく奥の間へ姿を消した。台所には醤油や味噌をつくるときに使った大きな石のクドが目についたが、表座敷の土間の簀《す》の子天井の下にはたくさんの棟札が並べてあった。庄屋の吉原家が差配する地域の神社・仏閣の棟札はみんなこうして同家が保管するのがならわしだった、と老女は説明した。

座敷中には、ところせましとばかりに、吉原家のありとあらゆる家財が並べられてあった。驚いたことに、老女は掛物のむつかしい書体の漢字を自由に読みこなした。それも、「わたしは、こうしたものは全然駄目なのだが……」といいながら。

母屋の内部は、二畳の物置から九畳に床付きの客間まであわせて十部屋もあった。仏壇のある居間の上部の一角が開かずの間になって、そこに先祖が京都から背負って来たという木造仏殿様の厨子が安置されていたのだ。厨子は室町時代の唐様仏殿建築の様式をあらわしており、「中の御神体は藤原光長と彫られた鏡でした」と老女は説明した。この部屋は家族の者でも百年前から開いたことがなく、部屋の外から朝夕拍手して礼拝していたのだそうだ。

向かいの山を借景にした京風の庭があった。牡丹の蹲《つくばい》と古い石灯籠《いしどうろう》と手水鉢《ちょうずばち》が目についたが、どういうわけか、石灯籠の笠は真っ二つに割れて、地面に落ちていた。

裏手の物置に案内された。この家の主人が長州征伐のとき着用したという陣羽織があって、滑《こっ》稽《けい》な興趣をそそったが、その脇に並べられていた鉄製の赤錆びた手錠・足錠を見たときには、司法権力を行使した封建時代の村庄屋の暗い一面がうかがわれて、嫌な感じがするのであった。

また、この吉原家には、金融で担保にとったという上級武士の具足が保蔵されていて、明治維新の後、没落して経済的に不如意となった旧藩時代の名家の末路を物語っていた。

瀬戸のうたみち

江奥の吉原家をあとに、県道立花・池田線を南下して高見橋を渡り、江奥川沿いに山道を登る。車道が高見山の山頂まで通じていて、途中北方に尾道の山並みや市街地および尾道水道が手に取るように俯瞰できた。山頂に近く高見山不動尊が祀られ、雨乞いのため昭和八年七月三十日に建立された龍王神の石碑が立っている。旱魃《かんばつ》の年、町民が鐘と太鼓で掛け声をかけながら山頂に登り、焚火《たきび》をしながら「じ踊り」「龍王踊り」と呼ばれる雨乞いの踊りを輪になって踊ったのである。

展望台に上がると、今度は登山道路とは反対の布刈瀬戸に浮かぶ島々が一眸の下に俯瞰できた。直ぐ眼の下に観音崎が海面に突出し、その左手に小さな下江府島《しもえふじま》がぽっかりと浮かんでいる。その東に加島《かしま》と百島《ももしま》が全容をあらわし、田島と横島の山並みが備後灘をへだて、横島の西につながる当木島《あてきじま》と灯台のある百貫島とが、布刈瀬戸と弓削水道と燧灘の境界線を示している。

その燧灘には江ノ島、魚島《うおじま》、豊島《とよしま》や高井神島《たかいかみしま》などが並び、手前の弓削島《ゆげしま》と因島とはその西方海上を遮断するが、山並みの間から四阪島《しさかじま》を瞥見できる。

目を転じて西方を望むと、御幸《みゆき》瀬戸をへだてた岩子島《いわし》の彼方に細島《ほそしま》と三原湾が霞む。本州と四国をつなぐ瀬戸内しまなみ海道因島大橋は、眼下の向島町立花《たちばな》と因島の大浜町を結ぶ全長一、二七〇メートルの吊橋だが、手前の立花は瀬戸内海国立公園で、緑地環境保全地域となっている。

高見山の展望台下から南側の斜面を山麓にかけて約一キロの山道がつづくが、その沿道の自然石にさまざまな詩句と和歌が刻み込まれている。土地の人はこれを「瀬戸のうたみち」と名付けた。山頂の展望台の横にその起点を示す碑があるので、そこからスタートするのがふつうだが、山麓の立花から逆に山道を登ってもよい。ここでは前述した「道ゆきぶり」の今川了俊（貞世）を初め、小林一茶など、江戸時代から昭和にかけて尾道や向島を訪れた文人墨客たちの、向島にちなんだ和歌と詩句の断章を鑑賞できる。

静けしや春を三島の帆かけ舟　　一茶

岩に刻まれているのは、和歌十三首、漢詩五首、俳句四首だが、この地を詠んだものとしては、蛟《こう》嶽《がく》・蛟月《こうげつ》・翠月《すいげつ》などのつぎの数首である。

小林一茶の句碑「瀬戸のうたみち」

千代こめる松原近く波よせば　いにし昔をしのぶ浦浜　蛟月
神います明見山《めようけんやま》の影浮かぶ　余崎《よざき》の海ぞとはに栄えむ　翠月

ぬっと出る旭《あさひ》の光高見山　朝墩《ちょうとん》
尾を引いた汽船の煙に昼餉《ひるかれい》　昼餉《ひるげ》
真帆片帆島から出たり這入ったり　黄昏《たそがれ》
春の海霞の中に島浮ぶ　春
涼風に覚えず襟を正しけり　夏
むれ島の山の端《は》うつす秋の月　秋
雲に出た四国連山雪景色　冬

右の七句は蛟月の「高見山頂七景」である。

ほととぎす高見青蔭《たかみあおかげ》なきわかれ　うたしま人のききあかんまで

これは京都の貴族右近衛権中将千種《ちぐさ》有功が江戸後期に向島西富浜烏崎《うざき》の海物園に来て遊んだとき詠んだ和歌だが、その孫有政も同じく海物園に遊び島崎秋月という漢詩を詠んでいる。

いにしへの海賊島の夜の灯《ひ》を　遠く眺めてなつかしみ居り　吉井　勇

余崎の水軍城跡

旅衣《たびごろも》袖もぬれけりあまおとめ　めかりの浦の浪をたよりに

前述した南北朝の武将今川貞世は九州に下って南朝勢力を制圧したが、その遠征の道中、軍船で布刈瀬戸《めかりのせと》を航行し、このような和歌を詠んだ。

因島と向島の間の瀬戸を布刈の瀬戸というが、その瀬戸へ突き出した観音崎に、村上水軍の砦跡がある。高見山南麓の余崎《よざき》という地名をとって余崎城と呼ばれた城砦跡だ。

余崎城は天文年中因島村上氏第五代尚吉《なおよし》が築城し、その嫡子新蔵人吉充《しんくらんどよしみつ》が因島土生《はぶ》長崎城からここへ居城を移した。ここは因島南の美可崎《みかざき》城と並んで格好の水軍城だったからである。

因島三庄《みつのしょう》にある美可崎城が弓削瀬戸を航行する商船を捕捉するのにうってつけの海関なら、ここは布刈の瀬戸を上下する商船を見張るのに願ってもない海の関所であった。

天文二十年代に入り、小早川氏が備中を支配下におさめると、因島村上氏は天文二十二年（一五五三）小歌島にも居城を築き、天文二十四年十月一日の厳島合戦を前にして村上吉充は公式に毛利家から向島の領有権を保障された。

しかも、厳島合戦に勝利した毛利氏が安芸・備後で覇権を握り、因島の重井庄に盤踞《ばんきょ》していた杉原氏を因島から退去させると、村上氏は完全に因島全土の支配権を掌握して、重井西に青木城を築き、

向島余崎城跡

永禄十二年（一五六九）本城を向島の立花から因島の青木城へ移した。

村上新蔵人吉充が本拠を因島へ移したあと、吉充はこの余崎城へ家老宮地大炊助《みやぢおおいのすけ》の次男島居資長《しまずいすけなが》を城代として派遣した。したがって慶長五年（一六〇〇）九月の関ヶ原の役までは鳥居氏がここで因島村上氏の城代をつとめていたが、村上水軍家が毛利氏に従って芸予海域から退去すると、この余崎には安芸広島藩の遠見番所が設けられ、番所の役人がここを警備した。また幕末になって異国船の瀬戸内侵入が取沙汰されるようになると、三原支藩の命令で砲台が設置された。その台場跡は、立花の海岸通りを西進した先の因島大橋架橋地点にある。

近くに笹島もあって、付近は因島大橋観光の目玉となっている。この犬吠崎《いぬぼうざき》砲台跡は、因島大浜にある剛女岩《ごうじょういわ》砲台とタイアップして、敵艦を砲撃するのに格好の場所であった。

あきつ神　とはに鎮まりまもりませ　立花さとの青人草を　　蛟月

中世の水軍城跡余崎からこの御台場跡へ車を走らせる途中の海岸通りに、因島の旧立花村を全国的に有名にした記念碑が立っている。

「日本一健康長寿村の碑」だ。

昭和二十五年の国勢調査で、この立花村が七十歳以上長寿率一割三分一厘という全国最高値を得たという記念碑である。気候温和な海島で、麦飯と芋と海髪《いぎす》・昆布などの海草と魚介類を食べながら気長に暮らすことが、長生きの秘訣だというので、当時話題となった。ちなみに、この立花村が向島町立花となったのは、昭和三十年（一九五五）である。

烏崎《からすざき》海物園跡

今はその面影をほとんど残していないが、かつて向島富浜の烏崎一帯は海物園《かいぶつえん》という有名な庭園で、安芸の厳島、備後の賀（加）島とともに芸州藩の三名園として広く知られ、文人墨客の往来が絶えなかった。安芸の厳島のことは言及するまでもないが、賀島はこの向島の東の海上に浮かぶ加島のことである。この島にはかつて尾道の豪商泉屋の有名な別荘があった。泉屋は名を松本重政という。彼はこの島を広島藩主から下賜されると、寛文二年（一六六二）開発に着手して、この加島に一大庭園をつくりあげ、当時の名だたる文人墨客を招待した。

烏崎海物園跡（向島富浜）

山光海色興情《きょうじょう》多　賀島勝区初自過
幾度牡牛《おうし》関畔望　瑠璃盤上《るりばんじょう》一青蝶

これはこの賀島に招かれた頼春水が詠んだ「遊賀島二首」という漢詩の一首である。

向島富浜の海物園の方は、元和五年（一六一九）の紀州藩主浅野長晟《ながあきら》の広島移封に従ってこの地にやって来た浅野家譜代の御用商人天満屋治兵衛が、延宝から元禄頃にかけて造成した庭園で、向島の富浜塩田に付随するものである。彼は烏崎に別荘を営み、海物園と名付けて諸国の文人墨客を招待したが、庭内の茶室は千利休が太閤秀吉の好みに応じて雅趣をこらした数奇《すき》づくりであった。江戸時代に入って浅野公が徳川将軍家から拝領していたものを天満屋へ下賜した。

ところが明治維新の後、この天満屋富島家が没落すると、この茶室は尾道の浄土寺へ寄進され、露滴《ろてき》庵《あん》となった。

露滴庵は桃山時代の貴重な文化財として今に伝わっているが、本家本元の海物園の方は跡形もなく消え失せて、わずかにその跡地が沼地となって残っているに過ぎない。これを偲ぶよすがとなるのは烏崎八景の詩で、これは烏崎海物園より望む景勝八点を詠んだもので、つぎの八景である。亀山社頭《かめやましゃとう》、岡島桜花《おかしまおうか》、栗原白雨《くりはらびゃくう》、烏崎秋月《からすざきしゅうげつ》、神山暮雪《かみやまぼせつ》、玉浦客船《たまうらきゃくせん》、吉浦漁火《よしうらぎょか》、塩竈夕烟《しおがまゆうえん》

それぞれ漢詩と和歌でその景観を讃えているが、たとえば岡島桜花では、

岡島や　さけるさくらの花ざかり　かすみとともに匂ふ海面

栗原白雨では、

降るほども　はるるかたへは山みえて　すそのの原にすぐる夕立

玉浦客船では、

船よせて　誰かきくらむくれそむる　浦よりをちの入相《いりあい》の鐘

吉浦漁火では、

岩子島浦浜の景勝

あま小舟　よるのみるめのよしの浦
　波に数そふいさりびの影

といった塩梅《あんばい》で詩情が尽きない。

岩子島浦浜

国道317号を南下して津部田《つぶた》に行き、長谷川を下った御幸橋の近くに天皇行幸跡碑が建っている。右折して御幸瀬戸沿いに五〇〇メートルばかり行き、赤い向島大橋を渡ると、日本一ワケギの産地といわれる岩《い》子島《わしじま》である。

この島に足を踏み入れると、煩わしい都市の騒音や俗塵とは無縁の世界に来たような感じがする。

ここは古くから景勝の地として名高く、とりわけ村の鎮守厳島神社の境内から眺める浦浜の景観が素晴らしい。赤い鳥居が海浜の白砂と、青波に映え、はるか西空に傾く夕陽が海面に金波・銀波の彩色を投げかける風光は、よそでは決して見られない。

千代こめる松原近く波よせば　いにし昔を忍ぶ浦浜　蛟嶽
市伎姫《いちきひめ》まつる浜辺にぬかづきて　昔をしのぶ浦の松原　翠月

これは歌人の蕉鹿庵蛟嶽《しょうかあんこうげつ》と翠月道人とが、ある日友人たちと浦浜に船を寄せて、厳島神社に海上から参詣したときに詠んだ和歌二首である。

三十六苗荒神

向島町川尻にある、木曽義重とその郎党三十六人を祀った神社である。

寿永三年（一一八四）正月に近江国粟津で討死した木曽義仲の三男三郎義重は、三十余人の郎党を連れた義仲の近臣太夫坊覚明に奉ぜられて、京都から逃れて摂津に下った。泉州堺港から船で瀬戸内海を下り、備後から伊予へ渡ろうとした。

ところが尾道港から向島の川尻までやって来て船を寄せると、この地が格好の隠れ場であることがわかった。上陸してしばらく様子をうかがうことになった。

最初は土地の豪族である杉原・吉原・渋川・村上などの各氏を頼って居候を決めこんでいたが、そのうちに鎌倉の源氏政権が確立して、もはやいかんともなしがたいことがわかったので、この地に定住して帰農することを決意した。

　そこで覚明は一同を指揮して土木工事を行い、池溝をおさめて山林を開き村をおこした。

　こうして、一同の生業が立ち、島民たちの信頼を得て暮らし向きが豊かになると、覚明は主君義重のために王太子山麓に屋敷を建てて、土地の娘を妻に娶らせた。自分も亀山に寓居をかまえ、三十数人の部下たちにも、それぞれ農地を割り当てて居住させ、自活の道を歩ませた。

　そして在島二十余年、覚明は一同の安住を見届けると、もはや自分の役目は終わったと、この地を去って生まれ故郷の信濃へ帰り、善光寺に入って出家した。その後塩崎に康楽寺を開基し、仁治二年（一二四一）の正月に入寂したということである。

　島内の川尻に残った義重以下三十六名は、子孫がここに繁衍《えん》して木曽・山村・土屋・則信・小林・市村・石丸・住田・新田などの諸家の祖となったというが、かれらは首領覚明の遺徳を偲んでこの地に覚

三十六苗荒神社の墓塔群

明神社を創建し、木曽義仲・義重父子と太夫坊覚明の霊を祀った。ちなみに同地にある海頭山地蔵院は、ここに入植した太夫坊覚明が発願して開創した木曽氏の菩提寺であり、三十六苗荒神社は郎党三十六人を祀った神社である。

郷党の開拓三十六党
恩顧は連綿として七百年
誰か謂う山麓提寺《ていじ》の鐘
鼾声《かんせい》驚き醒《さま》す川尻郷

これは蕉鹿庵蛟嶽道人が詠んだ、木曽源氏三十六党人を追憶する漢詩である。

小歌島懐古

戦国の昔をしのぶ楠の香に　おか島城のいにし問はなむ
咲く花の水はうつらふおかの島　影をうつして昔答へむ

二首とも、翠松《すいしょう》と号する歌人が詠んだ「小歌島懐古」の和歌である。
小歌島は岡島とも書き、もとは玉の浦すなわち尾道水道に浮かぶ小島であった。向島の属島で、むかし向島が歌島と呼ばれていたのに対して小歌島と称されたのである。向島南東の余崎城と並ぶ因島村上氏の水軍城で、余崎城が布刈瀬戸を見張るのに対して、こちらは尾道水道を上下する船舶を捕捉する砦であった。城主は『芸藩通志』に「村上治部少輔・又三郎吉満（充）父子」とあり、『御調郡誌』に「村上治部少輔助安、同又三郎吉満・同又次郎吉秋、川村摂津守影秀」とあるが、村上又三郎吉充のほかは、その素性が明白でない。

安芸毛利氏の厳島合戦に際して、村上又三郎吉充は、小早川隆景よりここを居城として認められ、向島一円の領有を許された。『向嶋・岩子島史』によると、昭和五年までは周囲約六町の島であったが、尾道港湾浚渫土砂をもって南部地先に三万余坪の埋立工事を起こし、二年後の昭和七年夏に今のような地形になったという。

もとは樹木がうっそうと茂っていたが、明治初年頃悉く伐採して、そのあとへ桜・梨・桃等の木を植え、

小歌島より玉ノ浦と尾道市街地を眺望

春は桜花が爛漫として、遠近の花見客が杖を引き、島は歌舞音曲で大いに賑わったと記録されている。

うかのしまおかに咲きそふ桜哉　　不折
咲きそろふ花に酔ふたか弁財天　　翠月

これはその頃の岡島の情景を詠んだ「岡島桜花」と題する俳句であるが、ほかに愛宕《あたご》民部大輔通直の詠んだ、

おか島やさける桜の花さかり　霞とともに匂ふうみつら

という和歌もある。

小歌島城の本丸跡には、右の翠月の句に詠み込まれているように、俗称弁財天《べんざいてん》すなわち宇迦神《うかのかみ》を祀った社殿が鎮座し、北端の出丸とおぼしき場所には白亜の灯台が建設されている。そこからは、玉の浦と尾道の市街地が眺められ、尾道水道を間断なく行き交う向島渡船の白い航跡が美しい。

因　島（尾道市）

大浜崎と因島大橋

因島大橋は国立公園第二種特別地域・布刈《めかり》瀬戸にかかった全長一、二七〇メートルの吊橋である。昭和五十八年十二月に開通され、上部が自動車道、下部が自転車と歩行者の道路という二層構造の橋である。

大浜PAで下車すると、北の布刈瀬戸へ向けて、車道沿いに遊歩道がついている。岬の突端へ行くと、対岸に向島の笹島と長礁鼻《ちょうしょうばな》および妙見鼻《みょうけんばな》をへだて、長く海面に突き出した観音崎を遠望できる。岬を降りると大浜崎で、そこに因島大橋記念公園が設営されている。

ここは因島の北端にあたり、そこに白亜の大浜崎灯台と明治二十六年に創設された潮流信号所が建っている。大浜崎灯台は明治三十四年に検潮所とともに設置され、昭和十年頃までは四人の灯台守が常駐

布刈瀬戸と因島大橋

大浜崎灯台記念館

していた。その後、航行する船も動力船に変わり、性能もレベルアップしたので、一人減り、二人減りして、昭和三十三年に無人化自動式となった。現在は潮流信号所の木造家屋が灯台記念館として保存され、ウバメガシの群生する中にレトロな上半身をのぞかせている。

因島大橋記念公園からこの岬へ登る遊歩道には、灯台や潮流信号所の歴史を解説するプレートが並び、岬から望む海上の景観は抜群である。渚の白砂に澄んだ潮水が打ち寄せて、目を上げると、白い因島大橋と赤い向島大橋とが右と左に見える。

公園の因島大橋直下に大浜台場跡がある。文久三年（一八六三）に芸州広島藩が黒船来襲に備えて瀬戸内海沿岸七ヵ所に設置した砲台の一つで、剛女岩《ごうじょういわ》の台場と呼ばれ、村々から選ばれた農兵隊が守備についた。対岸の犬吠崎《いぬぼうざき》砲台と対峙するもので、当時の大砲と砲弾三個が戦前まで保存されていたが、今は案内板が立っているだけである。

青木城跡

大浜崎の因島大橋記念公園から海岸沿いの県道を西方海上に細島を眺めながら行くと重井町である。重井東港のところで左折して、内陸部に入ると、中央の青木山に水軍城跡がある。

因島村上水軍家歴代は、初代の吉豊から五代の尚吉まで土生長崎城を本拠としていたが、因島村上氏が弘治元年（一五五五）の厳島合戦で安芸毛利氏に助勢し、毛利元就から向島一円の地を拝領すると、第六代の吉充は居城を向島の余崎へ移した。ここが、布刈の瀬戸を掌握するのに好都合であったからでもあるが、永禄十二年（一五六九）になって再び因島の重井へ居城を移した。その後、慶長五年（一六〇〇）の関ヶ原の役で毛利氏が周防・長門に左遷され、因島村上氏が因島から退去するまで、ここが水軍家の司令部となった。

青木城支城の馬神山城跡（左端の山）

居城があった青木山は、標高五〇・七メートルで、現在は東重井港の内陸部に位置しているが、むかしは山麓まで海面であった。東に大手口があり、そこから山頂の本丸跡まで五段の郭《くるわ》が武者走りの跡とともに残っている。北西の搦手《からめて》からは三原瀬戸を眼下に望み、ここにも幾段もの郭が山麓に向かってのびている。その搦手の門跡は現在でも裏木戸という名でよばれている。

この青木城には馬神《まじん》山城という支城があり、城主は主筋の安芸小早川家から派遣されてきた付家老末長景光であった。彼は厳島合戦で、因島村上家六代吉充の名代となって戦い、敵将伊賀十郎左衛門を討ち取っている。重井の東港と西港の間に突出した岬の先端にある砦だから、付家老の見張所としては格好の場所である。

因島村上氏は六代の吉充に嫡子がいなかったため、弟祐康の子吉亮を養子として第七代を相続させたが、その妻は小早川隆景の武将乃美宗勝の娘であった。吉亮は慶長元年（一五九六）に死去して、そのあとを子息の元充が相続したが、関ヶ原の役に敗れて因島から退去した。

このとき、第六代の吉充は健在で、孫の元充とともに長門の豊浦郡矢田間（豊北町矢玉）へ移ったが、その知行がわずかであったのでひそかに因島に帰り、ここで死去した。残った元充は萩藩主毛利家の船手組番頭となり、三田尻へ移った。菩提寺は防府市牟礼《むれ》の極楽寺である。

善興寺の長右衛門地蔵

因島重井町に善興寺という曹洞宗の寺がある。この寺の境内には長右衛門地蔵と芋地蔵が並んで、苦しかった村の昔を物語っている。芋地蔵は正徳三年（一七一三）に薩摩の伊集院村から御禁制の芋種をひそかに持ち帰って瀬戸内の島々に広め、餓死者の出るのを防いだ伊予大三島瀬戸村出身の下見《あさみ》吉十郎を顕彰するものであり、もう一つの長右衛門地蔵は重井村の義人村上長右衛門の殉難を後世に伝えるものである。

長右衛門は因島村上水軍家の第六代吉充の末弟孫右衛門吉清を家祖としているが、分家して因島に土着した二男彦右衛門の子孫である。彦右衛門は重井村の庄屋となり、長右衛門と改名して、代々その子孫がこれを世襲した。だが、六代目の長右衛門のときに悲劇が起こった。長右衛門が重井村の窮乏を見かねて村財政の再建を企て、御禁制の上下銀《じょうげぎん》に手を出して処刑されたからだ。

長右衛門地蔵（善興寺境内）

上下銀は、備後上下村の町人が上下代官所の金を貸し付けて利をかせぐ金融のことで、利息が割安であったから利用者が多かった。だが、広島藩はこれを厳禁し、「上下銀を借りた者は死罪」と布告した。広島藩が幕府代官所とのトラブルを恐れたからだ。けれども重井村の庄屋長右衛門は、この御禁制を破って上下銀を借り、塩田を畑地に切りかえる事業を始めた。彼は不況となった製塩業に見切りをつけて、それにかわる新しい換金作物の綿花栽培に着目したのだった。

残念ながら、この長右衛門の読みは裏目に出た。塩田が畑地にかわり、綿花を栽培する段階になって米価が異常に高騰し、だれも綿花に手を出す者がいなくなったからだ。あまつさえ、借用した金を村の書記役に持ち逃げされて、借金返済が不可能となり、藩庁に上下銀借用のことが露見した。

かくして、公金着服の責めまで負わされた長右衛門は、村人たちの助命嘆願のかいもなく、尾道五反田の刑場に引き出されて斬首《ざんしゅ》された。善興寺の長右衛門地蔵はその最期を哀れんだ村人たちによって建てられたものである。

白滝山の石仏群

重井町の青木から白滝山へ登る車道がある。標高二二七メートルの白滝山は、因島村上氏六代の吉充が青木城を本拠としたとき、ここに見張所を置き、観音堂を建てたといわれる。この観音堂は現在善興寺の奥の院となっている。

観音堂下に駐車場があるので苦労なくして行けるが、むかしは山麓にある仁王門をくぐって三体ずつ並んだ等身大の石地蔵を左右に見ながら所々欠けた石段を汗水たらして登らねばならなかった。山門の内側に立っている地蔵は六体とも頭巾《ずきん》をかぶり、赤い涎掛《よだれか》けがよく似合う。山頂に近く、育ちの悪い岩松の間に、さまざまな姿態と表情をもった花崗岩の五百羅漢像が立ち並び、頂上には巨大な釈迦三尊像と十大弟子が立っている。その数合わせて七百余体。しかも、ひときわ高い岩のうえに一観

白滝山一観居士夫妻の像

居士夫妻の像が仲良く並んで、眼下の石仏群を睥睨《へいげい》している。

一観居士というのは、因島重井町出身の柏原伝六《かしわはらでんろく》という人で、安永九年（一七八〇）村でも裕福な川口屋という農家に生まれた。文政五年（一八二二）四十二歳になったとき発心して白滝山の観音堂に籠り、悟達《ごたつ》の境に入って一観教という新宗教を興し、みずからその教祖となった。従来の儒教と仏教と神道を融合し、それに耶蘇教《やそきょう》の教義を取りいれたものであったから反響は大きい。たちまち入信するものが続出し、伝六は観音堂一観と号して、その弟子たちとともにこの白滝山を観音の霊場にしようと、数多くの仏像を刻み、ついには奥の院の最上段に自分たち夫妻の自刻像まで建立したから、安芸広島藩はこれを邪教と認定した。入牢した伝六は文政十一年三月十五日に獄死したが、これは広島藩が公儀をはばかりひそかに毒殺したと伝えている。御禁制の耶蘇教がからんだからだ。

白滝の山に登れば眼路《めじ》広し　島あれば海海あれば島

白滝山よりの眺望・眼下の島は細島

これは昭和十一年の夏、この島にやって来た歌人吉井勇が、白滝山に登って詠んだ和歌である。

白滝の石の羅漢《らかん》の尖《とが》りたる　頭《こうべ》のうへの山藤の花

除虫菊

白滝山から山麓に下ると、フラワーセンター入口というバス停がある。県立因島フラワーセンターへの入口で、一八、〇〇〇平方メートルの園内に四季とりどりの花が咲いている。西日本屈指の規模を誇る大温室では、ランやハイビスカスなどの熱帯植物を鑑賞できるが、古来、因島がその換金性に着目して力を入れた花は除虫菊であった。そのため、センター入口の門前には「風さやかロマンの島の白い花」と刻まれた記念碑が建てられている。

瀬戸内の島々で除虫菊の栽培がはじまったのは、明治二十年頃からで、それは蚊取り線香の原料としてであった。尾道の千光寺みちに、除虫菊発祥之碑があり、徳富蘇峰の撰で、除虫菊普及の功労者上山英一郎を讃えた文章が、彼の胸像の下の石碑に刻まれている。因島でも村上勘兵衛という人がその栽培に尽力した。

その因島除虫菊の父、勘兵衛翁の頌徳碑は一本松というところに建立されている。除虫菊の普及が最盛期となった明治三十五年には、因島でも二七〇ヘクタールの作付面積があったといい、全島の段々畑が白い絨毯《じゅうたん》で覆われていた。初夏のたそがれどきには、段々畑が白く浮き上がり、沖を行く蒸気船のポンポンという音色と調和して、えもいわれぬ風情であった。

だが、化学薬品が使用されはじめて、次第に需要が減り、どの農家も除虫菊の栽培には見向きもしなくなった。わたしは昭和五十三年に『瀬戸内散策』という本を書き、そのなかで「除虫菊」の項を設け

因島重井の除虫菊畑

てつぎのように書いた。

新聞で因島の除虫菊は、ちょうど今が見頃だという記事を目にした。因島市が五万円の補助金を出して鑑賞用につくらせているものだ。その除虫菊の花ざかりを見物するため、わたしは尾道港から西廻りの因島土生港行き連絡船に乗り、重井東港で降りて、除虫菊を栽培しているという大浜崎灯台入口の丘まで歩いた。

重井から大浜にかけての畑には、園芸作物の露地栽培がさかんに行われていた。甘い馥郁《ふくいく》とした薫りに誘われて、つい入った蜜柑畑の中は、開花の真最中であった。急に睡魔におそわれたのは、あながち蜜を求めて白い花にむらがる蜂の羽音ばかりではなかった。

中空に青桐《あおぎり》の鮮やかな紫の花が見える。

釣糸を垂れる麦藁帽子の下で、黄色い月見草がまばらに咲いていた。

除虫菊は急勾配の段々畑のてっぺんに、ほんの申し訳程度に植えられていた。うっかりして、それが除虫菊だとは気づかずに行き過ぎてしまうくらいだ。その段々畑にアマチュアカメラマンたちがむらがりついているさまは、肝心の除虫菊よりも、よっぽど興趣がそそられた。

わたしは、葉肉の薄い栄養失調のような、その除虫菊を見ていると、かつてはこの除虫菊のために、農家の人々が泣くような思いで激しい労働の日々を過ごした記憶を脳裏によみがえらせた。手扱ぎで花をむしり取る作業にしても、天日《てんぴ》で花実を乾燥させ、雨模様となると、慌ててそれを取り込む仕事にしても、並大抵の苦労ではなかった。あの頃、もし除虫菊畑へ入ってこのようなカメラの放列を向ける者があれば、農家の人々は、きっと鍬を振り上げて追っかけてきたにちがいない。

亀島伝説

重井町から海岸通りを南下すると、国道３１７号との合流点を経て田熊町に入る。土庄町の旧因島市役所に近く、田熊港の沖に亀島という小さな島があり、行政区画は愛媛県越智郡上島町生名だ。もと竹島と呼ばれ、竹島城という砦があった。対岸の丘の上に島前城という古くからの水軍城があり、その麓の長源寺谷に因島本主治部法橋上原祐信《ほんしゅじぶのほっきょうかみのはらすけのぶ》のお土居《どい》（幸賀《こうが》屋敷）があったと伝えているから、この竹島城はその支城であろう。ここには、竹島城主村上四郎左衛門直吉と、その妻節貞幽光にまつわる悲しい秘話がある。

四郎左衛門直吉は島前城主村上隆吉《たかよし》の嫡男であったが、十兵衛という庶兄がいた。彼は腹ちがいの弟が父の家督を相続して伊予の能島村上家から美しい妻をむかえたことに不満を抱いていた。直吉はその後、陸の島前城に本拠を移して庶兄の十兵衛に竹島城を委ねた。十兵衛は竹島十兵衛と称された。ある日、十兵衛はこの竹島城に直吉を招いて酒宴を開いたが、宴が酣《たけなわ》となったとき、急に直吉は腹をおさえて苦痛をうったえ、側《そば》の十兵衛もまた苦しみ踠《もが》いて嘔吐《おうと》して、大変な騒ぎとなった。さいわいにして十兵衛の方はすばやく水を呑み、腹中の毒素を洗い流したので一命をとりとめたが、手当てのおくれた直吉はあの世へ旅立った。

田熊町浄土寺の村上四郎左衛門夫妻墓

「河豚《ふぐ》の中毒でやむを得ぬ。気の毒なことになったものじゃ」と、その一件は片付いたが、そのうちに、

「あれは十兵衛が四郎左衛門殿のしあわせを妬《ねた》んで、殺害するために仕組んだ悪巧みじゃ。十兵衛が死ななかったのは、あらかじめ毒消しの薬を用意していたからじゃ」

という噂が流れはじめた。しかも、十兵衛はそれを裏付けるように、未亡人となった直吉の妻のところへ足繁く通うようになり、自分との再婚を迫った。

だが、貞淑な奥方は、これを拒みつづけ、直吉が亡くなって数年後に夫のあとを追った。そこで島の人々は、

「この世では縁の薄い夫婦仲であったが、どうかあの世ではいつまでも仲むつまじい夫婦でありますように……」

と、鶴亀の齢《よわい》の長さになぞらえて、かたわらに浮かぶ鶴島と並んだこの竹島を亀島と名付けたのであった。夫妻の墓には田熊町の浄土寺にある。

箱崎浦

むかし、因島村上水軍の島前城《しままえ》があった丘の上には、現在芸予文化情報センターの建物が立っている。一九九四年十一月四日に、因島市が市制四〇周年の記念事業として開設した、海の見える多目的図書館である。全国向け芸予の情報文化発信基地である。

ここからは生名島・岩城島・生口島の島なみを眺望して、瀬戸内の海島美を満喫できるが、下って海岸通りを南へ行くと、箱崎の港がある。

箱崎港は家舟《いえふね》のふるさととして知られ、小さな漁船を住み家として、生涯を一本釣りの海上生活にかけて来た人たちのねじろである。かつてここには、親たちが沖へ出ているあいだ学齢に達した子供たちをあずかって教育する湊学寮があった。

田熊八幡宮の祭礼の日、この港の波止場《はとば》で、お鳥喰《とぐい》の神事がおこなわれる。神職が粢餅《しとぎ》（米の粉で作った卵形の餅）を数個折敷《おしき》の上に載せて幣串《ぬさぐし》を立て、海上へ流すと、たちまち雌雄のつがいの烏《からす》が飛んできて、その粢餅をついばむという儀式だ。飛来するつがいの烏は神の使いで、その挙動によって一年の豊漁を占うという神聖な年中行事である。このお鳥喰の神事は、大浜の八重子島《やえごじま》でも行われている。

もう一つ、この箱崎浦は、天授年間（一三七五—一三八〇）のいわゆる釣島《つるしま》・箱崎浦海戦の古戦場でもある。

釣島・箱崎浦の海戦古戦場

因島村上氏の初代は、左衛門大夫顕長こと又三郎吉豊である。又三郎吉豊はその名が示すように三島村上水軍の元祖である師清の第三子といわれる。年齢的に考えると、師清と三子とのあいだには義胤という人物が介在すると思われるが、能島村上家の系譜によると、師清の長子が義顕で、次子が顕忠、第三子が顕長ということになっている。師清の出身地信濃村上郷（長野県埴科《はにしな》郡坂城《さかき》町）の村上山満泉寺系図によると、義胤は師清の弟義信の第二子である。

村上師清は信濃村上氏の始祖為国の八代の末裔であったが、為国の弟で伊予村上水軍始祖となった定国の七代の末裔村上義弘が亡くなり、芸予諸島における南朝方勢力が衰頽したので、師清が南朝征東将軍宮宗良親王と長慶天皇の命を受けて、義弘の後継者となるべく、伊予水軍家の本拠である能島へ下向して来た。

だが、そこには意外なライバルが待ち受けていた。今は亡き村上義弘の副将今岡通任が、師清の村上宗家相続に異をとなえ、因島土生の島前城に立て籠もって反旗をひるがえしたからである。そこで師清は、自分に味方する義弘摩下の旧臣たちを糾合して因島の島前城に攻め寄せ、激しい船軍《ふないくさ》がたたかわれた。これが霜月十五日の釣(鶴)島・箱崎浦の海戦である。

この海戦で勝利をおさめた師清は、陸戦において残敵を掃討し、土生長崎《はぶながさき》に新しく水軍城を築いて末子の又三郎吉豊を、その城主とした。自分は能島に帰って長子の義顕(吉顕)を能島(大島)村上家の総領として、これを後見し、次子の吉房を伊予守護家河野氏の直属水軍である来島村上氏の頭領とした。

中世初期の鎌倉時代、因島は北条氏の支配下にあり、その北条氏が撤退したあとへ、安芸の小早川氏と備後の杉原氏が進出して来たが、因島村上氏はそうした旧勢力と競合しながら、次第に三庄・中庄などの旧荘園領域へ進出し、最後に残っていた重井荘の杉原氏を永禄年間になって退去させ、因島全土を領有するにいたったのである。

女武者妙泰奮戦記

天授年間霜月十五日の釣島・箱崎浦海戦で破れた今岡通任の軍勢は、箱崎浦から内陸部へ退却した。村上師清の軍勢は追撃戦を始め、田熊《たくま》の龍ケ迫《りゅうがさこ》・則末《のりすえ》で待ち伏せる今岡通任の嫡子対馬守通宗および武将大島九郎左衛門宗義の軍勢と戦った。

九郎左衛門宗義は中庄《なかのしょう》茶臼山城主大島義康の弟で、病臥中の義康に代わって、その軍勢を指揮していた。だが、ここでも師清の軍勢は勢いに乗じて今岡軍を圧制し、通宗・宗義の両将はあえない最期をとげた。病床にあった大島義康は茶臼山城で自刃し、城から脱れ出た義康の子盛久と女児は、土生

土生越の妙泰神社

の三子松《みこまつ》で切られた。箱崎浦には戦死者の供養のために建てられた明神社の祠がある。

　敗走する今岡軍は、三子松から宝地谷・空谷・長加谷と逃れて三庄の千守《ちもり》を目指したが、追撃する村上師清の軍勢につぎつぎと討ち取られ、その戦跡に数々の墓石や供養塔を残した。土生町郷《ごう》の広畑にあるクスノキ下の宝篋印塔もその一つだが、その格式から見て、名のある武将のものと思え、則末で戦死した今岡対馬守通宗のものと推定される。

　田熊町の天満宮のところから東へ、坂道を登って土生越《はぶごえ》まで車を走らせると、そこの左の丘に妙泰《みょうたい》神社が祀られている。祭神は妙泰というご婦人で、田熊の龍ケ迫で戦死した大島九郎左衛門宗義の妻である。

　妙泰は彼女の法名で、俗名はたいと呼ばれていた。

　彼女は義兄である大島義康の影武者となって戦い、家臣団の士気を鼓舞していたが、夫の宗義が戦死したあと、三庄の千守に向けて退却の途中、田熊から土生へ越えるこの峠道に布陣して追撃軍と戦った。が、衆寡敵せず、ついに数人の部下とともに討死した。その墓は田熊町浄土寺の今岡通宗の墓の前にあるが、これは江戸時代になって、通宗の後裔と称する岡野氏が通宗の墓と一緒に建立した供養塔である。

この妙泰神社は、女性の願いごとを叶えてくださる有難いご利益《りやく》があるというので、ご婦人たちのお参りが絶えず、むかしはこのお堂の格子に大小さまざまな乳型や髪の束が数多く奉納されていたということだが、年頃の娘には縁結びの神として人気があった。

『放浪記』と『悪名』の港町

郷から県道を北東へ行けば三庄町だが、南西の長崎瀬戸へ車を走らせると、因島市のメイン土生町の市街地である。商店街に入ると、樋《とい》のような細い町並みが延々とつづいている。この土生町について、閨秀作家の林芙美子は、『放浪記』で次のように書いている。

「皆さん、はぶい着きやんしたで!」

船員がロープをほどいている。ちいさな船着場の横に、白い病院の燈火が海にちらちら光っていた。この島で長い事私を働かせて学校へはいっていた男が、安々と息をしているのだ。造船所で働いているのだ。

「此辺《このへん》に安宿はありませんでしょうか」

運送屋のお上《かみ》さんが、私を宿屋まで案内して行ってくれた。糸のように細い町筋を、古着屋や芸者屋が軒をつらねている。私は造船所に近い山のそばの宿へついた。二階の六畳の古ぼけた床の上に風呂敷包みをとくと、私は雨戸を開けて海を眺めた。明日は尋ねて行ってみようとおもう。私は財布を袂《たもと》に入れると、ラムネ一本のすきばらのまま潮臭い蒲団に長く足を延ばした。耳の奥の方で、蜂の様なブンブンと云う喚声があがっている。

この『放浪記』の断章に、むかしの因島が息づいている。

林芙美子が自分を見捨てた男のあとを追って因島をたずねたときの場景だが、ちょうどその時、日立造船の職工たちがストライキをやっている真っ最中であった。「耳の奥の方で、蜂の様なブンブンと云う喚声があがっている」という結びは、その職工たちがあげる叫び声だったのだ。

同じ頃、作家今東光も因島にやって来たようで、この町のことをつぎのように書いている。

三尺ほどの狭い通路の両側に、びっしりと家が軒を並べ、一分の隙もないくらいに押し合っている。もとは紅殻格子《べんがらごうし》だったのだろうが、今では真黒に煤《すす》けて、その間から薄暗い電灯の灯がこぼれている。……彼等は夜の土生の街をすっくり見て廻った。その細い路地みたいな町は、まるで迷路《ラビリンス》のように複雑だ。そういう町並みの細格子の影から、顔だけ真白に塗った女が手招きしたり、袖を曳いた。まるきり年齢がわからない。暗闇の中だから老婆が白粉を剝げるほどに塗っていてもわからない。うっかりすると鼻が欠けていてもわからないのだ。

ちょっとひどい描写だが、毒舌家の今東光とあっては仕方がない。それでも鯖大師《さばだいし》の伝承については、さすがに宗教家らしく、島で流布している因業漁師《いんごうりょうし》の因縁話が、つぎのような心やさしい善根《ぜんこん》話に変わっている。

それは朝吉と貞やんという二人のヤクザがぶらりと町へ散歩に出かけて網代笠《あじろがさ》をかぶり錫杖《しゃくじょう》をついた草鞋《わらじ》ばきの鯖大師像を見つけるところから話が始まり、その鯖大師像の由緒を、つぎのように書いているのだ。

土生長崎の商店街

この因島の或漁夫が舟を出して釣りをすると、どうした潮の加減か朝から晩まで一匹もかからない。もう帰ろうと思っていると、やっと鯖が一匹釣れた。それを携えて戻り肴屋に売り、その若干の銭で飢える妻子を養おうとしていると、通りかかった一人の旅の僧侶が、腹が空《へ》って倒れそうだから魚を恵んで呉れという。漁師は気の毒に思って、ひもじいのは相《あい》身互《みたが》いとばかり、そのたった一匹の鯖を惜しげもなく布施したのである。すると振り返ってみると、どこへ掻き消えたか、その後の法師の姿は無く、颯々《さつさつ》と海をわたる風ばかりが吹いていた。

因島に伝わる話では、漁師が魚を僧侶にやらなかったために、獲った魚をみんな腐らせてしまったことになっているが、今東光は

「その翌る日から、他のいかなる漁師が不漁の時でも、その漁夫だけは網を入れると、網いっぱい、釣りを垂れると糸を垂れたと同時に海の幸に恵まれ、たちまち大尽になった」

と結び、漁夫は、

「あの旅の法師こそはまぎれもない弘法大師であったと気づいて、大師のお姿を刻み、これを鯖大師と名づけて朝夕かしずいた」

ということになっている。

むかし、波止場通りにあったこの鯖大師像は、今では山の上の因島公園に移されている。

男婆さん・麻生イト

前額から後頭にかけて、一文字に深い刀疵が二つ三つ数へられる。どんな血腥《ちなまぐさ》い場所を踏んで来たのか、若い盛んなときが思ひやられる。髪をジャン切りして、筒袖《つつそで》に兵児帯《へこおび》。五尺にも足りない小柄ながら、少々四角張った顔の、イカツイ格好にそぐふ眼に威力がある。鋭い眼つきながら、どこか無邪気な、あどけないやさしさがこもっている。額に三筋、如何にも深い皺《しわ》が刻みつけられ、目尻の小皺、ひきつっているやうな右頬の縦皺、それが性分を冷たく、これまでの苦労を偲ばせる……。

これは俳人河東碧悟桐の随筆『瀬戸内海ルンペンの記』に出てくる「男婆さん」の素顔である。

因島の土生町は、かつて麻生という名の旅館があった。経営者は麻生《あそう》イト。旅館経営のかたわら、彼

麻生旅館の旧跡

女は日立造船の下請けで船舶の解体・塗装・石炭輸送などさまざまな事業に手を出し、従業員は三千人といわれた。大正期から昭和初期にかけて、因島の名物婆さんとして、全国的に知られた人物であった。

幾度か死生の間を潜って来た婆さんの人生観には、婆さんのいふ読み古しや書き古しの付焼刃《つけやきば》でない率直さがあり、噛みしめる味はひがある。ぞんざいな関西べらんめいの話しぶりにも耳をかしげる魅力がある。

これは碧悟桐の人物評だが、ほかに今東光の『悪名』や林芙美子の自伝小説『小さい花』に男婆さんが出てくる。今東光の『悪名』では麻生旅館の女将麻生イトという実名で登場し、林芙美子の『小さい花』では、おりくさんの名で登場する。

両作品とも小説だからオーバーな表現で、『悪名』では「ただ者やないで。どや。頭は断髪にして、男みたいにチックをつけて分けてたし、大島絣《おおしまがすり》の筒袖《つつそで》や。それに男みたいな大幅の縮緬《ちりめん》の兵児帯《へこおび》しめて、ぎょろりと大きな目玉を剝《む》いた格好は」とあり、『小さい花』では、「おりくさんと云ふのは島でも一流の置屋の主人で、女のくせに髪を男のように短く刈上げ、筒袖の粋な着物に角帯を締めて、その帯に煙草入れなぞぶらさげ、二、三人の若い女を連れては角力取りのやうにのっしのっしと歩いてくるような女のひとでした。男にしてみても中々立派なもので、〝景気はどうの？〟と云って人に挨拶をしてゐる後姿は、軒から首だけ上に出てゐるやうに、大きなひとに見えました」

という描写になっている。

そして、彼女には養女が一人おり、その養女はおりくさんのことを「お父さん」と呼んでいたという。

けれども、今東光は当時土生町に住んでいた彼女の一人娘縫《ぬい》さんに取材して書いたし、林芙美子も昭和八年（一九三三）に麻生旅館前のうどん屋で住み込み店員をしていた女から聞いた話だから、真相を衝いていると思える。

男婆さんこと麻生イトは明治九年（一八七六）に尾道市長江町で生まれた。藍問屋《あいどんや》麻生林兵衛の末娘として生まれ、小学校を出ると神戸へ養女に出されたが、養父が回禄《かいろく》の災で死去し、やむなく彼女は料亭の住み込み女中となった。十九歳で大阪道頓堀の旧家松村宗七に嫁ぎ、娘縫を産んだが、夫の宗七が道楽で身を持ち崩したので、離婚して尾道へ帰った。なんとかして自活の道を講じたいと思っていた矢先、北海道で鉄道トンネル工事の事務員の口があったので、五年間出稼ぎをした。こうして小金を貯めて帰り、その金を元手に小料理屋を開こうと思っていると、日清戦争が勃発し、因島が造船景気で沸いた。そこで因島へ渡ったイトは、伝手《つて》を求めて土生船渠《ドック》会社前の多賀旅館に住み込み女中となった。こまめに働いているうちに戦争景気が終わり、旅館が経営不振となったので、この旅館を買い取り、三十歳で自立した。その後数年にして旅館経営は日露戦争前後の造船景気の波に乗って繁昌し、イトは新しく麻生旅館を新築した。

明治四十四年（一九一一）、大阪鉄工所が土生船渠会社を買収して因島へ進出すると、イトは鉄工所から労務者の口入れを頼まれ、麻生組を結成した。この麻生組は創業間もない鉄工所の拡張計画に協力して信用を得たので、どんどん下請けの仕事が増え、古船の解体からドックの護岸工事、船舶の塗装、石炭の購入・輸送といった分野にまで進出し、急に羽振りがよくなった。

そこで大正三年（一九一四）、当時尾道の高等女学校に通学していた娘の縫を呼び戻し、旅館の仲居であったみつ、ふくの二人の娘を養女にして、この三人に旅館の経営を任せ、彼女は造船所の下請けに専念した。三十八歳の頃からである。その仕事ぶりは今東光も書いているように、

そりゃ偉いです。仕事は熱心で真面目だす。造船所と談合がでけると、頭立った子分を集めて会議しますそうな。受持ちが決まると、いっせいに仕事だす。その間はのぞきもしまへんそうで。従って子分もまかされた以上は責任が重うおます。皆は身を粉にし働きますわ。せやさかい造船所の受けもよろしい。


という按配であった。

ところが、それから四年後の四十二歳になったとき、造船所の下請け塗装業者を系列下に入れたことから、その業者に恨まれ、日本刀で切りつけられて、瀕死の重傷を負うた。彼女の額や背中に受けた大きな刀傷はそのとき受けたものだ。脳味噌が飛び出し、名医たちが四、五人駈けつけて氷で冷やしながら手術をしたが、男まさりの気性でこれを克服し、刑務所から斬りつけた相手を貰い下げた。だから、この男はすっかり彼女に心服して、一の子分となったというから驚く。頭をざんぎりにしたのは、このときからだ。

彼女の身長は一五四センチ。堅太りの引き締まった身体にカンカン帽やソフト帽をかぶり、若い女

を供に連れて悠然と町を歩き、どんなもめ事があっても、彼女が行けばたちどころにおさまった。彼女は「島育ちでも幼いころからしつければ、おおらかな人間になれる」と、土生幼稚園を創設して町に寄付し、育英や社会事業にも貢献した。政治家の望月圭介《もちづきけいすけ》や尾崎咢堂《がくどう》とも親交があり、晩年になると、土生町の天狗山一帯の公園化を計画したが、地主の協力が得られなかったので、隣村の生名島に三秀園を造成しはじめた。

この造園工事の最中、彼女が八十歳で死去したのは、昭和三十一年（一九五六）五月二十一日であった。

土生長崎城跡

因島土生の長崎桟橋と日立造船所の間に小さな岬がある。

そこには大正から昭和期にかけて、城山クラブという建物があった。現在はナティーク城山という船をイメージしたホテルが建っているが、その名のごとくこの岬は村上水軍の城跡があった島山の跡で、南北朝から戦国期にかけてここに長崎城とよばれる城砦があった。

土生長崎城の旧跡

今は地続きになっているが、昔は海をへだてた内陸部の荒神山に長崎城の控えの城があり、岬の磯辺にはたくさんの柱穴がうがたれていた。

この二つの城跡は因島村上水軍が因島で最初に築いた城の旧蹟で、初代の城主は村上又三郎吉豊である。

因島村上氏は、この吉豊から始まり、二代吉資、三代吉充、四代吉直、五代尚吉、六代吉充と続き、この六代吉充のとき、城は因島重井の青木城に移った。したがって、現在は荒廃して、この長崎城にも、詰めの城荒神山城にもほとんど城郭遺跡はなく、わずかに荒神山の尾根続きにある大宝寺境内に室町時代の宝篋印塔の残欠や一石五輪塔が散在しているだけである。

荒神山城跡からの遊歩道は、大宝寺を経て岩屋寺にいたるが、そこに弘法大師立像と不動明王座像を刻んだ大磨崖仏があり、公園登り口の大師堂の下に異国の若者と水軍家の姫君との悲恋物語を秘めた夫婦松の根株が残っている。

村上水軍家交易担当の武将であった宮地大炊助がルソンから連れて帰った若者に自分の娘が恋をして一緒になろうとしたから、怒ってその若者を斬り殺した。すると娘は悲しみのあまり自害したから、大炊助はその二人の心根を哀れみ、雌雄《しゆうつがい》番の松を植えた。それがこの夫婦松である。

昭和三十二年に国立公園特別地域に指定された因島公園には山麓から標高二〇七メートルの天狗山まで、登山道を中心に四季とりどりの花木が植えられている。文学と水軍ゆかりの記念碑や弘法大師像が建立され、展望台・アスレチックなどの諸施設が整備され、水軍の島の公園としての面目を保っている。

林芙美子の文学碑

因島を一周するバス道路は、安郷から分岐して因島公園の入口にある因島ロッジ広場に行きつくが、その車道の登り坂に林芙美子の文学碑がある。

芙美子は大正十一年三月に尾道高女を卒業すると、在校中、懸賞小説に入賞したこともあって作家を志し、東京へ出た。だが、その生活は苦しく、カフェーの女給や女中などさまざまな職業を転々として、因島出身の岡野という男と同棲した。男は明治大学専門部に通い、芙美子は彼に学資を貢いだ。

ところが、男は大学を出ると、彼女を捨てて島へ帰った。彼女も昭和三年に男を追って因島にやってくる。男は因島の日立造船の社員となってはたらいていた。折からこの造船所は、工員たちのストライキの最中であった。

因島公園へ登る車道の側に建つ林芙美子の「いんのしま」と題する文学碑は、このときの裸の工員たちが

林芙美子文学碑

スクラムを組んで工場の門にぶつかり、それを崩す場面に遭遇したときの描写である。

遠い潮鳴の音を聞いたか！
何千と群れた人間の声を聞いたか！
ここは内海の静かな造船港だ
貝の蓋を閉じてしまったような
因の島の細い町並に
油で汚れたズボンや葉っぱ服の旗がひるがえっている
骨と骨で打ち破る工場の門の崩れる音
その音はワァン、ワァンと
島いっぱいに吠えていた。

林芙美子はこのあと島に一週間ほど滞在したあと、「一軒の家をかまえておらん者の娘なんかもらえん」という男の姉と母親の反対にあって島を離れる決心をする。そして、男の兄の「わしに何もいわんもんじゃけん、苦労させせやした……あいつは気が弱いもんじゃけん」という言葉をせめてものなぐさめに、男の兄からもらった数枚の十円札と、デベラの青籠と風呂敷包をかかえて、尾道行きの船に乗るのであった。

「朝風をあびて、私は島へさよならとハンケチを振っている。どこへ行っても、どこにも仕様のない事だらけなのだ。東京へ帰ろう。私の財布は五、六枚の十円札でふくらんでいた」

つれしおの石ぶみ

因島の天狗山に因島公園が造成されたのは、昭和三十年代の初頭であった。ここには土生町の海岸通りにあった弘法大師像と等身大の石像である鯖大師像が移建されている。その丈余の弘法大師像が背にする標高二〇七メートルの天狗山の南斜面に「つれしおの石ぶみ」という名所がある。遊歩道入り口の倭寇《わこう》船を刻んだ石碑から始まり、「海原を八十島がくり来ぬれども　奈良の都は忘れかねつも」という万葉の歌碑、小林一茶の「きぬぎぬや　かすむ迄見る　妹が家」、川口松太郎の「短夜や　うそと知りつつ聞く話」といった歌碑がつづく。有名な志賀直哉の『暗夜行路』の断章はここでも引用され、時任謙作が尾道から四国へ渡るときの紀行が「船は島と島の間を飽きず進んだ。島々の傾斜地に作

天狗山・つれしおの石ぶみ

られた麦畑が一ト畑《ひとはた》毎に濃緑・淡い緑と、はっきりくぎりをつけて曇った空の下にビロードのやうに滑らかに美しく眺められた」と刻まれている。

この「つれしおの石ぶみ」に登場する文士たちは、前述の三人につづいて、司馬遼太郎・今東光・若山牧水・松浦英文・高見順・河東碧梧桐・林芙美子・鴻《おおとり》雪爪・三好達治・半田道広・本因坊秀策・村上元三・吉井勇・火野葦平・高田好胤といった人々で、とりわけわたしの琴線に触れた作品は、つぎの三句であった。

岩角より　のぞくかなしき海の隅に
　あわれ舟人　あさき帆をあぐ　　若山牧水

船工場ある島なれば夕潮に
　異国の船も船がかりせり　　吉井　勇

海を見て島を見て　只呆然と
　魚のごとくあそびたき願ひ　　林芙美子

そうした詩歌や随筆の断章を読みながら、山頂に登

林芙美子の石ぶみ

ると、周囲の眺望はため息の出るほど素晴らしい。とりわけ、ここから眺める土生町と田熊町の景観は、因島八景の一つに数えられている。

天狗山から車道を下って因島ロッジの裏手の尾根を行くと、そこにも石碑が散在し、「潮」という小手をかざした水軍武将像と並び、城山三郎著『秀吉と武吉』の断章「目を上げれば海　運に任せて自在の海　ああ人生は海」という文言を刻んだ石碑が立っている。

また、この因島で、大正十一年三月に労働総同盟因島支部が発会し、大正十三年の大争議を経て、昭和三年から七年までここが総同盟の牙城として重きをなしたので、それを記念して文部大臣森戸辰男の筆になる「労働運動先駆者顕彰碑」が公園内に建立されている。

三庄の鼻地蔵

因島公園からもとのバス道に引き返して、日立造船の塀沿いに南へ車を走らせ、家老渡《かろうと》・沖浜・小用《こよう》と過ぎ、三庄へ向かう。むかしは歩かねばならなかったが、今では折古浜《おりこはま》を海岸沿いに地蔵鼻までドライブウェイが通じている。その弓削瀬戸に突き出た岬が美可崎《みかざき》城跡で、戦国時代、ここに弓削瀬戸を上下する商船を捕捉するための海関があった。山頂から東南斜面に段丘状の砦跡があり、現在は蜜柑畑になっている。山頂に祀られている祠《ほこら》は因島四国八十八ヵ所霊場三十八番の札所金剛福寺である。

この美可崎城の戦国時代の城主は、村上水軍家の武将南《みなみ》彦四郎泰統《やすむね》であった。その配下で帆別銭《ほべつせん》・荷歌別役銭《にだべつやくせん》を徴収するため、城代として派遣されていたのは金山亦兵衛康時という武将であった。そ

美可崎の鼻地蔵

の金山亦兵衛《かなやままたべえ》にまつわる次のような怨霊伝説がある。

慶長四年夏のある日、弓削瀬戸を備後灘へ向けて航行する一艘の商船があった。海の掟では海関の近くを行く船は帆を下げ、砦の将兵の船改めを受けなければならない。ところが、その商船は帆を下げず、そのまま通り過ぎようとしたから、船改めの奉行金山亦兵衛は烈火の如く怒り、関船を出動させて、くだんの商船を拿捕させた。船中を調べると、乗客の中に琵琶を抱えた美しい法体《ほったい》の女性がいて、周防の豪族高橋蔵人の娘だと名乗った。娘は琵琶の免許を受けるため京都へ上る途中だといい、二十一歳という微妙な女体には島の娘にはない上品な色香をただよわせていた。彼女は亦兵衛の所望にまかせて琵琶を弾いたが、その音色の美しさはえも言われぬ風情であった。男ざかりの亦兵衛はたちまちこの女性に魅せられ、自分の側妻《そばめ》になれといった。だが女は、「わたしはこのとおりの法体で、一生仏に仕える身ゆえ、思し召しにはそえませぬ」と拒んだ。すると、亦兵衛は可愛さ余って憎さ百倍。怒り狂ってついに部下に命じて彼女を斬り殺させた。浜辺に引き出された女は、「せめてこの世の名残に、一曲弾かせてください」と悲しく琵琶を奏でた。

女が死んで数日が過ぎたある夜、亦兵衛のところへ番兵の一人がやって来て、「女が斬られた浜の渚《なぎさ》から怪しい琴の音が聞こえてきます」と報告した。亦兵衛が番兵のあとについて浜辺に出ると、たしかに風のまにまに弾琴の音が聞こえる。「気のせいじゃ。琴の音などではない」と、そのときは笑ってすませたが、それからというもの、毎夜のように弾琴の音《ね》が聞こえ、村人たちも騒ぎはじめたので、亦兵衛もようやくこれが殺した女の怨霊のしわざだと悟った。

前非を悔いた亦兵衛は、女の怨霊を封じるため、岬の渚に琵琶を抱いた地蔵を岩石に刻みこませ、僧侶を招いて供養をさせた。

その磨崖地蔵は、今も美可崎城跡のある岬の磯辺に立ち、島の人々はこれを鼻地蔵と呼んでいる。しかも、その鼻の地蔵さんは子授け、安産など女の願いごとをすべて叶えてくださるというので、参詣人がひきもきらない。お願いに来たときに浜の小石を持って帰り、結願の日にはお礼に大小の地蔵をつくってこれを奉納するので、その参道と水ケ浜のお籠り堂には、たくさんの石地蔵が祀られている。

椋浦の法楽踊り

地蔵鼻から県道へ引き返して、三庄の町中に入ると、こんもりした千守《ちもり》城跡が目につく。ここは鎌倉時代から南北朝にかけて北条氏の政所《まんどころ》があったところで、戦国時代には因島村上氏の武将篠塚《しのづか》貞忠が居たという。城麓の公文《くもん》明神は荘園三《み》ノ庄（三津荘）の名残である。

椋浦の法楽踊り

三庄町から北へ、水軍スカイラインをドライブして椋浦《むくのうら》峠にいたる。展望台から眺める備後灘の景観は素晴らしく、晴れた日なら南方に遠く四国の石鎚連峰を望むことができる。因島八景の一つである。

峠を下って椋浦の町中に入ると、中央に艮《うしとら》神社が鎮座し、椋《むく》の巨木が群生している。椋浦の地名はこの椋の木に由来し、因島市の天然記念物になった。

この町が因島へ進出した小早川氏の根拠地であり、江戸時代に因島の回船業を支えたことは、蜜柑畑の中にある蒲刈《かまかり》小早川氏の墓塔群と町の民俗資料館の中の資料を見れば一目瞭然である。海岸道路に近く、墓地の入口に「徳川幕府軍船美嘉保《みかほ》丸船将青木忠右衛門之碑」が建っているが、これは椋浦出身の青木忠右衛門が、茶屋宗作という名で美嘉保丸（幕府がオランダから購入したブランデンボルグ号）の艦長となって活躍したことを顕彰するものである。

表題の法楽《ほうらく》踊りは、椋浦町の鎮守艮《うしとら》神社の神事である。毎年盆の十六日、神社の境内から浜辺まで踊りながら行進する勇壮な水軍の武者踊りで、境内から浜辺までが出陣の戦勝祈願、浜辺から艮神社境内へ帰ってくるまでが凱旋の戦勝法楽である。武者姿の若者たちが輪になって、刀を頭上に振り翳《かざ》し、太鼓と鐘の音に合わせてチンコンカンと踊るのだ。囃子方が南無阿弥《ナムアミ》と声を掛け、踊り方が陀仏《デーボー》と応えて、飛び跳ねる。一幅の武者絵巻で、さながら戦国時代にタイムスリップしたような気になる。

碁聖本因坊秀策

椋浦町から因島水軍スカイラインを鏡浦町へ。因島八景の一つ「梶ノ鼻から因島大橋への展望」を満喫しながら外浦《とのうら》町に入る。ここには石切風切宮（因島石切神社）が鎮座し、その境内に本因坊秀策の碑が立っている。

わたしは平成十一年に中央公論社から『歴史紀行「忠臣蔵」を歩く』という本を出したが、そのとき東京都内の関係史跡をくまなく歩いた。豊島区の巣鴨周辺を歩いて、慈眼寺《じげんじ》に小林平八郎の墓と妙

碁聖本因坊秀策の碑

行寺に四谷怪談のお岩の墓と並ぶ浅野内匠頭夫人の供養塔を訪ねたあと、近くの本妙寺に立ち寄った。すると、墓地に剣客千葉周作や江戸の名奉行遠山金四郎、将棋名人天野宗歩らの墓にまじって囲碁の家元本因坊歴代の墓があった。実はその中の四代道策と並ぶ棋聖秀策こそ、因島外浦町が生んだ天才児虎次郎の墓だったのである。

本因坊秀策は幼名を虎次郎といい、文政十二年（一八二九）に因島三浦村外《と》ノ浦の桑原家に生まれた。母のタカが囲碁を好んだせいもあって、虎次郎は五歳の時から囲碁の手ほどきを受け、七歳になって竹原下野の宝泉寺葆真《ほうしん》に弟子入りして神童といわれた。すると、うわさを聞いた三原城主の浅野忠敬が天保八年（一八三七）、彼を召し出して、その年の冬に虎次郎は三原藩士寺西右膳に伴われて江戸へ出た。浅野忠敬が彼の天才を見込んで囲碁の家元本因坊へ入門させたのだ。

かくして十二代本因坊丈和の内弟子となった虎次郎は次第に腕を上げ、十一歳で初段、天保十三年（一八四二）の十四歳の時には四段の免許を与えられ、秀策と命名された。十三代本因坊丈策の娘ハナと結婚して十四代本因坊秀和の跡目となったのは嘉永元年（一八四八）、二十歳のときで、このときの段位は六段であった。

ついで嘉永六年には七段に昇進し、将来を嘱望されていたが、文久二年（一八六二）八月十日、世界的に大流行したコレラにかかり、本因坊の跡目を継がぬまま三十四歳という若さで他界した。

秀策の人となりは誠実で、向学心が強く郷里を愛し、両親への孝養を忘れなかったので、門人たちはその死を悼み、外浦の誕生地・石切神社境内に顕彰碑を建てた。そばの碁聖閣には、秀策の遺品が陳列されているが、三原市の糸崎八幡宮境内にも、別の顕彰碑が建っている。

囲碁十訣の碑文

前に紹介した天狗山因島公園の「つれしおの石ぶみ」に囲碁十訣という文章を刻んだ巨石がある。これは本因坊秀策が安政四年丁巳《ヒノトミ》の晩夏に本因坊の同門石谷廣二のために書いた囲碁勝負の秘訣で、その文面はつぎの通りである。

不得貧勝
入衆宣緩
攻彼顧我
棄子争先
捨小就大
逢危須棄
慎勿軽速
動須相応
彼強自保
勢孤取和

とりわけ、「貧りては勝ちを得ず」「彼を攻めるに我を顧みる」「小を捨てて大に就く」「危うきに逢えばすべからく棄つべし」「慎みて軽きに速《はや》るなかれ」「動けばすべからくあい応ずべし」「彼強ければ自らを保つべし」といった言葉は、けだし天下の名言である。

また同じ丁巳晩夏に、秀策は囲碁の勝負師が、戦いを終えて戦場をあとにするときの心構えを、つぎのような句に詠んでいる。

戦罷両奩収黒白
一枰何處有虧成
（戦いやみてりょうれんにこくびゃくをおさむ。いちへいいずれのところにかきせいあらん）

すなわち、「戦いが終わり、互いに碁石を片付けたあとの碁盤を見渡せば、そこには死力を尽くして戦ったあとなど微塵も残っていない」という意味である。これは、厳しい勝負の世界に立ち向かう本因坊秀策の真摯な生き方を表現したものである。

秀策が棋界《きかい》の天才児として注目を集めるようになったのは、苦しい見取り稽古をし、先人の棋譜を研究したあと、彼が十二世本因坊丈和に弟子入りしたときの兄弟子で無敗を誇る秀和（三十五歳）と天保十五年（一八四四）一月に対局して引き分けに持ち込んだときである。このとき彼は十六歳になったばかりであったが、有名な秀策流という一手を考案している。これによってその頃百五十余人の有段者がひしめいていた本因坊門下で、彼の名は一躍有名となり、本因坊のチャンピオンとして対外試合にのぞむこととなった。

その頃の江戸は囲碁の全盛時代であり、家元は本因坊のほか林・安井・井上の三宗家があり、互いに覇を競い合っていたが、秀策はこの対外試合で、つぎつぎと強豪を打ち負かした。そして、彼の名を不動のものとしたのは、江戸城の将軍の御前で行う御城碁《おしろご》で、十二年間に十九連勝という無敗の偉業を達成したときであった。

この御城碁の初対局の勝利は、嘉永二年（一八四九）十一月十七日であった。相手は七段の安井算知で、つぎの対局が七段伊藤松和、ついで七段坂口仙得とつぎつぎ打ち負かし、最終回は文久元年（一八六一）十一月十七日の林有美との対局であった。それ以後幕末の風雲は急を告げ、御城碁は二度と聞かれることはなかったのだから、まさに古今未曾有、碁聖の名に値する空前絶後の大偉業であった。

惜しむらくはその対局中、彼が最も敬愛していた母タカに先立たれたことであり、その母の死から半年後に江戸で流行したコレラにかかり、文久二年八月十日、彼自身が病死したことである。

彼は戦国の名将上杉謙信を崇拝したというが、その謙信のように、勝負師としての秀策のモットーは、志を高く持ち、義を貫くことであった。したがって彼は、コレラが流行して本因坊の子弟が病気になったとき、寝食を忘れて専心看病につとめた。そのため過労がたたって病にた

本因坊秀策の墓（地蔵院墓所）

おれ、ついに彼一人が他界したのであった。
もしこの時彼が他界せず、その後も囲碁を打ち続けていたとしたら、本邦碁界の歴史は大きく変わっていたことであろう。まことに惜しむべき逸材を失ったということが出来るが、そのため、因島では彼の業績を讃えるため生家の前に記念館を造り、その遺品などを展示している。なお秀策の墓は、生家桑原家の菩提寺地蔵院墓所にある。

宝鏡山金蓮寺と村上水軍城

因島は平安時代、後白河法皇の長講堂領であったが、法皇の没後、常光院領と宣陽門院領に二分された。常光院領が三庄・土生・田熊で、宣陽門院領が中庄・大浜・重井・外浦・鏡浦・椋浦である。のちに前者は三津庄、後者は中庄という荘園名になったが、鎌倉時代になって重井浦が中庄から分離した。

現在の中庄町は因島中央部の東側に位置する集落だが、そこに宝鏡山金蓮寺という村上水軍家の菩提寺がある。この寺はもと外浦《とのうら》にあったが、宝徳元年（一四四九）八月に宮地明光と子息資弘が村上水軍家の菩提寺としてここへ移転・再興したものである。尾道の「みやちの君」の碑のところでふれたように、宮地明光は吉和鳴滝山城主であったが、応永三十年（一四二三）九月に城を落とされ、因島に逃れて村上水軍家を頼った。彼は中庄の大江山に城をかまえ、船手奉行として海運業で財を成したが、主君である因島村上氏初代吉豊と二代吉資の恩義を忘れず、この挙に出たものである。

宝鏡山金蓮寺山門

本尊は薬師瑠璃光《るりこう》如来で、近隣随一の寺格を誇っていたが、慶長五年（一六〇〇）の関ヶ原の役に敗れて村上氏が因島から退去すると、間もなく廃寺となった。近所の長福寺和尚大巧百拙の尽力で再建されたのは、寛政二年（一七九〇）である。

因島の新名所水軍城のある小山の麓を、村上元三の句碑を見ながら、まっすぐ参道を歩くと、石段の前に唐風の仁王像があり、山門をくぐると境内に市指定天然記念物の古いモッコクが枝を広げ、その向こうに本堂がある。有名な村上水軍家の墓所は、その本堂の西側にあり、山の斜面を利用した墓地におびただしい数の墓石が幾重にも並んでいる。

わたしが初めてこの寺に参詣したのは、昭和三十年代であった。その頃には丘の上に水軍城などはなく、参道も蜜柑畑のあいだに細道がうねうねと続き、汗をかきながらたどり着いた山門の石段の前に、唐風の仁王像が威圧するようにわたしを睨んでいた。

墓地は新しく整備されたもので、前面に立派な宝篋印塔を並べ、その背後に五輪塔と小さな宝篋印塔および一石五輪塔と、所々にあったものを集めて祀ったものであった。正面の「村上家歴世之奥城《おくつき》」という石碑は明治四十五年に中庄村区中が建てたもので、その時この墓地が整備されたものであろう。

昭和五十八年十二月一日に創建されて、水軍観光の目玉となっている因島水軍城は、金蓮寺の東の丘にある。歴史家奈良本辰也のアイデアになる水軍城の虎口《こぐち》門《もん》をくぐって、くの字に曲がった石段を登ると、展望のよい丘の上に資料館の建物と二棟の別館が建っている。

本館には大塔宮令旨（重要美術品）、白紫緋糸段縅《ひいとだんおどし》腹巻《はらまき》（県重文）、村上家古文書三巻（県重文）、金蓮寺在銘瓦四枚（県重文）など、文化財として価値のある宝物と、安宅《あたけ》船の模型や武具・地図・絵画・掛物等数多く陳列されて、因島村上水軍の歴史を伝える。

水軍城のある丘の上からは、中庄八幡宮のこんもりした鎮守の森や、県指定の史跡である青影城山を眺望できる。中庄はその名の示すごとく三庄《みつのしょう》や重井庄と並

金蓮寺　村上水軍家墓所

因島水軍城

んで平安時代からの荘園があったところだから、いわゆる中世の山城跡も数多く見られ、青影城跡の手前には茶臼山城跡、南東の風呂山の前に大江城跡、振り返ると北東に片刈城跡が見える。

大浜幸崎《さいざき》城跡

因島水軍城を見学して、中庄から国道３１７号を海岸沿いに北上すると、布刈瀬戸と大浜海岸がひらける。ここからの景観は、手前に八重子《やえご》島、向こうに因島大橋と向島を眺望して、これまた因島八景の一つとなっている。とくに茜《あかね》に染まった夕景は天下一品である。

大浜町はクボタ鉄工の創始者久保田権四郎氏の出身地で、その名にちなむ橋や記念碑がたくさん目に入る。彼は明治三年大浜村で大出岩太郎の三男として生まれ、十四歳の時大望を抱いて大阪に出て精進努力し、大クボタを創業した誇るべき成功者である。なお、大浜で由緒ある史跡と言えば、幸崎城と千人塚である。

幸崎城跡は、布刈瀬戸に面した大浜港から内陸部に入った標高三六・七メートルの小山で、山頂の本丸跡から北の丘陵にかけて削平《さくへい》された城郭跡がある。山の中腹に齋島《いむしま》神社が祀られているが、これは因島の命名の由来を伝える神社で、神武天皇が東征のみぎり、大浜に船を泊めて、ここで天神を齋《いつ》き祀ったと伝える。齋島が隠島とかわり、現在の因島となったというのだ。境内に「神武帝御座石」がある。

幸崎城山の麓にある千人塚の由来はこうだ。

永正年間（一五〇四―一二）、因島村上から分家していた田島《たしま》・百島《ももしま》の両村上氏と因島本家とのあいだに戦いが起こり、田島・百島連合軍が大浜に来襲した。当時因島村上の当主は第四代の吉直であり、力戦してこれを撃退したが、そのとき戦死した将兵の墳墓がこの千人塚である。もとは多数の五輪塔があったが、いつの間にか無くなり、現在は石地蔵が数体祀られているに過ぎない。

ここもまた、因島村上水軍の夢のあとである。

大浜の千人塚

文豪井伏鱒二の「因島」

のぎばのつきをみるにつけ
ざいしょのことが気にかかる　鱒二

備後の加茂町が生んだ文豪井伏鱒二《いぶせますじ》（一八九八—一九九三年）の作品に「因島」（昭和二十三年一月『文芸春秋』に発表）という短篇がある。

井伏鱒二は大正六年に福山中学校を卒業して早稲田大学予科一年に編入学したが、大正十年に因島へやって来て三庄の土井医院に滞在し、半年ばかりを過ごした。文壇にデビューしてからあとも郷里の加茂村粟根《あわね》に疎開中、昭和二十一年から二十二年にかけて大好きな魚釣りを楽しむため、再び因島へやって来たが、当時因島で警察署長をしていた佐藤進氏と懇意になり、彼をモデルにして書いたのがこの「因島」という作品である。話のあらすじはこうだ。

文豪 井伏が来て滞在した因島三庄の町と港

戦後間もなく、私は中田という老医師に誘われて因島へ魚釣りに出かけた。尾道から連絡船に乗って土生港に着くと、そこの警察署長が出迎えにきた老医師に向かって、明日一日だけモーター船を貸して欲しいと交渉している最中であった。老医師はそのモーター船で私を沖へ魚釣りに連れ出すつもりであったから、ことわっていたが、強いてと警察署長がいうものだから、しぶしぶ承知した。条件は私をそのモーター船に同乗させるということだったので、私を便乗させたモーター船は翌朝まだ暗いうちに土生の桟橋を出た。ところがこのモーター船は因島警察署が統制令違反の闇船《やみぶね》をつかまえるためにチャーターしたものだったから、私の魚釣りなどそっちのけで、統制品のイリコを積んだ帆前船を追っかけて逮捕し、犯人たちを一斉検挙した。実はこのことは老医師も先刻ご承知のことで、私は出しにつかわれていたのだ。

それればかりではない。その夜署長は迷惑をかけたというので、私を土生町の料亭に誘った。ご馳走をしてくれるというので、私も喜んで料理屋に出かけて、すぐ飲めや歌えやのドンチャン騒ぎとなったが、なんと、これも近くの家で開帳中の賭博グループをあざむくための演出であった。しばらくして席をはずした警察署長は、刑事たちを陣頭指揮して、賭博常習犯を一網打尽にしたからである。またもや一杯食わされた私は一人で酒を飲む羽目になり、翌朝私は中田医師に電話をかけて、さびしく因島を離れたのであった。

まことに野暮ったらしい因島の描写だが、その頃わたしも、隣の岩城島に住んでいて、そうした因島の様子はよく耳にしていたので、この作品を読んでも、さもありなんと微苦笑を禁じ得なかった。これは今東光の小説『悪名』や林芙美子の『放浪記』についてもいえることである。

さよならはまた会うことば　みなとまち　青波

村上元三『八幡船』に見る因島

直木賞作家村上元三（大衆文学作家で、長谷川伸の弟子）は、昭和三十一年に『八幡船《ばはんせん》』という海洋小説をオール読物に連載（二十回）し、そのあと単行本にもなったが、これは昭和十九年にNHKからラジオ放送されたドラマがもとになっている。

この小説の中で、元三は「青影城」と「村上水軍流」という項目をもうけて因島と村上水軍のことを語り、つぎの「めくら船二代」と「銀の十字架《クルス》」で主人公の鹿門《かもん》が黒白斎《こくびゃくさい》という老船頭に助けられながら村上新蔵人《しんくらんど》吉資に従って、ルソン島めざして航行する物語を展開している。あらすじはこうだ。

鹿門は堺で船問屋壺屋道休の伜として育てられたが、実は近江佐和山城主磯野丹後守秀昌の忘れ形見。天文初年に丹後守秀昌が細川晴元の軍勢に敗れて九州へ逃れる途中、村上水軍の捕虜となった。ところが丹後守は因島村上氏初代の備中入道と肝胆《かんたん》照らす仲となり、八幡船の頭領となってルソン・ジャワ島などで南海交易に従事し、莫大な財宝を手に入れた。不運にも弟の右衛門大夫に裏切られて、奥方ともども小舟に乗せられて放逐されてしまうが、このとき一子鹿門は五歳であった。

　鹿門少年は、壺屋道休という仲買人に連れられて堺へやって来たが、実はこの道休こそ高島助十郎という侍で、父を裏切った張本人であった。助十郎は欲に目がくらんで右衛大夫の謀反《むほん》の手引きをしたので、せめてもの罪滅ぼしと、主人の子鹿門を養っていたのである。

　そうとも知らず道休を父として暮らしていた鹿門は、南海から鹿門の行方をたずねてやって来た黒白斎から真相を明かされ、磯野家の跡目を立てるよう説得される。かくして黒白斎とともに因島へやって来た鹿門は、備中入道吉豊の嫡子新蔵人吉資の部下となって八幡船に乗り込み、父が秘匿した財宝を求めて勇躍因島から船出する。船団は吉資の旗艦青影丸と宮地与太夫の率いる住吉丸と鹿門が指揮する関船の三艘であった。青影丸には吉資の妹寿賀《すが》が男装して乗り組み、鹿門に好意のまなざしを送っている。

村上元三の小説、『八幡船』をイメージして造った八幡船の模型
（真鍋島水軍資料室展示）

黒白斎の言葉通りに、三つの山のまん中に青影山が見えた

まさに、夢とロマンの冒険時代小説である。

南無や八幡大菩薩
旗うち立てて海行けば
いなずまかげろう潮の泡
夢よかえらぬ夢なれや
…………

これは黒白斎が鹿門に幼児体験を思い出させるため、連れの女に歌わせる村上水軍の船歌で、これによって鹿門は遠い南の海の匂いを嗅ぎ、自堕落《じだらく》な生活に明け暮れていた自分を捨てて、次第に海武士としての本性に目覚めていくのである。

「因島へ、船が入ります」

黙って黒白斎を睨みつけてから、鹿門は窓の外をのぞいた。

船はいま、岬の突端をまわり、せまい海峡のようなところへ入ろうとしている。

その岬から、白い煙が空へつき上がった。狼煙の合図であろう。

「先のほうに、山が三つ見えましょう。あのまん中が、村上海賊のある青影山でございます」

黒白斎は、ていねいにいった。

その言葉の通り、山が三つ見える。城がある、と聞いてもこの窓からはそうは見えぬ。おだやかな緑に包まれた青影山であった。この静かな島が、村上海賊の本拠だとは鹿門には信じられない。

鹿門がいやいやながら黒白斎に連れられて、船に乗せられ、堺から因島へやって来たときの「青影山」の断章である。この因島で、鹿門は初めて村上水軍の頭領備中入道吉豊とその嫡男吉資および娘の寿賀に出会い、「見惚れるほどの整った顔立ちをして、鼻の下に見事な髭を立てた」新蔵人吉資の下で、海賊として生きる決意を固め、厳しく鍛えられて、立派な海賊大将に成長して行くのである。

「みなみ吹く　村上水軍ぞ　あの歌は」

これは因島史料館前に建つ作家村上元三の句碑で、昭和四十四年（一九六九）五月七日、宝鏡山金蓮寺の和尚岡田成観ら有志が、名作『八幡船』を記念して建立したものである。

小説家・劇作家村上元三は一九一〇年、朝鮮の元山で生まれた。青山学院の中等部を卒業後、小説家を志し、大衆小説の作家長谷川伸に師事した。北方を舞台にした異色作『先駆者の旗』（一九四〇年）で注目を集めたが、一九四〇年の『上総風土記』で第十二回直木賞を受賞した。戦後、『佐々木小次郎』全三巻（一九五〇―五一年）を書いて文壇の位置を不動にして、今でも元三の作品『次郎長三国志』（一九五二年）や『水戸黄門』四部作（一九五六―六二年）は、テレビに登場して、家庭のお茶の間をにぎわしている。

村上水軍の幟旗

愛媛県越智郡上島町

【一】生名島

■生名渡し　越県合併騒動

島々の灯ともし頃をゆるやかに
生名渡しの船は出づらし　吉井　勇

生名《いきな》島は因島土生港の直ぐ前にある島で、行政区画は愛媛県越智郡上島町生名。因島長崎港から生名の公営渡船でわずか三分。愛媛県側のどの島へ行くよりも近い。したがって経済圏はまったく尾道市因島のエリアで、文化的にも旧因島市の影響を受けることが多く、その方言は岩城《いわぎ》島・弓削《ゆげ》島・魚《うお》島《じま》とともに備後圏の訛《なまり》である。現在では文化行政の必要上、愛媛県側との交流が強く行われるため、学校や公的機関の若い人々のあいだに今治地方の言葉訛が使用されているが、島《とう》産子《さんこ》である老人たちの言葉は全く備後圏である。

生名島（右）は因島（左の大きな島）のすぐ目の前にある。向こうの島が弓削島

たとえば、わたしはこの生名島の隣の岩城島の出身であるが、小学校を出て初めて今治市で今治地方出身者との合宿生活に入ったとき、かれらの使用する言葉訛に奇異感を抱いたものであった。勤め口も旧因島市の企業が多く、広島県因島市のベッドタウンの感があった。

そこで当然ながら生じてくるのは因島市との越県合併の問題で、昭和三十一年にこの問題がクローズアップされた。

昭和三十一年九月二十七日、因島市の定例市議会が生名村との越県合併を満場一致で可決し、生名村も九月二十九日の午前十時から開会した村会で広島県因島市への「県境合併決議」を満場一致で行い、直ちに自治庁へ境界変更申請を行った。

ところが愛媛県当局は従来から目論んでいた県内上島《かみじま》（弓削・岩城・生名・魚島）四カ町村の合併推進に支障を来たすという理由で絶対反対の態度をとった。また、広島県も愛媛県側との摩擦を恐れて後込《しりご》みしたから、たちまちデッドロックに乗り上げた。けれども、合併推進派は日立造船労組や社会党生名支部が中心となって運動を続け、因島市長と生名村長とは連名で総理大臣へ合併の申請書を提出した。

一方、愛媛県当局は懸案の上島四ヵ町村合併を楯に、断固として反対を表明して譲らない。そればかりか、十一月になって生名村の村長と村会議員とが自治庁へ住民の総意だとして合併実現方を陳情に行くと、反対派は燧灘《ひうちなだ》海区漁業関係者の公聴会を今治市で開き、「生名村が因島市に編入されると、その海域の漁区が広島県に移って、岩城・弓削・魚島など愛媛県側関係漁民の生活権が脅かされて漁業紛争が生じる」と決議し、絶対反対の意向を表明した。あげくのはては合併反対派が漁船百隻を動員して生名村越県合併反対の一大デモンストレーションを敢行したから、合併推進派は腰くだけとなり、ついにこの問題は沙汰やみとなった。

日立造船関係者の多い生名村では、この合併に未練を残したようだが、因島市議会が厄介なトラブルに巻き込まれるのを回避して、合併の打ち切り動議を可決したから、生名村の村長は引責辞任のやむなきにいたり、呆気《あっけ》ない幕切れとなった。そのため愛媛県当局が目論んでいた上島四か町村合併も、生名村との痼《しこり》が障害となり、これまた中止のやむなきにいたったのである。

（平成の大合併）

問題が再燃したのは自民党小泉内閣が推進した平成の大合併である。

すなわち平成十五年になって問題論議が煮つまり、生名村の広島県への越県合併でなく、愛媛県当局が望んでいた上島四ヵ町村の合併が具体化したのである。しばしば四ヵ町村の議員たちによる合併推進協議会が開かれ、平成十六年十月一日をもって新しい上島町が誕生することになり、明治二十二年（一八八九）の村制施行によって誕生していた生名村は隣の岩城村とともに百十五年の幕を閉じた。

但し、弓削町は昭和二十八年（一九五三）の町制施行以来五十一年であり、明治二十三年（一八九〇）に弓削村に編入されていた魚島村は明治二十八年（一八九五）に分立して現行魚島村となっていたので、百九年の歴史である。

平成の上島町は平成十六年（二〇〇四）十月一日、弓削島下弓削に役場を置いて新発足した。

■立石さん

生名渡しの船で生名島に上陸し、右手方向に進むと、頭に注連縄《しめなわ》を締めた巨大な立石が目に入る。枝ぶりのよい松の植え込みが堀端にあって、橋を渡ったところに三秀園と刻んだ碑石が立っている。公園というよりは神社の境内を思わせるたたずまいで、境内の中心に立石《たていし》が御神体として祀られている。

この御神体は巨大な男根《だんこん》のようにも見えるところから、性器崇拝の名残《なごり》だともいわれている。表面に蔦葛《つたかずら》がからみついて、四季とりどりに岩肌の色を変えている。周囲を十二個の石柱が囲んでいるので、鎖のない石垣かと思ったが、頭に子丑寅卯……という十二支を刻み込んだ方位指示標であった。巨石文化の名残で、弥生時代の祭祀遺跡と思われる。背後の山はこの巨石にちなんで立石山と呼ばれる。

立石山なる岩のごと
堅き心を養いて

生名島の立石さん

剛毅不屈の人となれ……

これは生名小学校の校歌の一節だが、立石山が古来生名島の聖地として、島民の心の支えであったことがわかる。

山麓の人家の前を通って、立石山に登りかけると、登山口のところに上品な旦那衆《だんなしゅ》の石像がお堂の中で端座《たんざ》している。何気なく行き過ぎて上っていくと、観音堂があり、岩屋の中に子安観音が祀られていた。山道のあちこちに島四国八十八カ所の石仏が点在し、山頂には古墳を思わせる巨石群があった。だが、その山頂の巨石群よりも、急坂をはいつくばりながら登り、時々ふりかええて瞼に焼きつけた因島水道の景観の方が印象に残った。鶴島はその名のごとく羽を広げた鶴の形であり、亀島とのコントラストが愉快だった。

わたしが、はじめて男婆さん、すなわち因島の女傑麻生《あそう》イトのことを耳にしたのは、この山へ登ったときであった。イト女史がこの景観を見ながら、「わたしに二百万くらいの金があったら、造船工場を追っぱらって、ここを世界の公園にしたいんじゃ。ほんにこの景色を勿体ない」といったと、折から来合わせた中老がわたしに耳打ちしてくれたからである。それは、わたしが登山道にある旦那衆の石像のことをたずね、「あれが有名な男婆さんの石像で、下の空き家は彼女の別荘でした」と答えたその人の話のつづきであった。

「わたしもびっくりしましたよ。たまたま近所で暮らしていてわかったのですがね。日立造船の工場長が新しく因島に赴任してくると、きまってここへ挨拶に来ていたものですよ。ええ、勿論お年始にも来ていました。天下の日立造船の工場長がですよ……。なにしろ子分が二千人から三千人もいた、というんですからね。女ながら人夫の下請けをして、造船所の護岸工事なんかみんな彼女がやったといいますよ。大の男を顎で使い、どんないざこざでも、あの人が出れば文句なしに納まったといいますよ。ええ、よく遊びに行きました。近所だったものですから……ここのところに、こう、大きな疵がありましてね、お婆さんというと機嫌が悪かったですよ。旦那さんと呼ばねばなりませんでした。非常に面倒見のよい人で、あの人から大学へやって貰った人も八人くらいはいるんじゃないですか……お医者さんになった人も二、三人いますよ」

そのイト女史は、この立石山麓で、三秀園が完成しないうちに亡くなり、くだんの彫像は岩城島の腕のよい石工《いしく》が彫った。

女傑麻生イトの石像（生名島立石山麓にある）

■久兵衛さんの墓

生名島は幕藩体制下、伊予松山藩の領分であったが、最果ての離島だというので、藩の流刑地として利用され、政争に敗れた重臣たちがこの島に流されて住みつき、島の人々に学問や松山城下の文化を伝えた。伝承に残る人物としては松山藩目付三浦正左衛門とその子酒造之助《みきのすけ》お

流人松山藩家老 奥平久兵衛の墓

よび家老奥平《おくだいら》久兵衛がいる。

松山藩は享保十七年（一七三二）の蝗害《こうがい》（いなごの害による飢饉）で未曾有の被害をもたらし、餓死者二千四百八十九人、牛馬の斃《へい》死《し》三千余頭と幕府へ報告された。そのため藩主久松定英は裁許《さいきょ》不行届《ふゆきとどき》の廉《かど》をもって差控えを命ぜられ、翌享保十八年五月二十一日に卒去した。嫡子の定喬《さだたか》が襲封して七代松山藩主となったが、直ぐさま失政の責任者の処罰に乗り出し、国家老奥平藤左衛門以下が処断された。すなわち藤左衛門が役儀召し放ちの上、久万山へ閉門・蟄居を命ぜられ、目付山内与右衛門が直接の責任者として味酒《みさけ》村の長久寺で切腹、家老久松庄左衛門と目付四人および奉行二人が遠島処分となった。実はこの四人の目付のうちの一人が三浦正左衛門で、彼は息子の酒造之助と共に生名島へ流罪となったのである。

正左衛門はその後許されて松山城下へ帰参したが、息子の酒造之助はこの地で病死した。享年十四歳。島の墓地に葬られた。

この事件が起こってから九年後の寛保元年（一七四一）三月、松山藩でまた久万山騒動《くまやまそうどう》という空前の百姓一揆が起こった。騒動の原因は相次ぐ天災で米価の高値が続き、久万山地区で特産の茶の値段が暴落して村々の生活が立ち行かなくなった。そこで百姓たちは藩に納入する茶税の減額を要求したが、藩当局はこれを無視したので、一味同心《いちみどうしん》して逃散。隣の大洲《おおず》藩へ越訴嘆願《おっそたんがん》し、要求が通らなければ強訴《ごうそ》に及びかねまじき勢いである。驚いた松山藩では、大目付片岡七郎左衛門が使者となって家老連署の書状を示して農民たちを説得したが、激高した農民たちは一向に応じる気配がなく、ついに奉行衆は藩の体面を捨てて農民たちに信望がある菅生山大宝寺《すごうざんだいほうじ》（久万町菅生）の住職に説得を依頼した。住職は一揆の首謀者を詮議しないという条件をとりつけて斡旋に乗り出し、藩当局に農民の願いの半ばを受諾させて、一揆を解放させた。こうして三十三日間にもわたる騒動は片付いたが、これは藩の体面をいちじるしく傷つけるものであったから、今度は藩の重役たちが責任を問われた。

すなわち最高責任者である国家老の奥平久兵衛が生名島へ遠島処分となり、奉行穂坂太郎左衛門および物頭脇坂五郎右衛門がそれぞれ二神《ふたがみ》島と大下《おおげ》島へ流された。

久兵衛門が生名島へ護送されてきたのは、寛保元年（一七四一）八月十五日である。

奥平久兵衛は生名島へ配流されたあと、流人居宅で島の農民たちに学問や技芸を教えてその無聊を慰めていたから、島民たちに慕われた。だが、そうした島での平穏も、長くはつづかなかった。八年後の寛延二年（一七四九）の秋、久兵衛は刺客に襲われてあえない最期をとげたからである。

直木賞作家村上元三は、短編小説「貉《むじな》と奥平久兵衛」の中で、この久兵衛の最期をつぎのように描写している。

「いつの間にやら年月が流れ、遠島後八年経って寛延二年の十月、久兵衛が次第に焦って自分の腹心の者を密かに呼び寄せ、赦免運動に取りかかっているのが松山に知れたので、国家老水野吉左衛門は目付伊奈左仲と下村七兵衛に、奥平久兵衛誅殺を命じた。左仲は下村と計って、徒士目《かちめ》付《つけ》城野五助を生名島へ急行させた。十月二十五日の晩、城野五助は久兵衛の住居に忍び込み、脇差を抜き放ち、熟睡している久兵衛を蹴《け》起《おこ》して『上意』と叫んで、胸を突き刺した……」

どうやら事件は、松山藩上層部の権力闘争がからんでいるようで、久兵衛がその犠牲にされたことがわかる。このあと久兵衛によって切腹に処せられた目付山内与衛門が返り咲き、今では山内神社に神として祀られているからである。久兵衛さんの遺骸が葬られた中ノ谷の曹洞宗正福寺は、山号を小松山といい、岩城村宝蔵寺の末寺として延宝元年（一六七三）に建立された。境内には伊予の名木に指定されている大銀杏《おおいちょう》があり、因島水道と弓削水道を共に望むことのできる丘の墓地には、くだんの奥平久兵衛や三浦酒造之助の墓がある。松山藩の公式記録では「配所において慎み薄く候故、処刑なされ候」ということだが、久兵衛さんの評判は島ではすこぶる良い。文武百般に秀でた人物だというので、誰ということなく、この人の墓に詣でれば、頭がよくなり試験に合格するというので、受験勉強を志す学生たちのお参りが絶えない。また生名島の文化の発展に寄与した恩人だというので、島の有志がこの人の石像を造って新しい墓標とした。

海を背にした奥平久兵衛の温和な座像が庵治《あじ》石に刻まれて、桜御影石《さくらみかげいし》の台座の上に置かれている。

幾星霜　流人の話や　島小春　　富田狸通《りつう》

■生名島の謎あれこれ

岩城村（上島町岩城）に保蔵されている近世文書を調べると、生名島に関するものがかなりある。これは岩城島の庄屋が生名村の行政権をも行使したことを示している。

松山藩は越智嶋十七ヵ村といって、支配下の越智郡の島嶼部を一括掌握する体制をつくり、大庄屋を置いて管理させた。越智嶋十七ヵ村とは、井ノ口村・宮浦村・盛村など大三島の十三ヵ村と岡村・大下村および岩城村・生名村で、各村はその上に越智嶋という名を冠して、越智嶋岩城村、越智嶋生名村というふうに呼ばれた。このうち大三島の十三ヵ村は、明治二十二年の町村制施行で瀬戸崎・盛口・鏡・宮浦・岡山の五ヵ村となり、昭和三十年に大三島町、昭和三十九年に上浦町が発足した。また岡村と大下《おおげ》村の両村は、明治二十二年に合併して関前村《せきぜんむら》となった。

岩城村の庄屋が生名村の行使権を行使したというのは、岩城村の庄屋白石氏が越智嶋十七ヵ村を束ねる大庄屋もしくは改庄屋格だったからだ。それでなくても生名村の旧家の先祖を調べると、岩城村から移住した人が多い。お弓神事で有名な生名八幡宮の宮司西村氏の家系も岩城村西部の出身である。

岩城村にある生名村関係文書というのは、たとえば寛保元年（一七四一）の「越智嶋生名村御流人御居宅并諸道具代銀積帳」、延享二年（一七四五）の「越智嶋生名村御配所御歩行目付様御詰所屋根葺替入用帳」「生名村御配所渡塀痛候普請入用帳」などで、ほかにも寛延元年（一七四八）付で同じような文書がある。

つまり、流人の居宅といっても、度々の手入れがなされて、決して粗末なものでなかったことがわかる。これは配流された人物が松山藩の家老とか目付とかの重役で、詰所の役人も歩行（徒歩《かち》）目付という身分の侍だったからである。したがって島の人々は、このような流人に対しては一般に考えられるような侮蔑感はなかった。

だが、作家村上元三の短篇小説「貉と奥平久兵衛」（昭和二十五年十月「週刊朝日特別号」に発表）ともなると、そうはゆかない。ここでは流人奥平久兵衛がつぎのように描写されている。

「久松松平家の家臣としては名門であり、父も家老職だったせいで、久兵衛もいまの地位を得たが、それにふさわしい人物だとはいえない。生来ひどく気が弱く、疑い深い上に女好きで、あまり弁舌が立つほうだとはいえない」

その風貌も

「色が黒く、顔は丸い。きょとんとした眼つきや、突き出した口のあたりは、やはり伊予狸の本場だというわけであるまいが、狸によく似ている。ずんぐりと背が低く、首をすくめて歩くところなど、なんとなく狸を感じさせる」

といった按配で、「狸ほどの愛嬌もなく」人を誑《たぶら》かすほどの政治的手腕もなかったので、久万山の百姓強訴事件の責任をとらされて、生名島へ流罪になったというのだ。

大正期から昭和初期の頃、この島の山々はすべて禿山《はげやま》であった。それはこの島で入浜式塩業が盛んに行われて、山の樹木がことごとく伐採されたからである。塩つくりには膨大な燃料を必要とする。

古来、このあたりの島々では揚げ浜式の製塩が大々的に行われ、海辺で立ちのぼる塩焼く煙は島の風物詩となっていた。たまたま京都東寺の百合《ひゃくごう》文書で弓削島のことが記されていたから、弓削島だけが製塩の島のように思われているがそうではない。安芸小早川氏も岩城村と生名島を支配して、そうした記録（安芸国楽音寺文書）を残している。岩城島でも製塩が行われていた「にしのはま」や、「西部のはま」付近の山々は、同じように禿山であった。

入浜式製塩が行われるまで、芸予の島々はムク・クス・ウバメガシなどの照葉樹の原生林が茂っていた。それが皆伐されたため、土砂が流出して、あらわになった花崗岩の地肌に生えてきたのが砂壌土に強いマツの木であった。

【三】 魚島

■篠塚さん

魚島（上島町魚島）は、伊予東端の離島であり、行政区画は上島四ヵ町村とともに越智郡に属する。しかし、幕藩体制下、生名島と岩城島とが松山藩領であったのに対して、この島は弓削島とともに今治藩に所属した。

南北朝争乱期、この島は沖の島と呼ばれたが、これは新居郡大島が地の島であるのと対比して名付けられた呼称のように思える。それは実際に大島を訪れ、そこから沖を眺めてはじめて実感されることである。観念の問題ではない。燧灘に浮かぶこの孤島を、伊予の国府があった桜井浜からは見ることができないのに対して、新居大島からは手に取るように沖に見えるからである。

南北朝争乱期、この島が沖の島と呼ばれた史実はこうだ。出典は『太平記』巻二十二。興国三年

亀居八幡神社の宝篋印塔

（一三四二）五月、南朝は懐良《かねなが》親王の薩南移住後の空白を補うために新田義貞の弟脇屋義助《わきやよしすけ》を西国大将として伊予へ派遣した。だが、この義助は伊予国府に着任して間もなく五月十一日に国分《こくぶ》で亡くなった。すると、好機逸すべからずとばかり、北朝方の重鎮細川頼春が阿波・讃岐・淡路の軍勢七千余騎を率いて来襲し、伊予東部を席巻しようとした。宇摩郡の川之江城を落とし、桑村郡に入って千町ケ原で伊予勢を破り、同年九月南朝方の伊予守護大館左馬亮《おおだてさまのすけ》氏明が拠る世田山城を包囲した。氏明は摩下の軍勢を率いて防戦につとめたが、衆寡敵せず、十数日の籠城戦のあと兵糧が尽きて自刃した。

　このとき新田四天王の勇将篠塚《しのづか》伊賀守重広は世田山とは尾根続きの笠松山（越智郡朝倉村南野々瀬）を守備していたが、世田山城が落ちると、笠松城から脱出し、群がり寄る敵の軍勢を討ち取りながら、夜半六里の道を今張《いまばり》浦まで逃れた。見ると沖に一隻の漁船が漁《すなど》っている。重広は鎧を着たまま抜き手を切ってこの漁船に泳ぎつき、魂消《たまげ》る漁夫たちを脅して隠岐島へ逃れたのであった。

　隠岐島は沖の島すなわち魚島である。もっとも、同じ太平記でも別本（神田本太平記）では、これが隠島すなわち因島となっていて、その方を信じるむきもあるが、魚島には篠塚さんという名の集落があり、もと篠塚寺と呼ばれていた道福寺が現存する。それと、この篠塚集落を見下ろす古殿の丘には篠塚伊賀寺の墓だと伝える立派な宝篋印塔がある。

たしかに因島には当時大館氏明の弟大館右馬亮時氏が駐在して、備後の内陸部から進出してきた広沢五郎義之とともに南朝の義旗をひるがえしてはいたが、この島には篠塚伊賀守重広避難の伝承はない。

それはともかく、魚島村篠塚にある道福寺は歴史の古い寺である。世田山合戦に敗れてこの島に逃れて来た篠塚伊賀守が、島の地蔵堂に帰依したところから、この堂を篠塚さんと呼ぶようになり、慶長十二年（一六〇七）に道福寺と改められたという。本堂に祀られている木造地蔵菩薩は流木を素材にした精緻な極彩色の仏像で、享徳年間に沖ノ島五右衛門平吉弘《たいらのよしひろ》が奉納したと伝える。

■達恵の化粧地蔵

魚島は周囲六キロの小さな孤島だが、村人たちは信仰心が厚く、昔は四箇寺もあった。その一つの明薬寺は火災で焼失し、本尊だけが道福寺の本堂前に地蔵堂として祀られている。

現在この本尊は達恵《たつえ》の化粧地蔵として有名だが、その由緒はこうである。

江戸時代、今治藩主が姫君を芸州広島藩の若殿に嫁がせようと、自分の一存で婚約をとりきめた。ところが、姫君には言い交わした恋人がいたので、どうしてもその婚約にはしたがわなかった。そこで殿様は広島の浅野侯への義理が立たぬと、やむなく姫君を沖の島へ流罪に処した。

達恵の化粧地蔵

沖の島は現在の魚島である。流罪になった姫は、髪をおろして尼となり、日夜行い澄ましたが、大層心がやさしく、村人たちの力となったので、村人たちもこの姫君を敬愛していた。

だが、佳人薄命。姫君は今治への帰参が許されぬまま、この地で病死し、村人たちはその最期を惜しんで達恵姫の面影を仏に刻み、地蔵として境内に祀った。その後誰いうとなく、この地蔵に祈願すれば恋の望みが成就するというので、女性の参詣者が絶えず、願いが叶うと、地蔵に化粧してお礼参りをしたから、今でもこの地蔵は綺麗に厚化粧されている。

前述の生名島が松山藩の流刑地なら、ここは今治藩の流刑の島である。したがって、寺の墓地には驚くほど立派な墓があり、これはそうした流人たちの供養塔ではないかと推定される。また罪人の処刑も行われていたらしく、船瀬の浦の南端の岬は、人討《ひとうち》の鼻と呼ばれている。

道福寺にはたくさんの仏像が収蔵されているが、いずれも破損したものばかりで、文化財としての認識が薄いままに、いたずらに流れた歳月の推移が惜しまれてならない。

■鎮守の森と毘沙門天碑

魚島の氏神は島の中央古殿の丘に鎮座する亀居八幡神社である。創建はあまり古くなく元禄六年（一六九三）だが、当時の島の豊かな経済力をしのばせて、社殿は本瓦葺、総檜造り、銅板葺きといった結構《けっこう》で、昔の人々の暮らしを物語る絵馬も奉納されてある。境内の芝居小屋では、秋祭りに狂言が演ぜられ、村人たちが筵《むしろ》の上に座って夜の更けるまで見物したものであった。

この鎮守の森には前述したように「南朝忠臣篠塚伊賀守墓所」と標柱に刻んだ国指定重要文化財の見事な宝篋印塔が一基建っている。様式から見て南北朝初期の作品だと思えるから篠塚伊賀守の墓といっても差し支えはないが、この宝篋印塔に限らず、魚島にも他の島々と同じく、水軍に関する伝承が数多くある。島の船瀬の浦というところは、村上水軍の船だまりがあったとかで、直径一メートルもある船着場の柱穴が四ヵ所残り、篠塚の奥の森には海賊の財宝が秘匿されているという伝承がある。古老の話では、そこから二個大きな瓶《かめ》が出て来て、開けてみると中身は朱で、朱は当時の宝物だから、もっと掘れば金銀を入れた瓶が出てくるに違いないとか。

この島にはテンテコという水軍の踊りが伝わり、むかし盆の八月十五日に浜辺で踊っていた。それは因島の椋浦で現在も踊り継がれている法楽踊りとよく似たもので、老人たちの話ではこちらが元祖だそうだ。

古来魚島は燧灘の中央に位置した有名な鯛漁場である。魚島というのは本来プランクトンを求めて鯛が密集し、島のように盛り上がる現象をいい、とくに江ノ島の南の吉田磯は沈み磯ともいわれ、潮流の関係でプランクトンが増殖するから魚島の現象がいちじるしい。江戸時代、今治藩から幕府へ上納される干鯛や塩辛はみんなこの島の物だったというし、明治期に入っても、吉田磯での鯛網は一網数万尾の水揚げも

魚島漁港

珍しくなかった。松の浦の海岸に建てられている毘沙門《びしゃもん》天碑《てんひ》は、そうした鯛の大漁を祈願するためのものである。

魚島は弓削島から東南へ海上一八キロ、村営の連絡船がその間を往復していたが、今では因島の土生港から豊島・高井神島経由の連絡船が日に四便通っている。平成十六年十月一日の平成の大合併によって、魚島村は上島町魚島となった。過疎の村で、島の段々畑を彩る麦秋の穂波は、もうどこにも見られない。

春闌《た》けて　瀬戸内海を打ちのぼる
　鯛網ぶねといづ辺にあはむ　　中村憲吉

■うおじまの季節

魚島の鯛釣りで名高い江ノ島吉田磯を望む桜田海岸に猩々舞《しょうじょうま》いの一本松がある。容姿端麗で、さながら能舞台における猩々舞姿を彷彿とさせ、愛媛県老樹名木の一本だ。付近の海岸は奇岩の連なる岩場で、釣人たちのメッカである。

『風土記日本』という本がある。昭和三十五年十月五日に平凡社から発行されたその第二巻中国・四国編に「海をすみかに」という項目があり、タイ釣と題した一文を載せている。筆者は民俗学の泰斗宮本常一氏で、鯛漁の核心にふれた名文である。

宮本氏は明治四十年（一九〇七）山口県大島の白木村（大島町）に生まれ、大阪の天王寺師範を卒業し、教職についたが、のち日本常民文化研究所に入って柳田国男・渋沢敬三両氏に師事して民俗学研究の道を進んだ。日本全国に民俗探訪の旅を続け、数多くの著作を発表している。

一本釣で釣りあげる魚の中心で、もっとも多かったのはタイである。タイは一年中比較的味がかわらないものであるが、それでも三月のサクラダイがいちばんうまいとされていた。五月になると子をうんでやせほそり味がおちる。これをムギワラダイといった。

タイのいちばんよくとれるのは、桜の花のちりかけで、そのころをウオジマともいった。この季節にはタイの多い海域には瀬戸内海各地から釣船があつまってきて、どの船もみなタイを釣ったものである。タイは一本釣ばかりでなく、ハエナワでも釣ったし、またタイシバリ網やタイゴチ網でもとった。しかしいちばんおもむきのあるのは一本釣であった。

寒い北風やアナジの風（西北風）があまり吹かなくなると、西瀬戸内海ではコチ（東風）の風が多くなる。空の奥がかすんで、どことないのどけさの中にヒバリがさえずりはじめる。そんなころになると、豊予海峡付近でタイがつれはじめる……。

その鯛が群れをなして一定の間隔を置きながら東へ移動し、忽那《くつな》の島々のあいだを抜けて、来島海峡を燧灘へ入り、魚島近海へやってくる。一本釣の漁師たちは、この鯛の群れを追う。豊予海峡ではまだ小さかった鯛が、燧灘にはいるころにはかなりの大きさになって、魚島近海にやって来た頃、産卵期をむかえる。

それが、秋になってまた西へ下って行く頃には、がっしりとした老タイになって、鱗が紫色を帯びてくる。

だが、鯛はそれだけでなく、根づきの鯛というのがいる。江ノ島の吉田磯のような、海底の大きなハエ（暗礁）に居ついて、他に移動しない。秋から冬にかけて釣り上げる鯛は、たいていそうした鯛である。だから一年中鯛釣りのみを専門とする鯛師がいるわけだ。

それは漁師の中でもいちばん腕のたしかなものであった。なぜならタイは底魚で、群れが水面から見えるわけではない。すると海の底にいるタイが、どこをどんなに移動していくものであるかを知っているものでなければ釣りあげることはできない。しかも海面はただたんたんとしていて、海底のさまが見てわかるものではない。釣糸をたれたり、イカリをいれたりして海底の様子を知り、それを島や遠くの山などを目あてにしておいて、その場所をおぼえておかなければならない。これを山をあてるとか、山をたてるとかいった。山のたて方が上手で多くの漁場を知り、その場その場での釣り方のコツを知っているものが腕のある漁師で、一本釣の漁師の場合は技術がそのまま財産といってよかった。

かつて魚島にはそうした漁師が多かった。白砂の続く船瀬の浦の沖の瓢箪島《ひょうたんじま》も、吉田磯と並んで有名な鯛釣りの漁場であった。

【三】弓削島

かつて因島の土生港からは、橋の架からない島々に寄港しながら、四国の今治港まで芸予観光フェリーの快速船が八便通っていた。だが、西瀬戸自動車道が開通したため、今治行きフェリーは一便しかなくなった。わたしはその船便が尾道から何便もあった頃、昭和五十二年の夏に『瀬戸内散策』という紀行を書くため、カメラを肩にして島々を渡り歩いた。その翌年に出版したこの紀行は、その後絶版となり、島々も架橋のためさまがわりしているが、その頃の島々の雰囲気だけはリアルに表現されていると思うので、多少の修正を加えながら転載してみよう。

■下地中分の島

因島の土生港から今治行きの巡航船に乗って、弓削島へ向かう。左舷前方にビルディングの建築現場のような船渠《ドック》があって、そこかしこから青白い溶接焔がチカチカと目くるめく。見なれない横文字が書かれた巨大な外国船が幾艘も海面に浮かんで、その沖の海面を、わたしが乗った高速艇は南へ白い波頭を蹴り立てて進むのである。前方左手に山頂が白く抉《えぐ》り取られた細長い島が横たわっている。そのネックの港が、弓削島のメイン下弓削港である。

弓削島は、高等学校で日本史を学習したほどの者なら誰もが知っている。あの下地中分《したじちゅうぶん》の島なのだ。この史実は学者たちが京都教王護国寺の百合文書《ひゃくごうもんじょ》を調べていてわかったことだが、今も昔もこの島は上弓削（領家分、地頭分）と下弓削（領家分）に分かれていたようだ。正確にいえば領家分は串方と鯨方で、地頭分は中央部の大串方である。

有名な国立弓削商船高等専門学校は、下弓削の町並みをつき抜けたところの、見事な松林の並びにあった。この松原が法皇ケ原《ほうおうがはら》で、沖の燧灘《ひうちなだ》の向こうに四国の連山がかすんで見える。ここには昔ながらの白砂青松のたたずまいが残っている。法皇ケ原は愛媛県指定の名勝に指定されている。

■道鏡と玄賓僧都

この島の伝説で見逃せないのは、何といっても弓削の

因島土生港から、左に日立造船の船渠《ドック》を見ながら
向こうの弓削島へ渡った

道鏡伝説 弓削神社

道鏡の話だ。法皇ケ原の中にある弓削神社は、元来この道鏡を祭神とするものであり、同じ下弓削の自性寺《じしょうじ》等にその位牌と経塚があるという。弓削瀬戸に面した狩尾《かりお》の浜へ通じる道の南側に古法皇山がそびえ、山頂には孝謙天皇祠と道鏡祠とが祀られている。弓削神社は永享三年(一四三一)七月の再建だが、道鏡伝説にちなんで『愛媛面影』という本にこんな話が書かれている。

島の風習で、村民の中に伊勢へ参宮する者があれば、その者の妻は夫が帰るまで、必ずこの弓削神社に通夜して、旅の無事を祈念したという。これは、この神社の祭神が好色の道鏡なので、若い女が夜来てここにおこもりすれば、喜んでその願いを聞きとどけてくれるにちがいないと信じているからだ。

だが弓削島の道鏡伝説は史実ではない。弓削という地名は全国に数多くあり、その由来はほとんど弓削部《ゆげべ》という職業集団と関係があるから、この弓削島もその一つと考えるのが妥当だ。しかし、芸予の島々のことを古くから研究している菅鷲峰《かんしゅうほう》は弓削島の名のおこりを弓削玄賓僧都の来島にからませて、『伊予史談』につぎのような一文を寄稿している。

玄賓僧都《げんぴんそうず》は、今を去る約千百七十年前、河内国で生まれた。初め興福寺で宣教に従事していたが、のち諸国を行脚して備中国哲多郡に居住し、また伊予の弓削島に隠棲した。

玄賓僧都は案山子《かかし》（ししおどし）の創案者として名高く、中国地方でししおどしのことを僧都（添水）と呼ぶのはこのためだといわれている。この玄賓は道鏡と同じ弓削氏の出身でありながら、道鏡の悪名におおわれて、ほとんどその名が知られていない。だから弓削氏玄賓に由来するこの島の名も、弓削氏道鏡によって曲げられてしまったものであろう。

■道鏡の法王塚伝説

弓削の道鏡については、その出身が『続日本紀』に「俗姓弓削連《むらじ》、河内人也」とあり、河内国若江郡弓削郷（大阪府八尾市）の生まれで、大和の豪族弓削氏の一族というのが通説である。

彼は長じて法相宗の僧となり、路真人豊永《みちまひととよなが》、義淵僧正《ぎえんそうじょう》、良弁上人《ろうべんしょうにん》などに師事し、大和の葛城山《かつらぎ》に籠もって如意輪法を修行したので、加持祈祷を得意とした。そのため近江保良宮で孝謙天皇が重病に罹って苦しんだとき、加持祈祷と漢方の処方で病気を治したので、天皇は深く道鏡を信任し、寵愛した。道鏡も複雑な当時の政局にすぐれた手腕を発揮してこれを裁いたから、宮廷に登用されて、太政大臣禅師、法王にまで昇進した。ついに皇位をうかがうほどまでになったが、その野望は和気清麻呂の宇佐八幡の神託復奏によって斥けられて、潰えた。これが有名な道鏡事件である。

道鏡はその後も宮廷にあって活躍していたが、宝亀元年（七七〇）に称徳天皇（退位されていた孝謙上皇が再び即位して称徳天皇となっていた）が薨去されて光仁天皇が即位されると、下野国の薬師寺別当に左遷された。そこで二年後に死去したというのが史実である。

これは『続日本紀』にもとづく定説であるが、これとは別に、この弓削島ではつぎのような伝説がある。すなわち、道鏡が六人の別当を連れて密かに下野国から脱出して弓削島の狩尾の海岸に漂着し、狩尾に仮の庵を結んだというのである。狩尾の地名はそこから生じた。そして、ここには道鏡屋敷があり、そこが現在の弓削宮跡で、今も石灯籠が残っている。また南の谷には六別当の屋敷跡があり、そこで道鏡と別当たちは他界した。

道鏡の法王塚（自性寺境内）

それを葬るために開基されたのが自性寺で、この寺には「当寺開基法皇道鏡禅師、宝亀三壬子《ミズノエネ》八月十六日」と記された過去帳と位牌がある。さらに寺の境内には法王塚（道鏡塚）があり、「弌基《いっき》頑石《がんせき》、新仏根源、要知功徳、充塞乾坤《じゅうさいけんこん》」という銘文が刻まれている。

道鏡が亡くなったとき、その柩《ひつぎ》は真山《まやま》（古法皇山《ふるほうおうざん》）の山上に葬られ、そこに村人たちが法皇社を建てて称徳天皇と道鏡を祀った。今は二つの小さな祠が草に埋もれて残るだけだが、山麓の法皇ケ原にあるのが前に述べた弓削神社である。古法皇山という名は、そこにあった法皇宮が弓削神社に移された跡地という意味である。弓削神社には法皇宮と記された扁額がある。神社の主祭神は、弓削氏の始祖饒速日命《にぎはやひのみこと》と称徳天皇であるが、幕末までは道鏡も主祭神であった。明治になって、彼は主祭神から除かれたが、そのかわり境内の丸い巨石に「道鏡のキンタマ石」という名がついている。

■弓削商船と久司山

弓削神社の鎮座する法皇ケ原の松林を燧灘の荒波からの障壁にして、国立弓削商船高等専門学校がある。そこは、若いエネルギーがぶつかりあう、若者たちの海の練成道場である。

通称「弓削の商船学校」と呼ばれるこの学校は、日本で最初の「船長免状」をとった田坂初太郎（一八五二―一九二二年）が、明治三十四年（一九〇一）一月に大阪の海員養成所を故郷の弓削に移して設立した海員学校で、弓削・岩城の両村組合立から県立・国立へと移管され、昭和四十二年（一九六七）に高等専門学校に昇格した。

終戦直後の昭和二十二年正月、わたしは上島地区連合消防団の一員として、この学校のグラウンドで行われた出初式《でぞめしき》に出席した。そのとき、この学校の生徒が小雪まじりの厳冬の空の下、上半身はだか・はだしというでたちで駆け足をしながら鍛錬にはげんでいたことを思い出す。もう日本のどこにも、そうしたスパルタ式教育は見られなかったころ、こうして鍛えられて学校を巣立った若者たちが、貿易立国をめざす戦後日本の海運界を背負ったのである。

標高一四二・四メートルの久司山《くし》は、日比の国民宿舎弓削ロッジと中崎公園の下を通って西へ、自動車道を山の手に上がった鎌田にある。山頂に展望台があって、さえぎるものがなく、南方はるかに四国の石鎚連峰を望み、北方に目を転じると、弓削瀬戸をへだてた西側の佐島とのあいだに架かる弓削大橋が見える。

戦国時代、この山の南端に村上水軍の見張り所があった。また、その見張り所跡と山頂のあいだの尾根に、久司山古墳がある。この古墳はドルメン支石墓といわれてきたが、実は高さ約一メートル、奥行き約五メートルの横穴式円墳で、石室の床面積は約六平方メートルである。この久司山古墳のほか、弓削島には上弓削の小狩尾にも七世紀ごろに造成された古墳があり、塩作りを営んでいた豪族の頭の墓と推定されている。

国立弓削商船高等専門学校

定光寺観音堂

■定光寺の聖松と石地蔵

久司山の駐車場から車道を北東に向かって下ると、海岸の土生集落へ入る手前に定光寺という臨済宗の寺院がある。境内にある宝形つくりの観音堂は国の重要文化財に指定され、二間四方の小さな御堂だが、釘や金具類を一切使わない組物形式の精巧な建物である。寛正四年（一四六三）八月三日の創建で、当初本尊は観世音菩薩であったが、現在は阿弥陀如来像が祀られている。昭和五十二年（一九七七）六月二十七日に国の重文に指定されたので、二年後の九月から建物の解体修理が行われて、昭和五十五年十一月に完成した。

もとこの寺の境内には聖松《ひじりまつ》という県指定の天然記念物があったが、今は枯死してその由来を記した案内板だけが跡地に建てられている。

その昔、定光寺建立の際、この松が邪魔になるので伐採することにしたが、一夜明けてみると、驚いたことにこの松がなくなり、現在地にいざり寄っていた。村人はこれをいざり松と呼んだが、のちに根元に祠を祭り、聖松と呼ぶようになった。

土生の定光寺といえば、その門前わきに両手を合わせて端座する石地蔵も、忘れてはならない島のモニュメントである。その台座に、「自覚道珍信士、十月十八日弥兵衛」「即空自心信士、八月十二日庄右衛門閑心」「空山宗劫信士、九月二十一日徳右衛門」と三人の法名が刻まれ、左右の側面にも、その息子たち五人の法名と没年がいわくありげに刻まれているからである。

これら八人の者は宝永七年（一七一〇）八月十二日から十月十八日にかけて斬首獄門にかけられた農民一揆の犠牲者で、左右両側面に記されている息子たちの没年はすべて十月十八日であることがわかる。一揆というのは土生の集落を中心とした弓削島農民の伊予今治藩に対する減税嘆願運動である。リーダーとなったのが下弓削村土生組頭の庄右衛門および徳右衛門と弥兵衛で、これに土生のほか下弓削の太田、上弓削の引野浦・明神浦といった集落からも加担者があった。

土生義民騒動処刑者供養塔

■庄右衛門堂

定光寺境内から西に向かって下ると海岸の近くに土生の集落がある。集落の中に庄右衛門堂という建物があり、そこには宝永年間に起こった土生の義民騒動という悲惨な農民哀史が秘められている。お堂の内部には正面中央に小さな祠が祀られ、その左右に四体の石地蔵が置かれてある。左側の一体が庄右衛門地蔵で、右側の三体は庄右衛門の三人の子供たちのようである。

あとで述べるように、土生義民騒動で斬首されたのは組頭の庄右衛門と弥兵衛および徳右衛門とその倅たち五人である。庄右衛門堂に祀られてある右側三対の地蔵は年の順に並べられ、最右端のものはことのほか小さく、こんな小さな幼児までが斬首されたのかと思うと、つい貰い泣きをしてしまう。

わたしがこの土生義民騒動のことを調べるため三十年ほど前にここを訪れたときは、この庄右衛門堂はなかった。その後、この農村哀史のことを知った人たちの手でこのお堂は建てられたようである。また定光寺境内にある地蔵群にしても、その台座に刻まれた文字は風化されてほとんど読み取れなかったが、今度新しく訪ねたときにははっきりと戒名と享年の刻まれた新しい台座に取りかえられていた。わたしが昭和五十三年七月に刊行した『瀬戸内散策』には、この定光寺山門脇に散在していた地蔵群の中に無惨な首を斬られた一体を発見したので、それを写真に撮って、「首斬られ地蔵」として掲載したのだったが、今訪ねても、もちろんそんな地蔵などは置かれているはずがない。

それでは、この土生義民騒動とは、どんな事件だったのだろうか……

■土生義民騒動顛末

伊予今治藩は元禄十年（一六九七）に五千石を減封されたうえ、宝永元年（一七〇四）には風水害で被害を受け、財政的に不如意となった。それにもかかわらず、藩庁では大坂に蔵屋敷を建て、江戸で奥御殿を造営したから入費がかさみ、その負担は領民にしわ寄せされた。

当時、今治藩（三万五千石）の支配下にあった瀬戸内の島々は、今治沖の大島、伯方、弓削、佐島、魚島など二十二ヵ村で、島代官は太田覚左衛門であった。覚左衛門は藩庁の意向を受けて住民の増税に乗り出したが、村々ではうちつづく風水害で米麦の収穫が激減していたので、とてもその増税には応じきれないと減額を願い出た。下弓削村土生の農民が陳情運動の中心となったのは、風水害による土生集落の被害が甚大だったからである。

宝永五年閏《うるう》正月、百姓五郎左衛門の提唱で、土生の組頭庄右衛門以下五人の者が連署して下弓削村庄屋村井嘉平太に嘆願書を差し出したが、嘉平太はこれを握りつぶした。そこで農民たちは、新たに十人を加えて「お聞き届けなくば藩庁へ直訴する」と庄屋を脅迫したので、問題が表沙汰となった。

藩庁では郡奉行が出張して取調べにあたり、首

土生義民 庄右衛門堂

謀者の五郎左衛門を家財没収のうえ領外に追放し、他の者たちには閉門・押し込めを申し渡した。三月二十三日のことである。だが、農民たちはこの処分に納得せず、同年十一月十一日なって再び嘆願運動を始め、今度は前の判決で組頭を罷免され、閉門に処せられた庄右衛門が運動の矢面に立った。庄右衛門たちは土生で新しく八人の者を同志に加え、太田・引野・明神などの農民たちにも呼びかけたので、騒ぎが大きくなり、ついに藩庁は郡奉行と代官所に命じて、一揆加担者の一斉検挙に乗り出した。

逮捕された者たちの判決は、翌宝永六年（一七〇九）初頭に下され、今治入牢十三人、下弓削入牢十一人、閉門五人であったが、そのうちの三人が斬首獄門、倅《せがれ》たち五人が斬首で、そのほかの妻や娘は領外追放に処せられた。また今治入牢を命ぜられていた半助たち七人も、妻子ともども追放処分を受けている。

以上は宝永六年正月に下された処分であるが、最終判決は年が明けた宝永七年十月十四日に下され、つぎのように記録されている。

一・土生組頭庄右衛門　斬首獄門
　倅長三郎・与一　斬首
　妻子　追放
一・土生弥兵衛　斬首獄門
　倅三治郎　斬首
　妻子　追放
一・土生徳右衛門　斬首獄門

倅徳介　斬首
妻子　追放
一・土生長太郎　斬首
一・土生由兵衛・弥右衛門　追放
（以上、『弓削町史考』より）

この事件の渦中にあった下弓削村の庄屋村井嘉平太は何の罪科も受けていない。事件の責任は代官の太田覚左衛門がとり、庄右衛門たち犠牲者が斬首される十四日前に罷免され、この年十月二十四日に急病で死去した。彼は享年五十二歳であったが、実は藩の内命で切腹させられたと伝えられている。

■**明神の浜と百貫島の灯台**

上弓削へ足を向けてみよう。

江戸時代、下弓削村の庄屋は村井氏であったのにたいして、上弓削村の庄屋は田頭源助を初代とする田頭氏が代々世襲した。その上弓削へ向かう途中の明神《みょうじん》に、「大山積《おおやまつみ》大明神扁額由緒地・藤原佐理卿漂着之浜」という碑が立っている。これは日本三蹟の一人藤原佐理（九四四—九九八年）が一条天皇の正暦年中、大宰大弐の任を終えて帰京の途中、暴風雨にあい、この島の引野の浜に難を避けた故事に由来するものである。

このとき佐理は大三島の大山祇《おおやまつみ》神社に「どうか嵐をしずめ給え」と祈願して、船板で扁額《へんがく》をつくり、斎戒沐浴《さいかいもくよく》して墨痕淋漓《ぼっこんりんり》「日本総鎮守大山積大明神」と二行に大書した。するとたちまち暴風雨はおさまり、これを大山祇神社に奉納して無事帰京することができたのであった。この明神と岬一つへだてた東の引野《ひきの》に、着《ちゃく》神社という大山祇神社の末社が建てられているが、これもこの故事に由来するものである。毎年四月二十二日の大山祇神社の大祭のとき、ここから奉納される荒莚《あらむしろ》を敷かなければ祭典が行われないという風習があったそうだ。

引野の沖の弓削瀬戸を東へ航行すると、備後灘と燧灘の境に百貫島が浮かんでいる。おむすびのような小さな島だが、標高六五メートルの頂上に灯台がある。灯台の高さは九・五メートルしかないが、その光度は瀬戸内の灯台のうち最大で、四〇キロ先まで照らす。明治二十七年五月十五日に点灯以来、毎一〇秒ごとに一回あて光りつづけ、備讃瀬戸を下ってくる船はこの灯りを目安にして、本行路の来島海峡を通るか、三原瀬戸を航行するかを決めている。

この百貫島灯台のことは志賀直哉の『暗夜行路』にも出てくるが、井伏鱒二は『鶏肋集《けいろくしゅう》』の中でさらにユーモアをまじえて、「その灯が明るくなってから消えるまでイロハをすっかり云ってしまふ子供は出世すると、仙酔島の番頭はさう云ってゐる。しかし『ヨタレソツネ』くらゐでたいてい灯は消えてしまふ。」と書いている。

この島はむかし、辺屋路《へやじ》小島と呼ばれていた。その辺屋路小島が百貫島と称されるようになったのには、つぎのような悲しい物語が秘められている。

ある年の夏、大坂の商人が愛娘を連れて、馬関（下関）から難波（大阪）へ向けて船旅をしていた。

藤原佐理卿漂着之浜碑

ところが、船が瀬戸内の弓削瀬戸へさしかかったとき、娘が原因不明の熱病にかかった。父親は八方手をつくして看病につとめたが、薬師《くすし》（医師）もいない船中のことゆえ、手当ての甲斐もなく死去した。父親は泣く泣くその遺体を難波まで持ち帰ろうとしたが、夏のことゆえ腐敗するからと反対されてそれができない。そこで商人は近くの辺屋路小島に遺体を埋葬したいと思った。船頭に頼んで船を久司浦《くじうら》に着けてもらい、島の地主と交渉してこの小島を銭百貫で買い取った。

　こうして弓削島の寺の僧侶とともに辺屋路小島に渡った商人は、娘の遺体を桔梗の花咲く丘に埋葬してねんごろに弔い、悄然として大坂へ旅立った。

　それ以降、だれいうとなく、この島を百貫島と呼ぶようになったというのである。

灯台の　小島に哀《かな》し　桔梗《はな》一輪

【四】岩城島

■歌まくらの島

古来岩城島は多くの歌人たちから和歌に詠みこまれている。また近代以降になると、この島からもすぐれた歌人が出るようになった。「歌まくらの島」とは、歌に詠みこまれて有名になった島という意味である。

下弓削港をあとに、芸予観光フェリーで岩城島へ向かうと、左舷前方に燧灘を背景にして弓削大橋が架かっている。全長九八〇メートル、平成八年三月に弓削島と佐島を結ぶ生活道路として架橋された。島山の緑が海に溶けこんで、スナメリが海中で白い腹をかえしながら海面にぽっかりと浮き上がるといった海の眺めである。瀬戸内海の芸予の島々では、因島の土生・田熊港や大三島の宮浦港、生口島の瀬戸田港といった大きな港を除けば、たいていの島々では、戦後も昭和二十年代までは港に巡航船を横付けにする桟橋はなかった。

岩城港もその一つで、巡航船が近づいて、合図の汽笛をポウッポウッと鳴らすと、港のガンギから乗船客がぞろぞろと伝馬船《てんません》に乗り移り、回漕店《かいそうてん》の主人が櫓を漕いで沖の巡航船へ横付けするのであった。とくに冬の風の強い日などには波が高くて、小さな伝馬船が木の葉のようにゆれるので、なかなか巡航船に横付けできなかった。それを励ますように、船上のスピーカーからはさかんに流行歌のメロディーが流れている。

その頃島を出たわたしには、この島に寄せる思いは強い。あれから半世紀以上が経過して、島の名称は岩城村から上島町岩城と変わり、島の中身も随分と変わった。年若くして島を出たわたしにとって、思い出に残る人といえば、たいてい年長者だったが、そうした人たちはもうほとんどが、この世にいない。

むかし、この島は瀬戸内海を航行する歌人たちの心を強くとらえ、数多くの古歌が残されている。鎌倉時代の私選和歌集である『夫木《ふぼく》和歌抄』には、よみ人知らずとして、

いよの海　岩木の島はわれなれや
　逢ふことかたき塩のみぞやく

という名歌が載せられ、『新撰六帖』には衣笠内大臣の作として、

つれなきは　岩木の浜のしき波の
　なんと心をかけはしめけむ

『名寄集』には洞院左衛門督《とういんさえもんのすけ》の作として、

伊予岩城港

いかにして　いかなる世にかしほたれし　岩木の浜のあまの狭《さ》ごろも

が載せられている。

そのほか出典はさだかでないが、よみ人知らずの、つぎの二首が有名だ。

動きなき　岩木の浜による波や　おのれくだけて立帰るらん
雲迷ふ　いはぎの島をよそめには　天の羽衣なづるとや見ん

したがって、岩城島は『名所古歌集』に伊予国の歌枕名所三ヵ所（菅《すげ》の尾山《おやま》・岩木嶋《いわぎしま》・由流岐《ゆるぎ》の橋）の一つにあげられ、『歌枕集』にも、菅尾山《すげのおやま》・熟田津《にぎたづ》・風早浦《かざはやうら》・由流岐橋《ゆるぎのはし》などとともに歌枕の中に入れられている。僧契沖選の『類字名所外集』、伊予国名所和歌抄『山冠集』や『予陽郡郷俚諺集《よようぐんごうりげんしゅう》』『伊予《いよの》二名集《ふたなしゅう》』などの伊予地誌にも同じようなことが記載されている。

こうした歌まくらの島としての伝統は、近代になって俳諧の島となってよみがえり、本村出身の俳人白石為翠《いすい》氏は昭和期のいわぎ俳壇双葉吟社（双葉俳壇）を創設した。

枯菊《かれぎく》を燃《も》せば積善《せきぜん》より時雨《しぐれ》　為翠

■牧水の島三題と相聞居随筆

大正期から昭和初期にかけて、名のある歌人が岩城島を訪れて和歌と随筆を残した。一人は若山牧水（一八八五―一九二八年）であり、もう一人は吉井勇（一八八六―一九六〇年）である。

歌人若山牧水は本名を繁といい、医師若山立蔵《りゅうぞう》の長男として宮崎県東臼杵《うすき》郡東郷《とうごう》村に生まれた。延《のべ》岡《おか》中学から早稲田大学英文科に進み、卒業と同時に歌集『海の声』を出版した。彼は西行・芭蕉と並び称されるほど旅と酒を愛したから、その旅の途中で岩城島に立ち寄り、岩城村旧本陣三浦家に滞在して数々の歌を詠み、当主三浦敏夫氏と親交を重ね、酒を酌みかわした。

牧水がはじめて岩城島に来村したのは、二十八歳、大正二年（一九一三）の五月である。早稲田大学を出て数年を経た頃で、その前年に故郷東郷村に住む父危篤の電報で呼びもどされ、父の野辺の送りを済ませて再度上京する途中であった。

このとき牧水は喜志子夫人（長野県東筑摩郡広丘村出身）と結婚していたが、定職もなく生活が不《ふ》如意《にょい》であったから、一人息子として父亡きあとの家を継ぐかどうかで悩み、その煩悶を癒すために岩城島へ立ち寄ったのであった。牧水を招待した三浦敏夫氏は当時二十一歳で、牧水の主宰する短歌誌『創作』の同人であった。

勧められるまま、牧水は村一番の分限者《ぶげんしゃ》である三浦家に長逗留した。ここで急場しのぎの生活費を得るために歌集をまとめようとしたが、ノートに書きとめた歌がみんなつまらなく見えて自信をなくした。その牧水を励まし、牧水の歌を原稿に清書して手伝ったのが、島の歌碑守《かひもり》を自称する三浦敏夫氏であった。

このときの出来事は、牧水が『樹木とその葉』という随筆の「島三題」の中でくわしく書いている。

伊予の今治から尾道がよひの小さな汽船に乗って、一時間ほど来たかとおもふ頃、船は岩城島といふ小さな島に寄った。港ともいふべき船着場は、島相応《そうおう》に小さなものであったが、それでも帆前船《ほまえせん》の三艘か五艘、その中に休んでいた。そして艀《はしけ》から上った石垣の上にも多少の人だかりがあった。

という書き出しで、三浦邸のことにふれ、

三浦家は島の豪家らしく、別荘などなかなか立派なものであった。私の居間ときめられた離宅《はなれや》は海の中に突き出た様な位置に建てられ、三方が海に面していた。肘掛窓《ひじかけまど》に凭《もた》れて眺めると、ツイその正面に一つの島が見えた。その島はかなり険しい勾配を持った一つの山から出来ていて、海浜にも人家らしいものはなかった。山には黒々と青葉が茂っていた。その島の陰から延《ひ》いて更に二つ三つと遠い島が眺められた。遠くなるだけ夏霞《なつがすみ》が濃

岩城村旧本陣三浦家

くかかっていた。手近《てじか》の尖った島と自分の島との間に瀬戸をば一度か二度、眼に立つ速さで潮流が西に行き、また東に流れた。汐に乗る船、逆らふ船の姿など、私には珍しかった。一方縁側からは自分の島の岬になった様な一角が仰がれた。麓からかけて随分の高みまで段々畑が作られて、どの畑にも麦が黄色く熟れ、滞在しているうちに、いつかあらはに刈られて行った。

と描写している。

この随筆は、このことがあって十年後に書かれたもので「いまこの島の数日を考へていると、其処の友人の家の庭にあった柏の木の若葉、窓の下の飯蛸《いいだこ》、または島から島にかけて啼《な》き渡っていた杜鵑《ほととぎす》の声など、なほありありと心の中に思ひ出された来る」と結んでいる。

三浦敏夫氏もまた、この牧水を出発の日、島の波止場に見送って、つぎのような歌を詠んだ。

思ふことききもつくさず言ひも得ず　別るる日とはなりにけるかな
とどろとどろ　うしほ流るる瀬戸の島に　君想ふ子を忘れ給ふな
瀬をはやみ　潮くろぐろとながれゆく　その潮なりに君をしぞおもうふ

歌人であり随筆作家でもある吉井勇が、牧水の書いた「島三題」の紀行文に感銘してこの島にやって来たのは、昭和十一年の五月七日であった。

吉井勇は東京芝区の高輪町で維新の元勲吉井伯爵の子として生まれたが、十五歳で早くも作家活動を始め、早稲田大学中退後二十歳で新詩社に入社した。二年後に退社して、翌年「パンの友」を結成して、これが耽美派の拠点となった。明治四十三年の『酒ほがひ』で文壇に地歩を固めたが、大正五年頃からその歌風を批判され、昭和八年に妻徳子の不行状が指摘されて爵位を失った。

その後土佐に隠棲して歌行脚《うたあんぎゃ》を重ね、ようやく枯淡で人間味のある新境地を開いた。瀬戸内で伯方島に長期滞在し、岩城島へ足をのばしたのはその頃のことである。勇は『相聞居随筆』の中の「内海点描」で、岩城島のことをこう書いている。

昭和十一年の五月、私も伯方島から渡って往って、偶然牧水君が数日の間起臥していたといふ、海の中に突き出たように建てられた古びた水楼の一室に泊まった。今はもうこの島に住んでいない牧水君の旧門下生だった三浦敏夫君も、機縁あってか丁度この時帰って来ていて、この水楼の一室で酒を酌みながら亡き友の追憶談に耽ったのであるが、ここでその三浦君が清書したといふ「みなかみ」の中の歌なども思いだされて、私の長い歌行脚の旅の中でも、岩城島の一夜は、最も忘れることの出来ないものとなった。

このとき吉井勇は、亡き歌友《かゆう》若山牧水を偲んで、歌十首を詠んだ。

岩城島　近づくなべに吹き鳴らす　船の汽笛もかなしきろかも
岩城島の　小さき港の夕灯《ゆうともし》　わが船着けばまたたきにけり

牧水が筑紫がへりの船旅に　寄りたる島をなつかしみ来ぬ
牧水が凭《もた》りたる窓にわれも凭る　いまは世に亡き友を思ひて
牧水がむかしの酒のにほひして　岩城の夜は寂しかりけり
ありし日の友のことごと思ふからに　岩城の夜はねむりかねつも
師をしたふ牧水の弟子《でし》島にいて　あはれにかなし夏の夜がたり

■島の本陣

牧水と吉井勇が泊まったという三浦邸の別荘は現存しない。本宅の本陣の遺構だけが、村の郷土館として残っている。

岩城港から町中《まちなか》に入って、むかしの大井戸《おおいど》のところで右折してしばらく行くと、左手にその本陣跡がある。藩政時代、松山藩主が参勤交代の途上立寄り、宿泊していたので島本陣と呼ばれ、崩壊寸前となったので、御成門《おなりもん》と藩主御座の間のある本陣部分が村当局の手で復元された。昭和四十年代に文化庁から文化財指定の適否を調査に来たが、慶応元年（一八六五）九月改築の棟札が見つかり、歴史的価値が疑問視されて不適格となった。

三浦家所伝の家系図によると、三浦氏の初代は三浦義高で相模三浦氏の亜流大多和氏の子孫と思われるが、その素性《すじょう》はわからない。伝承によると、永正八年（一五一一）の京都船岡山《ふなおかやま》合戦に従軍した三浦小三郎義胤が戦死して、その三男孫三郎が三浦新左衛門丞義高と名乗って備後三原からこの島に移住し、天文十六年（一五四七）三月十六日に死没した。以降二代義照（永禄五年没）、三代義俊（慶

岩城本陣の中庭に立つ
若山牧水夫妻の歌碑

長二年没）、四代義秀（元和六年没）と続いて江戸時代に入り、五代秀政から十八代敏夫氏まで連綿として継続したという。

江戸時代、この三浦家は島の東三《とおさん》と称せられ、塩田・回船業・金融仲介業を営み、あまねく近郷近在に知られた名家であった。尾道の閨秀画家平田玉蘊も家計を助けるためにこの三浦屋の求めに応じて来往し、襖絵《ふすまえ》を描いたといわれている。今も岩城村八幡宮には玉蘊の養子玉圃《ぎょくほ》が画いた「岩城島全図」が奉納されている。この玉圃は明治十七年（一八八四）に岩城村で死去し、その子黒瀬源太郎は実業家として大成した。

現存する岩城本陣は、岩城村郷土館として松山藩主など身分の高い人だけに開かれる御成門と、その座敷と中庭が公開されているが、座敷の一部を資料展示室として回船業に関する資料や、十八代当主のとき来島した若山牧水、吉井勇等の文学的資料も展示されてある。

奥の御座の間と廊下をへだてたところに畳敷きの便所もあり、湯殿の向こうは茶室となっている。中庭に歌碑が立ち、碑面に牧水と夫人喜志子の歌が刻まれている。

三浦君が離室にて

窓前の瀬とはいつしか瀬戸なりぬ　白き浪たちほととぎす啼く　　牧水

若き身に余るうれひをつつみもちて　いく日をここに宿りましけむ　　喜志子

これは三浦氏邸の聴松庵《ちょうしょうあん》に宿ったありし日の牧水を偲んで、昭和三十七年十月十一日に建立されたものである。また井戸のある母屋《おもや》側には、昭和三十八年十月に三浦敏夫氏が詠んだ短歌一首が牧水の子息若山旅人《たびと》の書で刻まれてある。

師牧水の歌碑成りて

師は曾て島守と吾を呼びにけり　今日より吾は島の歌碑守

また御成門をくぐった前庭には、岩城郷土館の碑が建てられ、碑面には岩城島を詠んだ古歌と、吉井勇の和歌と並び、つぎの牧水の歌一首が刻まれている。

ゆたゆたに　はやく潮満て　ゆたゆたに

酒さかづきに　みちてあるほどに

三浦邸主人三浦敏夫の
牧水を偲ぶ歌碑

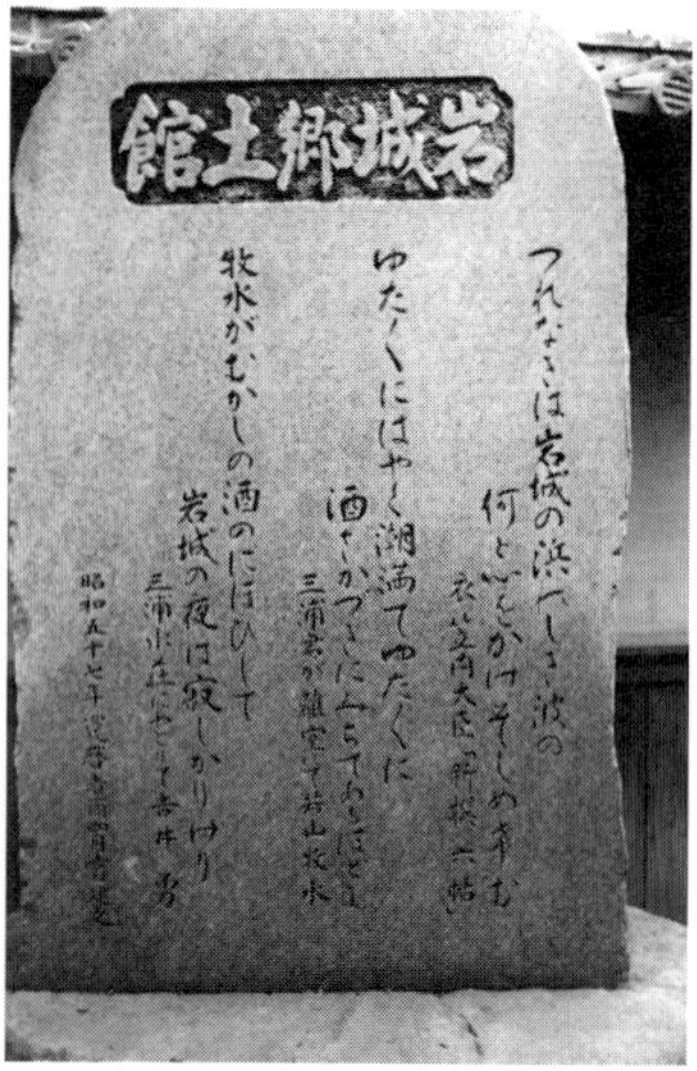

吉井勇と若山牧水の歌を刻んだ
岩城郷土館の歌碑

■積善山

積善山というのは岩城島の中央にそびえる標高三七〇メートルの山で、むかしは「そら山」と呼ばれていた。東南の弓削瀬戸からは富士山のように見えることから岩城富士と呼ばれ、西方の大三島上浦からは頭にかぶる頭巾《ずきん》に似ているところから頭巾山と称された（『大三島記文』）。

山頂からの眺望は抜群で、三六〇度さえぎるものはなにひとつなく、そうした観光的価値に着目した村長が、戦後いちはやく山頂まで自動車道をつけた。それればかりか、山の尾根に三千本の桜を植樹したので、開花期には観桜の名所となり、花見客でにぎわう。そのあと五月五日の端午の節句前後には、おびただしい数の鯉幟《こいのぼり》がへんぽんとひるがえるのである。

さて、この島に生まれて少年時代を過ごしたわたしには、この積善山については、なつかしい思い出がある。それは、雨の少ない瀬戸内で、旱魃《かんばつ》のときに行われる雨乞いの行事である。

そんなとき、岩城島でも村中が申し合わせて、その山頂で雨乞いの祈願をしようと、薪《まき》を持ち寄り、それを積み上げて点火し、火煙を天に昇らせた。はたして、そうした村民たちの願いが叶《かな》って雨が降ったかどうか記憶はさだかでないが、かく申すわたしも、背中に薪の束をくりつけてもらい、標高三七〇メートルの山頂まで、汗をかきながら山を登ったのであった。

今ではこの山の尾根と傾斜面がハンググライダーの適地だというので、若者たちが中空に向かって飛翔《ひしょう》をつづけており、当時のことを知っている者は残り少なくなった。そのころでは、そんな夢のような時代がこようなどとは誰も思わず、少年たちは山頂で燃え上がる炎に、天《あま》翔《が》ける自分たちの未来を託し、各人がそれぞれの思いを秘めて島から巣立って行った。

だから、その少年たちの多くは戦陣の硝煙の中で非命に倒れ、わたしも海軍航空隊に入隊して特攻を志願し、すんでのところで九死に一生を得たのであった。

■祥雲寺観音堂

雨乞いといえばもう一つ、麦藁《わら》や稲の束で龍神の模型を作って、それを村の青年団員がかつぎ上げて町中を練り歩く龍神流しの行事があった。村人たちは各家の軒下からその蛇体めがけて手桶《おけ》の水を浴びせかけ、降雨を祈願するのである。

わたしも少年時代、壮丁となった青年団員が軍隊にと

岩城島積善山遠望（生口島より）

られて、数が足りぬというので駆り出され、全身ずぶぬれになりながら、その龍神さんをかついで、最後には海に入って蛇体を沖へ流しに行った記憶がある。

先日、高松市亀水町の瀬戸内海歴史民俗資料館を訪ねた際、そこに「ワラの龍ゴンさん」と呼ばれる蛇体の模型を発見して、悦に入ったものだった。

だが、こうした土俗的な風習は、マチといわれる村の中心部では行われず、昔ながらの風俗がそのまま保存されている集落の中だけで行われていた。そうした集落の一つに西部《にしべ》というところがあるが、そこの祥雲寺観音堂は、古い由緒を持ち、文化財としても価値があるというので、国の重文に指定されている。

建物は永享三年（一四三一）の創建で、何度も修復が重ねられたが、その木組みと仏壇の細工および天井・長押《なげし》と鴨居《かもい》や欄間《らんま》に描かれた仏画の痕跡に当時がしのばれる。

そうした由緒もあって、祥雲寺はこのほど本堂を新しく改築したが、その本堂裏手に群生している舟形ウバメガシは壮観で、愛媛県の天然記念物に指定されている。

祥雲寺本堂と観音堂（右）

このほか、境内には家業のかたわら池坊華道と千家茶道に精通して、その極意を村の青年男女に伝授した如月軒香風翁をたたえる記念碑とか、「代受苦」という文字を刻んだ綿地蔵などが建立されていて、寺の芸術的雰囲気を高めている。綿地蔵というのは、江戸末期、この村で盛んであった綿花栽培の労働の苦しみを、地蔵さまに肩代わりをしてもらおうとする農民たちの願望のあらわれである。

■岩城島の中世

南北朝の動乱が終息し、足利政権が確立すると、伊予の守護河野氏は室町幕府の意を体して、瀬戸内海の治安に任じた。河野氏の警固衆《けごしゅう》であった来島村上氏がこの職分を担当し、当時は伊予の領分であった大崎下島の御手洗《みたらい》と岩城島に設けられた関立《せきたて》を警護した。

鎌倉時代、執権北条氏は蒙古来襲に備えるため、瀬戸内海を厳重な統制下においていたが、南北朝時代に入ると治安が乱れて海賊が横行した。そこで幕府は沿岸の守護たちに命じて取り締まりにあたらせたが、関立はそのための警固所であった。

岩城島の関立は岩城瀬戸に突出した岬に設けられ、弓削水道を下って鼻栗瀬戸へ向かう船舶を、この海峡で取り締まった。大三島と伯方島のあいだの鼻栗瀬戸を抜けた船は、斎灘と関前灘《せきぜんなだ》とをめざすが、関前とは御手洗に設けられた関立の前という意味である。

伊予守護河野氏の警固衆をつとめていた来島村上氏の初代右衛門尉《じょう》吉房は、岩城村の関立で治安の維持にあたるとともに、当時京都の東寺すなわち教王護国寺の荘園であった弓削島の所務職に任じられていた。ところが、この島には安芸小早川の庶族小泉氏や讃岐細川氏の部将山路氏および能島村上氏が入り込んで、荘園を横領していたため、彼は所務を全うできなかった。そのあと、吉房の子治部進《じぶのじょう》吉元が所務職を受け継ぐが、彼もまた島には入りこめなかった。所務職というのは、住民から年貢を徴収して、これを荘園領主に納める職分である。

そのため弓削島では住民の逃散があいついだが、寛正三年（一四六二）ごろの五月二十六日付村上図書助申状（東寺百合文書）によると、岩城島でも公文（荘園の役人）が海賊たちに襲われて殺害され、関立の警固衆ともども島から追い出された。それは二日前の二十四日のことだが、去年は安芸の生口島で地下《じげ》の者たちが皆殺しにされたと記されているのだ。

このとき岩城島は京都の石清水八幡宮の荘園であったが、そんな物騒きまわる世の中だったのである。

■水主浦と海の大名行列

岩城島に水主浦《かこのうら》というところがある。訛《なま》ってカケノウラと呼ぶが、伊予松山藩主が参勤交代で瀬戸内を上下するとき、藩主の御座船を曳航《えいこう》する水夫《かこ》たちの溜まり場だった。

藩主の参勤交代に限らず、幕府の御用船や藩内外の公用船がこの海域を通過するとき、漕船の水夫となって出動する所が水主浦で、松山藩主参勤交代の場合は、この岩城島から五十人、岡村島（今治市関前町岡村）から三十人の水夫が動員された。

江戸参府の場合は、松山城を出発した藩主一行は、三津浜《みつがはま》のお茶屋で休息したあと、船で斎灘《いつきなだ》を航行し、鼻栗瀬戸《はなぐりのせと》を抜けて岩城港に着き、岩城島本陣三浦屋で一泊する。翌朝岩城港を出て、弓削水道・備後灘を通過し、播磨《はりま》の室津《むろつ》へ。室津本陣で一泊したあと陸路を大坂経由江戸へ向かうのである。

松山から江戸までの日数は凡そ二十一日ほどであった。

帰路は、江戸から藩主帰国の知らせがあると、岩城村本陣からすぐさま付船二艘が播磨の室津へ派遣されて、藩主の到着を待つ。藩主一行が室津本陣に入ると、その旨を飛船で岩城村本陣へ通報し、岩城島水主浦で待機していた水夫たちが一斉に漕船に乗り込み、藩主の御座船を曳航するために室津へ急行する。

漕船には一艘に四人が乗り組み、四挺櫓《ようちょうろ》を建てる。十艘でもって御座船を曳き、ほかの十艘が藩主御付きの家来たち（代官・手代・各村庄屋・才領《さいりょう》）の乗船を曳く。合わせて二十艘、漕ぎ手は八十人で、その内訳は岩城漕船組が五十人、岡村漕船組が三十人である。

曳航された御座船が岩城港に入ると、狼煙《のろし》をあげて領内に向けて合図を送り、夜なら篝火《かがりび》をたく。記録によると、御座船が岩城島に到着するのはたいてい夕方か夜半で、藩主は上陸して岩城島本陣で休み、上陸しない場合は庄屋が大根《だいこん》などの汁《しる》の実《み》や酒肴などをもって御座船へ御機嫌伺いに参上した。

こうして岩城港へ船がかりした御座船が岩城港から出航すると、領内の島々では順に合図の狼煙を上げて松山城へ藩主の御国入《おくにい》り

海賊に襲撃された岩城関立。中央の丸い山が関立跡

海の大名行列で、曳航された松山藩主松平隠岐守の御座船

を通報した。『越智島旧記』という書物によると、その道中の村々の狼煙山について、つぎのように記録している。

先ず生名村の志《し》の山、これは弓削瀬戸を通過する御座船を見掛けた才許《さいきょ》役人が、岩城村へ向けて人足たちに狼煙を立てさせる山である。つぎが岩城村の海原《かいはら》山、三番手が同村西部の乗越山《のりこえやま》。四番手は大三島甘崎《あまざき》村の古城山で、これは岩城村で立てられた狼煙を見て、五番手の瀬戸村せ元《もと》へ送る。せ元から六番手の同村へんびへ、へんびから七番手の野々江《ののえ》村の仮山《かりやま》へと通報し、そのあとは宗方《むねかた》村のせん山、大下《おおげ》村のあかふ山という順である。

島々の狼煙は高縄《たかなわ》半島先端波方《なみかた》の大角鼻《おおすみばな》で受けとめて、それを梶取鼻《かじとりばな》が引き取り、北条《ほうじょう》・三津浜へと送る。したがって、参勤交代の松山藩主の御座船は岩城沖から大三島の鼻栗瀬戸を抜けて、大下《おおげ》島・岡村島沖を通り、斎灘へ向かったことがわかる。しかもその海の大名行列は漕船の櫓拍子を合わせるために、御座船で太鼓を打ち鳴らし、掛け声をあげさせたというから、さながら勇壮な水軍の合戦絵巻であった。

コラム①

〈 島の風物詩 〉

一．藻切り

藻《も》切りは、島の農家が年に一度、盆開けの大潮の日に、日限を決めて行う海藻の採取作業である。村民が山林原野に立ち入って、たきぎ・肥草の採取などの利益を共有するのと同じ、島民の海の入《いり》会《あい》である。

やせた砂地の島の段々畑に、海底で繁茂している海藻はうってつけの肥やしであったが、それを常時採取すると、根が尽きて海が荒れ、魚介のためにもよくないので、このような統制がなされていたのである。

むかし、島内には細い農道があるばかりで交通が不便であった。また島から島への出作農家も多かったから、たいていの農家は農船を所有しており、それらの船が総出で沖に出る。なかには船のない農家もあり、それらは樽筏を組んで浜辺に近いところで採藻した。入り会いの朝が来て、潮が引き始めると、藻切り船は一斉に沖へ漕《こ》ぎ出して、それぞれに居場所を定めて碇《いかり》を投げ込む。竹竿《ざお》二本を結んでつくった藻竹を海中に差し込み、両手を広げて海藻をさぐり当てると、それを挟んでねじり取るのだ。

海水にぬれた藻竹がキラリと空中に舞い、その弓なりに撓った竹の先の海藻が船上に飛ぶ。作業は、上げ潮になって海水が満ち、藻竹が届かなくなるまで続く。

夏空に　藻竹一閃　海にごる

二、漁火《いさりび》

しまなみの初夏の風物詩に、もう一つ、漁火がある。底面をガラス張りにした箱（箱めがね）を海中に沈めて、上からのぞき込みながら、片手にやすをかまえて、砂の上に眠るオコゼ、ギザミとかタコの類を突き刺して捕らえる漁法がある。その漁船の、みよしにつるした鉄の篝《かご》で燃えるかがり火が漁火である。

〈島の風物詩〉の舞台

少年のころ、わたしも幾度か近所のおじさんに連れられて、そうした漁《いさ》りをしたことがある。五月に入って麦刈りが始まると、農家には、もうそうした余裕はなくなるが、それまでは徹宵《てっしょう》、そうした漁火が海浜に点滅して、幻想的な情緒をかき立てていたものだった。

星空を　海に映して　徹宵漁火

生口《いくち》島（尾道市）

光明坊今昔

因島から「しまなみ海道」の生口橋を渡り、生口島へ。橋のかからない伊予上島《かみじま》町四島を周遊した足で安芸生口島へ渡るには、岩城島の小漕《おこぎ》港から三光汽船の因島金山《かなやま》行きフェリーに乗り、生口島の洲江《すのえ》港で降りればよい。海上わずか五分である。小漕港から生口島は咫尺《しせき》の間に見える。港を出たところの左舷前方に大小の鳶《とび》ノ子島があるが、ここが愛媛県と広島県の県境で、小さい方が伊予、大きい方が安芸の領分である。

かつて生口島は、東南部の洲江町と原《はら》町とが因島市に編入され、そのほかは瀬戸田水道をへだてた高根《こうね》島を含めて、すべて豊田郡瀬戸田町であった。勿論平成十八年一月の市町村合併で今はすべて尾道市である。

愛媛広島の県境・鳶ノ子島

御寺光明坊の山門

古代八世紀（奈良時代）の行政区分で、ここを備後国とするむきもあるが、地誌学的には、安芸国とするのが正しい。

国道317号を洲江町から原町へ。原町和田の海岸沖に弁天小島が浮かんでいる。この小さな島は、旧因島市の史跡で、山頂に室町時代初期の宝篋印塔が祀られ、下の磯辺の穴地蔵堂《じぞうどう》では、石仏三体が、航海の安全を祈って海上を見つめている。

その旧因島市原町から旧豊田郡瀬戸田町へ入って間もなく、右側山の手に御寺《みてら》光明坊への参道がある。この寺は天平年間（七二九―七四九）、聖武天皇の勅願により、行基菩薩《ぎょうきぼさつ》が開基したと伝える真言宗の古刹《こさつ》である。正確にいえば仙容山宝蓮《せんようざんほうれん》寺光明三昧院《じこうみょうさんまいいん》。本尊の阿弥陀如来座像は鎌倉時代の名作で、境内の十三重石塔婆《とうば》には、永《えい》仁二年（一二九四）甲午《きのえうま》月日の刻銘があり、奈良西大寺叡尊《そん》の法弟忍性《にんしょう》の建立と伝える。共に、国の重要文

光明坊五輪塔（法然上人と如念尼・松虫・鈴虫の墓所）

化財である。忍性は興正菩薩といわれた叡尊について仏法を学び受戒した名僧で、ひろく各地を歩いて悲田院や施薬院をつくり、貧民救済につくした偉人である。

生口島最古の由緒を誇るだけであって、境内には珍しい遺跡や樹木が目立つ。十三重石塔婆のすぐそばにある二個の石棺や、西方の樹高八メートル、幹囲四メートルというねじれたイブキビャクシンの巨木は、四基の五輪石塔とともに見逃せない。その昔、法然《ほうねん》上人がこの寺にやって来て、仏法弘通《ぐづう》を念じて境内に杖を突き立てたところ、それが根ついてこのビャクシンになったと伝え、四基の五輪石塔は、その法然と皇女如念尼、侍女松虫・鈴虫の墓と伝える。

寺伝によると、平安末期この寺は、後白河法皇から光明三昧院の勅額を賜わり、天下泰平の祈願所として生口島を寺領として寄進された。そのとき法皇の皇女如念尼が今出川左大臣の娘松虫（妙智）

と鈴虫（妙貞）の姉妹を連れて来往した。この寺は当時七堂伽藍の立ち並ぶ大寺院だったからである。その後、法然上人法難のことがあり、如念尼は深く法然に帰依していたので、承元元年（一二〇七）讃岐配流から帰途にあった上人を、この寺にむかえ、説法を聴いた。

むかし、毎年早春の頃、この光明坊は「法然さん」と称する涅槃会《ねはんえ》で賑わった。島内だけでなく、隣の島々からも人々が船をこの御寺に漕ぎ寄せ、本堂に参詣し、稚児《ちご》行列を拝むのである。参道の両側にずらりと露店が並び、新芽の出かかった麦畑にサーカスなどの見世物小屋が建ち、「美しき天然」や「ああそれなのに」などのメロディーと、ジンタの曲が春風に乗って海面を渡った。だから、春になると付近の島々の子供たちは、その日が待ち遠しくて、気もそぞろに、親たちにねだって、毎年櫓漕ぎ舟で、この法然さんにお参りしたものであった。

いたずら荒神と地蔵のはなし

歴史の古い島だけに、この生口島にはさまざまなユニークな荒神《こうじん》や地蔵が祀られている。まず御寺《みてら》のいたずら荒神……。

これは光明坊の裏手の八幡神社脇に祀られている小さな石室の中の荒神さんで、もと海の見える山の上にあった。ところが、いたずら好きのこの荒神さんは、手をあげて沖を通る船をとめてしまうので、だんだんと沖を通る船がいなくなってしまった。そこで村人たちは、この荒神さんを海の見えない裏山へ移したところ、今度は山道を通る人の足を停めるので、とうとう村人たちは、正面に小さい穴のあいた石室を造り、その中にこのいたずら荒神を閉じ込めてしまった。

　つぎが、つめり地蔵……。これは洲江町から洲江峠を越えて瀬戸田町の茗荷《めようが》に入ったところの地蔵で、そのむかし地蔵盆の日に限り一日中誰を抓《つね》ってもかまわないという奇習を生んだいわくつきの地蔵である。今では、その習慣はなくなったが、現在もこの地蔵を祀るお堂は、年寄りたちが集まって語らいをするのに格好の場所となっている。

　南生口の宮原港からさほど遠くない萩の光福寺の近くにあるのが有名な足長《あしなが》地蔵。むかし、この地域に毎夜大きなお化けが出て、村人たちを苦しめていたので、村人たちがこの地蔵にお化け退治を祈願したところ、「家の左右の入口にその化け物より大きな草履をつくって懸けておけば、化け物は恐れて出なくなる」と教えられて、村人たちは、お堂を建てて地蔵さんを祀り、そのお堂の入口に縦二メートル、横一メートルの大草履を懸け

いたずら荒神の祠

足長地蔵堂

て拝むようになった。

　南生口の萩から平成九年に開園されたシトラスパークの下を通り、海岸の岩山に祀る嫁らく観音（十一面観世音菩薩）を拝んで田高根《たこうね》から海岸沿いに多々羅大橋の下を過ぎて行くと、垂水《たるみ》のサンセットビーチがある。沈む夕陽と白い砂浜が美しい海浜のスポーツ公園で、ここからの暮れなずむひょうたん小島の眺望が素晴らしい。

　福田から瀬戸田へ直進して、耕三寺の参道と瀬戸田港を左右に見ながら、海岸線を北進すると、高根大橋をくぐった向こうの磯辺に亀ケ首地蔵が見える。瀬戸田水道に面して海水に体を洗われている地蔵で、潮が引くと、その地蔵のそばに亀の形をした岩が姿をあらわす。

　むかし、このあたりに人食い亀がいて、瀬戸田水道を航行する舟を沈めては人間を食べていた。そこでこれを知った腕自慢の小僧さんたちが亀退治をして、亀の首を切り落としたところ、その首

磯辺の亀ケ首地蔵

がみるみるうちに亀の形をした岩になった。これで人食い亀の被害はなくなったが、今度はその亀岩が航行する船の障害となり、急流に避けきれず、岩にぶつかって沈没する船が多くなった。そこで村人たちは船の航行の安全と亀の怨霊の祟りを封じるために、この地蔵さんを祀ったのだという。

最後は腰なし地蔵である。亀ケ首からさらに北へ。沢地区の内海《ないかい》造船所正面近くの小さなお堂の中に祀られているのが、この地蔵である。その名の通り、腰痛にご利益があるという評判の地蔵で、県内外から大勢の信者が参詣にやってくる。

なお、この腰なし地蔵と亀ケ首地蔵の中間地点に地蔵院という寺がある。六十年に一度開張する地蔵堂の中に延命地蔵菩薩が祀られているが、境内の墓地にある古墓は、生口水軍将士のものだといわれている。

向上寺三重塔

生口島の瀬戸田には、あまり離れていない場所に、二つの有名な観光名所がある。一つは古くからの潮音山で、そこからは瀬戸田水道と瀬戸田港が一眸の下に俯瞰でき、国宝向上寺《こうじょうじ》三重塔が建っている。

「気も遠くなるほどに遠い島影までもがくっきり見られて来る秋の瀬戸内である。今日も生口島瀬戸田の桟橋に着く船から吐き出された人々の群れは、左手の松林に丹色もあざやかな国宝の塔には目もくれず、土産物店などの建ち並ぶ耕三寺にと急いでいる。それほどに大衆的な魅力はそのようなものだろう。丹青に金銀を交え、極彩色の仏様、仏画で飾りに飾った堂塔のけばけばしさに驚嘆の声を放ち、これぞ極楽浄土と観ずるのが大衆なら、この寺を作った故金本耕三《かなもとこうぞう》氏の耕三寺も善果を得たといえる……」

向上寺三重塔

これは東大名誉教授藤島亥次郎氏の「心の寺々」と題する随筆の断章だが、ことほどさように金本耕三氏創建の西日光耕三寺は大衆の人気をさらい、古くからの国宝三重塔を持つ向上寺はおちぶれ、寺の再建もおぼつかないほどにうらぶれている。

今はそうでもないが、三十年ほど前、

わたしがはじめてこの寺を訪れたときは、崩れかけた土塀だけがわずかに往時の繁栄をしのばせていた。境内から三重塔のある山頂への石段を登りかけると、その真ん前に大きな賽銭箱が置いてあって、〝本堂再建に応分の御喜捨を〟と書かれてあった。

それでも、朱塗りの山門をくぐり石段を登ってあおぐ鐘楼の鐘は広島県の重要文化財であり、潮音山の中腹に立つ三重の塔婆は押しも押されもしない国宝である。

向上寺は後小松天皇の応永十年（一四〇三）に生口島の地頭生口守平《いくちもりひら》が古くからあった瀬戸田潮音山の観音の霊場に一宇を建立したことに始まるが、これは瀬戸田港と兵庫北関を結ぶ交易ルートの商品積出港として、かつてないほどの繁栄を誇ったことを物語っている。

生口氏は仏通寺から大通禅師愚中周及《ぐちゅうしゅうきゅう》をむかえて開山和尚とした。三重塔が建立されたのは、それから三十年後の永享四年（一四三二）である。小早川氏庶家生口信元・信昌の発願《ほつがん》で、大工は藤原朝《あ》臣《そん》秦門太夫氏と伝えるが、高さ一九メートルで、唐風に和風をたくみに折衷し、華やぎを求める室町の時代相をよく反映している。塔婆内外に唐草・蓮華《れんげ》の彫刻を添えて、鮮やかな朱色が松の緑と美しく調和して、海港に映えている。

この向上寺三重塔婆は瀬戸田港を背景にして、よく絵画や写真に表現され、人口に膾炙《かいしゃ》しているが、文人たちによっても俳句や詩歌に詠みこまれている。

塔下のあちこちにある岩石に刻まれたその俳句には、つぎのようなものがある。

花酣《かかん》九輪巨匠現れ出よ　　松野自得

塔の朱に海光はゆる朝ざくら　松野加寿女
島に来れば我も島人春ぬくし　耕三寺得山
あかあかと日はつれなくも秋の風　芭蕉
向上の極に達して四方拝　水陰

最後の句は、江見水陰が昭和九年（甲戌）の元旦に、ここへ登って詠んだ句である。

そこから山頂に登ってふりかえると、塔の相輪《そうりん》と瓦屋根を視界におさめた生口瀬戸の景観が一幅の名画となる。

山頂北側に建てられた展望台からは、沢地区の市街地と、佐木島を俯瞰し、そのかたわらの岩面にも、つぎのような河東碧梧桐の句が刻みこまれてあった。

汐のよい船脚を　せとの鷗はかもめづれ

東の商店街からの登山道のあちこちに、色とりどりの前垂れを掛けた石地蔵が並んでおり、南方の丘の墓地から眺める三重塔も、向上寺の屋根瓦の色と調和して美しい。石段を降りて神社境内の東の路地を行くと、立派な万徳寺山門の前を通って耕三寺参道汐待亭《しおまちてい》の前に出る。

向上寺の山門につるされた梵鐘は、小型ではあるが、音色《ねいろ》がすぐれているので、ＮＨＫラジオの

西日光耕三寺 孝養門

「ゆく年くる年」で使われたこともある。

西日光耕三寺

瀬戸田港桟橋から県道を東南へ。瀬戸田町歴史民俗資料館のところから左折すると耕三寺参道の商店街である。しおまち商店街という。

瀬戸田港から生口島に上陸した観光客は例外なく、このしおまち商店街の参道を通って島の観光名所耕三寺の孝養門に流れ込む。それほどに耕三寺は生口島の大切な観光資源であり、それは平山郁夫美術館やシトラスパークができた現在でもかわりがない。江戸時代になってうらぶれていた港町瀬戸田を一躍観光名所にしたのはこの耕三寺であった。

耕三寺は金本耕三氏（一八九一―一九七〇年）が母の菩提を弔うために昭和十一年から三十年余りの歳月をかけて、独力で建立した浄土真宗本願寺派の寺院である。生口島出身の彼は十六歳で父を失ったあと、家業である鉄工業を継ぎ、阪神方面へ働きに出て、当時は珍しかった酸素溶接の技術を身につけ、苦心の末ついに優秀な鉄鋼管製造方法を発明した。それを契機に大阪西淀川に日本唯一の径大鋼管製造工場を創建し、輸入一辺倒だった当時の業界に革命的な旋風を巻き起こしたのであった。その耕三氏をかげで支えたのが生母であったから、昭和九年に母が亡くなると、翌年の昭和十年に出家し、母への菩提追悼のために寺院建立を思い立った。一つには島の人々が居ながらにして諸国の寺社へ参詣できるようにとの願いがあったという。

かくして当時の戦雲をよそに、工場で儲けた金はみんなこの寺院建立に注ぎ込み、昭和十一年から三十年余の歳月をかけて、生口島のこの地に、独力で日本の飛鳥から奈良・平安・鎌倉・室町とつづく江戸時代までの代表的寺院の建築様式の粋を模した二十数種の建造物を建てた。なかでも、孝養門は日光東照宮の陽明門を原寸大に模造したものであるところから、西の日光と呼ばれている。

約五万平方メートルの境内に入ると、本堂は宇治平等院の鳳凰堂、銀竜閣は京都銀閣寺の銀閣、楼門が京都御所の紫宸殿、中門と羅漢堂は法隆寺のイミテーション。五重塔は大和の女人高野室生《むろう》寺というふうに、日本全国の有名寺社が一堂に会しているのである。また博物館には寺宝の重要文化財が展示され、これは本物で、付属施設として千仏洞地獄峡、潮声閣、迎賓館などがあり、驚くばかりである。

金本改め耕三寺耕三氏は、瀬戸田町の学校や病院の建設にも貢献し、昭和四十五年八十歳で他界したが、その後も施設の拡充は続けられて、このほど「未来心の丘」という博物館が新しく誕生した。彫刻家杭谷《くえたに》一東氏が十二年間をかけた苦心の作で、イタリアから白亜の大理石を三千トン輸入し、それを素材にギリシャ神殿をイメージした作品である。別名を「しまなみギリシャの丘」という。

「私ははじめてこの寺をおとずれたとき、何も彼もが模造でありその卑俗性に眉をしかめる思いをした。しかし、それが二度三度おとずれるにつれ、いろいろのことを考えさせてくれるようになった。もし、いまこの寺がここになかったならば、瀬戸田は内海の他の島の古い港とおなじように次第にうらぶれていって、いたずらに過去の夢のみを追うようなっていたかもわからない。しかし一人の人の奇特な努力によって、いまこの寺を見に来る観光客は百万人をこえているのである」（宮本常一『私の日本地図』より）

平山郁夫美術館

西日光耕三寺の山門の前に、また一つ生口島の新名所ができた。平山郁夫美術館である。これは、瀬戸田町出身の代表的日本画家平山郁夫氏の画業を記念して、平成九年（一九九七）四月に開設された島の美術館である。

平山氏は昭和五年（一九三〇）、瀬戸田町に九人兄弟の次男として生まれた。幼いころからヤンチャ坊主として名をはせたが、小学校では終始級長を通し、二年生のとき、新聞社が主催した児童画展で、二等賞をもらった。よく生家近くの潮音山に登り、向上寺三重塔の下に立って海を眺め、それが彼の美意識と芸術的情感の糧となった。

生家の平山家は、島でも一、二をあらそう資産家であったから、小学校を出ると広島市の修道中学校に進学した。ところが昭和二十年八月、十五歳のとき、広島市内で米軍機の原爆投下で被爆し、同年十一月やむなく忠海中学校に転校した。昭和二十二年四月、東京美術学校日本画予科に入学。昭和二十七年、二十二歳で同校本科卒業。卒業制作の「三人姉妹」は二席であったが同校買い上げとなり、首席の松山美知子さんとともに大学に副手として残った。昭和三十年、前田青邨夫婦の媒酌で二人は結婚した。それ以後彼は美知子さんと二人三脚で画道に精進し、世界的画家としての飛躍のチャンスをつかむことになる。

昭和四十四年東京芸術大学助教授となり、昭和四十八年に四十三歳で教授に進んだが、平成元年には美術学部長から、ついに学長に抜擢された。平成五年、文化功労者に推されたあと、文化勲章を受章して新聞紙上をにぎわしたのは平成十年、氏が六十八歳のときであった。

そうした錚々たる経歴の持ち主である平山画伯は、仏教をテーマとしたシルクロード・シリーズの画家

平山郁夫美術館

として世界的知名人となったから、その画業を永久に記念するため、瀬戸田町の主導で開設されたのが、この平山郁夫美術館である。平山芸術の原点を知るため、その粋を集めた美術館として評価され、開館から二年半足らずで入館者百万人を記録した。

潮騒の瀬戸に育ち　我が道を行く　　郁夫

生口島の中世

生口島の西北・向上寺の建つ潮音山と向き合った東の方角に、もう一つの丘陵がある。この丘はむかし海中に突き出た岬だったところで、俵崎城の跡といわれ、地元の人は城山と呼んでいる。この城山から一キロばかり東へ行ったところに茶臼山城と称された城跡があるが、これは水軍城俵崎の詰めの城、あるいは見張台のあったところだったという。

俵崎城跡（瀬戸田町鹿田原）最高部の標高は四〇メートル、茶臼山城跡（瀬戸田町中野）のそれは一八七メートルで、ともに瀬戸田港を眼下に俯瞰できる。俵崎城跡の本丸があったと思われる郭の北には船蔵《ふなぐら》という地名が残っている。

古文書における茶臼山城の初見は康永元年（一三四二）で、安芸の小早川氏が室町幕府の命を受けて伊予の世田山《せたやま》城（西条市）を攻める途中、この城に籠もる南朝軍を討伐して生口島を占領したことである。つまり瀬戸内の海域における南北朝争覇のとき、北朝方であった小早川氏は伊予南朝の守護大舘《おおだて》氏明を世田山城に攻めたが、そのとき伊予への出征途上で生口島の南朝勢力を討伐したというのである。南朝方軍勢は茶臼山城に拠って大手木戸口で北朝方の小早川軍を迎撃した。が、抗争むなしく城を落とされ、退散した。当時は東隣の因島が南朝方の拠点であったので、茶臼山城もその防衛ラインの一環であったと推定される。

その後、これら生口島の水軍城は沼田《ぬた》小早川氏の庶家である生口氏の居城となり、俵崎城には生口平左衛門、茶臼城山には生口景守が拠ったと伝えている。したがって、生口島が小早川氏の勢力下に入ったのは康永元年（一三四二）以降と推定できる。文安二年（一四四五）の兵庫北関入船納帳によると、文安二年四月から文安三年正月十日まで、兵庫北関へ入港した安芸瀬戸田の商船は六十八艘で、その頃の瀬戸田港が安芸沼田荘小早川氏の外港として繁栄していたことを示している。

中野屋敷町より茶臼山城跡を望む

当時備後の三原浦は木梨荘内で、木梨杉原氏が支配していたから沼田小早川氏は三原港を使用することができず、やむなく彼らは沼田川を航行する船舶の外港を、ここ瀬戸田に設けた。すなわち茶臼山城と俵崎城とは小早川氏がその瀬戸田港を守護するための水軍城として機能したのであった。その後、安芸毛利氏が安芸と備後を制圧するにともない、小早川隆景が三原浦に要害を設けて本格的な三原港を開くが、それまでは瀬戸田港が、安芸小早川氏のメーンの交易港であった。

『東大寺文書』の応永二十九年（一四二二）十二月二日付生口舟過書案によると、瀬戸田港の船は、兵庫港に入るとき、関税免除の特権を与えられた。したがって、瀬戸田港を守護する小早川氏庶族生口氏の勢力は強大で、その本拠茶臼山城のふもとには、今でも当時の繁栄の名残が見られる。

茶臼山城跡前方の丘にある光明寺墓地には、その生口氏の墓と伝える五輪塔や宝篋印塔があり、茶臼山城麓に位置する中野の屋敷町には、ここが江戸時代に製塩業の中心地として栄えたこともあって、現在も、堂々たる武家屋敷を思わせる風格の民家が三十軒ばかり並んでいる。

なお、この生口島の中央にそびえる標高四七二メートルの観音山は、中世の水軍時代、山頂に狼煙《のろし》台《だい》があったので、島の人たちは火滝山《ひたきやま》と呼んでいる。山頂からの眺望は素晴らしく、北に佐木島、西に大三島、西南に伯方島、南に岩城島、東に因島と、各島々が、一望の下に俯瞰できる。

島まるごと美術館

生口島の瀬戸田町を歩いてみると、潮音山の北、耕三寺の近くにベル・カントホールという建物がある。コンクリート打ちっぱなしのしゃれた町民会館内にあり、音響効果に趣向をこらしたクラシック専用の音楽堂である。

毎年数回、国内外のアーチストを招いてコンサートを開いているが、そのステージにかけられている緞帳《どんちょう》は、「瀬戸田曼荼羅《まんだら》」で、町出身平山郁夫画伯の原画をもとに製作されたものである。

このベル・カントホールの前庭に「凪の中で」というステンレス製のオブジェがある。これは瀬戸田の町を島まるごと美術館にしようという構想で、野外彫刻の作家たちが、それぞれ設置場所を選んで、そこからイメージされる作品を製作したもので、「せとだビエンナーレ」と呼ばれる。

したがって、島を歩いてみると、思いがけないところに思いがけないオブジェがあり、作家の個性が島の自然とマッチして、まさに「島ごと美術館」の感がある。

特に数多くあるのは、サンセットビーチ周辺で、「空へ」・「波の翼」・「凪のとき赤いかたち／傾」・「うつろひ」・「ねそべり石」などが、見る人の眼を楽しませ、宮原港脇の入江の海中にある「ベルベデールせとだ」は魅力的である。また町政四〇周年記念アート「地殻」も壮観だ。

江戸時代、瀬戸田に代々堀内調左衛門と名乗る豪商がいた。瀬戸田に塩田を開き、塩浜経営で産をなしたが、それ以前は帆船の廻船問屋で酒造業もいとなんでいた。

備後三原の出自で、三原屋と称したが、その三原屋の土蔵がそのまま瀬戸田町歴史民俗資料館として利用されている。

瀬戸田港から耕三寺へ向かう参道商店街の入口のところにあるのだが、もとこの一帯には同じような土蔵が立ち並んでいたという。館内に入ると、製塩業の用具や廻船業に関する資料などが、堀内家所蔵の文化財とともに展示されている。

生口島の西には高根島《こうね》があり、高根大橋によって生口島とつながっている。その高根島には、和船を造る船大工長光泰司さんの作業場があるというので、わたしは見学に出かけた。

この人は、代々船大工を業とする家に生まれ、今も日本古来の伝統的木造船の模型造りに励み、作業場には江戸から明治にかけて活躍した北前船や弁財船《べざいせん》、屋形船などさまざまな和船の模型が展示されてあった。

「わしの家は代々船大工じゃったがのう、わしの代で、もうそれもおしまいじゃや。でも、元気なうちに一艘でも多く造っておかにゃならぬ……それ、それが木之江《きのえ》（大崎上島）のオチョロ船よ。今は大長《おおちょう》（大崎下島）のみかん船にとってかわられたがの……」

と笑っていたが、その高根島の蜜柑は瀬戸内の、どの島の蜜柑よりも甘くて、おいしかった。

広島県芸術の島・生口島の散策がおわったら、県境をまたぐ多々羅大橋を渡って、愛媛県の神話の島・大三島へ探訪の足をのばそう。

秋風や伊予へ流るる　汐の音　　　　子規

コラム②

〈「島の子」平山郁夫の少年時代〉

天才児の回想……

瀬戸田水道と高根大橋

「古里の生口島は瀬戸内海のほぼ中心で、小高い山に登ると天気がいい日は中国地方本土と四国山脈が両方見えるんですよ。海の潮の動きがしま模様を描いて、本当に景色がいいところですよ。」

「そんな島で生まれたのが 1930 年、昭和 5 年です。第一次世界大戦が終わった後で、やがて満州事変や上海事件とかが起きる、そんな時代ですが、島はまったく平和でのどかだったようですね。

平山家は、島でも一・二の資産家で大地主でした。9 人きょうだい、と言っても 1 人は生まれてすぐ死んだから今は 8 人ですが、私は上から 3 番目の二男坊なんですよ。兄貴は非常にまじめで、よくできる秀才で通っていた。その点、私はのんきであっけらかん、よく言えば朗らかでのびのびとしたタイプでしたよ。

勉強したくない時は席を平気で離れて友達のところへ行く。父兄会の時なんか先生が親に“お宅の子供はいすに体をくくりつけておいてください”と言っていたのを覚えていますよ。

成績は、親が先生をよく知っている、というせいもあったんでしょう、何をやっても甲をくれるんですよ。だから級長をやっていたけれども、それが先頭に立って騒ぐんですからね。4 年生の時だったか、あまりにも騒ぐんで音楽だけ乙になったことがありましたよ。

母が今でいう教育ママでしてね、大変なスパルタ教育なんですよ。小学校の時の基本が大事、と学校から帰ると予習復習はもちろん、1 年生から卒業するまで、夏・冬・春の休みには必ず絵日記を書かされた。学校の宿題じゃなく、母が自分で絵日記帳を作って。

絵日記の文章なんか、慣れたらいきなり書いていましたが、最初は下書きをして母に見せるんですよ。そうすると“ちょっと言い回しがおかしい”とか“文法が変だ”とか言いながら直してくれるんですね。

絵は小学校に上がる前からよくかいていましたね。筆は蠟石《ろうせき》で、道路がキャンバスですよ。これだと、船の大きなものをかこうと思ったら家の隣まで、またその隣までという具合に何メートルでも大きいのをかけるわけですね。

それを、近くのおじいさんやおばあさんが日なたぼっこをしながらじっと見てくれるというのも、小さい子供にとっては励みになるわけですよ。道を通りかかる人も、よけて通ってくれたり、立ち止まって見てくれたり、そんなこともあって絵がだんだん好きになっていったんではないでしょうか。

以上の文章は、生口島の瀬戸田町が平成 4 年 3 月 1 日に発行した『私の道』平山郁夫「島の子」からの引用である。

この天才児の絵心が、どのようにして育まれたかを知っていただきたいため、「瀬戸内の潮騒に育まれて」という副題のついた同書から転載させていただいた。

後編

大三島（今治市）

多々羅大橋

有史以来、本州の安芸・備後と四国の伊予は海によってへだてられていた。それが橋によってつながった。そのしまなみ海道の広島・愛媛両県をつなぐブリッジが多々羅大橋である。生口島から愛媛県大三島の多々羅岬に向けた世界最大の斜張橋で、総延長一、四八〇メートル、中央支間の距離は八九〇メートルである。ブリッジサイドの歩道で、上空にひびく鳴き竜現象（残響音）を聞き、目をあげると東の中空に頭巾《ずきん》のような岩城島の山容が浮かび、西の海面に目をおとすと、丸いひょうたん島の底が見える。橋の下の潮の流れは、時によって激流となるが、この海峡について、わたしには、ほろにがい思い出がある。

昭和二十年（一九四五）八月、わたしは海軍航空隊から復員して、ふるさとの岩城島へ帰った。しばらく生家で農業をしていたが、夏の一日、小舟を漕《こ》いで、この海峡へ海藻を拾いにやってきた。海藻はモバといって、化学肥料のない当時の農家にとっては、大切な肥やしとなった。とくに芋など、

大三島多々羅大橋（上浦町より）

「モバをやるから島のイモはうまい」といわれていたものである。

そのモバが、潮流に乗って延々とベルトのように流れてくる。私は夢中になって作業を続けていた。ところが、ふと気付くと、船べりがにわかに波立ち、海藻の帯がとだえて、付近にいた漁船が一隻もいなくなっていた。「あれ？」と思う間もなく、海面が奇妙なうなり声を発して、わたしの舟は急スピードで西のひょうたん島の方へ流されはじめた。

「しまった！」わたしは慌てて舟を回転させ、東に向けて力いっぱい櫓を漕ぎはじめた。だが櫓綱も切れよとばかり汗だくで漕いでも、舟は矢のように流されるばかり。

やむなく、わたしはふたたび船首を西にもどして、今度は流れにまかせて、舟を近くの浜辺へ寄せはじめた。すると、舟が海岸に近づくにつれて、流れはゆるやかになり、さらにその向こうの地の潮は、反対方向に流れているではないか……まったくむだな骨折りであった。

人の世も同じことで、流れに逆らってがむしゃらに生きておれば、やがてその人は奔命に疲れて息が絶える。だから、ちょっと発想を転換して生き方を変えれば、その向こうに逆の流れがあって、道が開けるかもしれないのだ。

　　おぎろなき息をもらせり内の海　八十島かげに水のひかれば

これは「瀬戸内海」と題する中村憲吉の短歌である。

多々羅岬

平成十一年（一九九九）五月一日、来島海峡大橋と並び、この多々羅大橋の開通によってしまなみ海道が全通した。同日ここで西瀬戸自動車道開通式典が挙行され、皇太子殿下御夫妻が臨席された。ヨットがその開通を祝い、橋の下をパレードした。その愛媛県側の橋脚が架かる岬が多々羅岬である。

中世、大三島上浦町の多々羅岬には、大山祇神社守護の城砦である多々羅の本城があった。その北西方向の井口《いのくち》好《こう》味《み》には、多々羅の支城小海《こうみ》城跡があり、城主は島左衛門であった。彼は大三島に周防大内氏の軍勢が来襲して戦われた天文十二年（一五四三）の大三島合戦で祝《ほうり》氏《し》の軍勢が敗れて以降大内氏の代官としてこの地を支配した。多々羅というのは、その大内氏姓多々良朝臣《たたらあそん》に由来し、また城下の磯辺に古代製鉄のたたら（鞴）の遺跡があったからだともいわれている。多々羅大橋はこの地名をとったものである。ちなみに大内氏は百済聖明王の第三子琳聖《りんしょう》の子孫で、琳聖太子が周防国佐波《さば》郡の多々良浜に来着したのがそのおこりである。

大三島が大内氏の支配を受けたことは大三島大祝《おおほうり》家の古文書『三島宮御鎮座本縁《みしまぐうごちんざほんえん》』に、「天文十三年甲辰《きのえたつ》年九月二十三日、従三位大宰大弐《だざいのだいに》大内多々羅朝臣義隆卿、伊予国守護職を相兼ねられ、当社へ社参せられて幣《ぬさ》を奉る。この時、三島《みしま》の内井口邑《いのくちむら》小海《こおみ》の磯に小城を構え、島左衛門を多々良の代官となし、これに構う」と書かれて、これを裏付けている。この島左衛門は前期村上水軍の総帥村上義弘の後裔といわれ、大内氏滅亡後は安芸毛利氏あるいは伊予河野氏の代官となった。

この『三島宮御鎮座本縁』には小海の磯のことだけが書かれ、多々羅城のことにはふれていないが、大内氏支配の頃には多々羅岬に本城があり、東南方甘崎《あまざき》の海上にある古城とあわせて小海城を枝城《えだじろ》として支配し

大三島井口小海の磯付近より生口島観音山を望む。

ていたのだ。多々羅城跡は長い郭状の平地が階段状に連なり、その側面を新しく開通したしまなみ海道がかすめている。小海城跡も本丸・二の丸のあった丘は道路で断ち切られ、残りも土取り場として利用されたため原状を留めない。わたしが最初にここを探訪したときには磯辺に柱穴が沢山残っていたが、これも埋め立てられてしまった。

しまなみ海道が開通した現在、この岬一帯は多々羅総合公園として観光の目玉となり、展望台・民俗資料館や村上三島《むらかみさんとう》記念館・多目的交流広場などが誕生し、近くには多々羅温泉もあって、一大リゾート地と化した。

したがって、最初にわたしがこの地を訪れた頃とは隔世の感があるが、展望台から見る多々羅大橋の景観は、天を突く二本の主塔と白鳥が翼を広げたような斜張線とが空に映えて美しく、車の行き交う長い橋梁も、下を流れる濃紺の海面にくっきりと影を落として素晴らしい。

村上三島《さんとう》記念館

これは大三島上浦町出身の書道家村上三島氏の記念館である。氏は平成十年秋、生口島出身の日本画家平山郁夫氏とともに文化勲章を受章した。あとで述べる吉海《よしうみ》町出身の洋画家野間仁根《ひとね》と並称される島の芸術家である。

村上三島氏は大正元年（一九一二）愛媛県上浦町に生まれ、幼少の頃大阪府三島郡吹田《すいた》町に移住した。小学生の頃から書道が得意であったが、中学校に進学したとき、怪我がもとで足が不自由となった。そのため書道家を志し、昭和二十三年（一九四八）に日展へ入選して以来頭角をあらわして、文部大臣賞・芸術院賞など数々の賞を受賞した。日本書芸院理事長に就任して、関西書壇の興隆に貢献したほか、日中文化交流にも尽力して、平成五年に文化功労者となった。「三島」という雅号は大三島と大阪府三島郡にちなむものだ。

三島氏の書風は格調が高く、穏やかで伸びやか。自ら「大三島のかんきつがひなたぼっこをしているような感じ」と表現しているように、瀬戸内の海と島の風土を彷彿とさせる書体である。

「読めない書ばかりでは一般の人は関心をもたない。どんな人でも読むことができる字体に挑戦し、提唱していきたい」というのがこの書家のモットーだ。

惜しくも先年亡くなったが、その三島氏が在世中、座右《ざゆう》の銘とされた言葉である。

この村上三島記念館の隣には、上浦町の歴史民俗資料館があり、「ふるさとの家」や自然環境活用センターとあわせて、上浦芸術会館と総称されている。

ひょうたん小島伝説

多々羅公園展望台から北西方向に目を転じると、井口港沖にひょうたんのような小島が浮かんでいる。見えるのはその底の部分で、松の木が二、三本、青草に覆われているだけだが、大三島の盛港《さかり》と生口島の瀬戸田港から眺めれば、ひょうたんそっくりに見えるので、そう名付けられた。中央のくびれたところが広島県と愛媛県の県境となっている。生口島のサンセットビーチ（長さ八〇〇メートル

ひょうたん小島（大三島上浦町盛より）

の人工海岸）から望むひょうたん小島の夕景は天下一品だが、このひょうたん小島については、こんな昔話が残っている。

むかしむかし、伊予の神様と安芸の神様とが、この島の領有権を争った。互いに譲らないので、とうとう力比べをして勝った方の神さまの領分とすることになった。伊予の神様は多々羅岬を足場にし、安芸の神さまは幸崎《さいざき》の海岸を足場にして、それぞれ島に綱をかけて引き合った。ところが双方とも、神さまの力は互角であったので、いつまでたっても勝負がつかず、丸い小島がみるみるのびて、ひょうたんの形になってしまった。そこでそのくびれたところを国境《くにざかい》にしようということで話がまとまり、多々羅岬に近い方が伊予の領分、幸崎に近い小さい方が安芸の領分となったというのである。

これとよく似た話はもう一つ、安芸の生口島と伊予の岩城島のあいだの海上に浮かぶ大小の鳶《とび》の子島にもある。だが、ここでは距離的に二つとも伊予側により近いにもかかわらず、小さい島が岩城島、大きい方が生口島の領分となっている。

そういえば備後因島の田熊沖にある亀島は距離的に備後側に近いにもかかわらず、伊予生名島の所属となっているのだから、おおあいこだ。
そのように、島々の所属は、それぞれに伝説と来歴を秘めて面白い。中には大崎下島《おおさきしもじま》のように、もとは伊予の領分であった島が、中世小早川氏の政治権力によって、安芸側にとりこまれたものもある。

甘崎の古城遺跡

上浦町多々羅から海岸線の国道317号をしばらく南へ下ると、東の海上に大小とりまぜた三つの小島が見える。瀬戸内海で最も古いといわれている水軍城跡で、通称古城島《こじょうじま》、その地名から甘崎《あまざき》城とも岸の城ともあるいは荒神《こうじん》城ともいわれる。築城年代は古く、六六三年の白村江《ハクスキノエ》の戦いのあと、外敵の侵入に備えて構築されたと伝える。地元の郷土史家は「芸予諸島の海域には三つの関門があり、この島が鼻栗瀬戸《はなぐりのせと》を扼《やく》した上門《かみと》城で、来島海峡の中途《なかと》島が中門《なかと》城・斎灘《いつきなだ》に面した鹿《か》島《しま》が下門《しもと》城だ」と主張する。

中世にいたって、伊予守護河野氏の支配下で今岡四郎通任《みちとう》が甘崎城主となって

甘崎城主村上河内守吉継の墓
（明光寺墓地）

鼻栗瀬戸を航行する商船から帆別銭《ほべち》・櫓別銭《ろべち》を徴収し、ついで来島出雲守通康・村上河内守吉継とつづき、最後は藤堂高虎の弟大学頭《だいがくのかみ》（大輔《たいふ》）が支配したという。甘崎城の対岸には水場《みずば》という地名が残り、そこの城津山明光寺には村上河内守吉継の位牌と、その供養塔が祀られている。

愛媛県の指定史跡となっているこの甘崎古城は、今ではまったく海中の孤島だが、むかしは砂の道でつながった陸繋島《りくけいとう》であった。

延長七〇〇メートルに及ぶ海底の石垣遺跡と対岸から島に向かってのびている砂州《さす》のあとが、それを証明している。古図によると、海抜約一八メートルの丘の頂《いただき》には本丸・二の丸・三の丸跡があり、磯の上に多数の柱穴が残っている。現在の姿になったのは幕末の頃で、元禄四年（一六九一）この沖を航海したドイツ人ケンペルは、その著書『日本誌』の中で、「海中よりそびゆる保塁あり」と記している。

甘崎城は天正十三年（一五八五）六月に伊予守護河野氏が滅亡して、小早川隆景が伊予国の支配権を掌握したあとも、小海《こうみ》城の島左衛門と並び村上河内守吉継が城主をつとめていたが、天正十五年六月に小早川隆景が筑前国へ移封して、同年八月に福島正則が伊予国のうち東部五郡十一万三千二百石を領有するに及んで退去した。そのあと、慶長五年（一六〇〇）九月、関ヶ原の戦功によって伊予国で二十万石に加封された藤堂高虎がやってきて、この島を占拠した。

高虎は弟の大学頭《だいがくのかみ》を甘崎城主に任じ、菅宇兵衛《かんうひょうえ》と共に守護させていたが、大学頭は間もなくこの城で亡くなり、水場《みずば》の丘に葬られた。

戒名は城津院殿賢明棕固大居士（妻は昌岩浄久禅定尼）で、村人たちはこれを大夫《だいぶ》さまとあがめ、

大見の姫坂神社

今でも島四国十七番善光寺のお堂の中にその墓を祀り、礼拝を欠かさない。

このお堂は村上河内守吉継の墓のある明光寺より三〇〇メートルばかり登った西の丘の上にあり、大夫殿と名付けられている。ちなみに、藤堂大夫は城津山明光寺の開基と伝え、その妻は副将菅宇兵衛の一門平右衛門の妹である。

さて、この甘崎城は慶長十三年に藤堂高虎が伊勢の津へ転封になったため、菅宇兵衛もこれに従ったから廃城となるが、その落去に関連して大見《おおみ》の姫坂《ひめさか》神社に残酷な落去哀話《らっきょあいわ》が伝えられている。落去のとき一行にはぐれた姫の小舟は盛《さかり》の浜に漂着したが、男たちに身ぐるみ剥がれて陵辱を受けて殺された。

遺骸は大見《おおみ》の浜に流れつき、村人たちが耕地田《こうちだ》にこれを葬ったが、その後村に災難が打ちつづき、これは姫君の怨霊の祟りだという噂が立って、村人たちは小祠を建てて、姫の霊を慰めた。これが大見姫坂神社《ひめさかじんじゃ》の起源だというのである。毎子《ね》の年の旧暦二月十三日には、この姫神の御神体を開張する奇祭が行われている。

瀬戸の芋地蔵

瀬戸の潮音山向雲寺境内にある芋地蔵も甘崎城跡と並んで県指定の史跡となっている。こちらは昭和五十三年に、わたしがはじめてここを訪ねたときの紀行をそのまま掲載しておこう。

芋地蔵下見吉十郎顕影碑

芋地蔵のある瀬戸の向雲寺は、甘崎の浜辺からバスでさらに南へ行ったところにある。バスの中で、そのありかを聞いたとき、相手の老婦人は「ここが芋地蔵の家ですよ」と指しながら教えてくれた。そこが、町なかの人家が立て込んだところだったので、わたしが怪訝《けげん》な顔をしていると、側のもう一人の婦人が「ああ向雲寺の墓地ならその丘の上ですよ。そこに地蔵さんがあります」と反対側の車窓を指した。あとで分かったことだが、老婦人が指したのは、芋地蔵下見吉十郎《あさみきちじゅうろう》の子孫の家であった。

向雲寺の墓地は瀬戸の海を見おろす高い丘の上にあった。そこからは西瀬戸自動車道大三島橋の架橋作業に用いている赤い鉄柱が南方の山林の上に浮かんで見えた。墓地入口のところに芋地蔵下見《あさみ》吉十郎の顕彰碑が立っていて、碑面にはぎっしりとそのいわれが書いてあった。

吉十郎は瀬戸の名家に生まれたが、子ども四人をつぎつぎと失い、世の無常を感じて、その悲しみを諸国の寺社めぐりでまぎらそうと、六部《ろくぶ》となって諸国の霊場を行脚《あんぎゃ》した。諸国をめぐって正徳元年（一七一一）十二月二十二日に薩摩国の伊集院《いじゅういん》村を訪れた。そこで、はからずも薩摩芋を見つけて、この作物が飢饉に強く、雨量が少なく段々畠の多い瀬戸内の農業にはうってつけとわかった。

「うむ、これさえあれば島の人々は長年苦しんだ飢饉から解き放たれ、ひもじい思いをしなくてもすむ」と、なんとかしてこの芋種を手に入れようとしたが、「とんでもない、これを領外に持ち出せば、持ち出そうとした者は勿論のこと、それを渡した者も斬首獄門です」とみんなそっぽを向いた。

だが、吉十郎はどうしてもあきらめることができず、世の為・人の為と思い、処刑されるのを覚悟で、その夜泊まった善根宿の主人土兵衛の目を盗み、ひそかにこの芋種を笈《きゅう》の中にしのばせた。やがて吉十郎の持ち帰った薩摩芋は、大三島の瀬戸村で芽をふき、緑の蔓《つる》を出して、またたく間に付近の島々に普及していった。

そのことがあって、二十一年目の享保十七年（一七三二）に、この地方は未曾有の大飢饉に見舞われたが、芋づくりの普及していた芸予の島々では餓死する者がいなかったと伝えられている。たとえば、同じ伊予国松山藩の筒井村では、この飢饉で義農作兵衛ほか八百人もの人々が餓死しているのだ。島の百姓たちは、この吉十郎のはたらきを徳として、彼を芋地蔵として祀った。こ

元祖芋地蔵（向雲寺墓地）

下見吉十郎の墓（明光寺墓地）

の瀬戸の芋地蔵にかぎらず、島々には芋地蔵が数多く祀られているが、上浦町瀬戸のこの芋地蔵が元祖である。古岩独釣居士という戒名を刻んだ墓石の上に鎮座する芋地蔵は、意外と小さな地蔵尊であった。かたわらに吉十郎の妻の墓石も並び、その方は蘭庭芳秀信女と戒名が刻まれてある。

平成十一年四月二十八日、五月一日の西瀬戸自動車道開通を前にして訪れた向雲寺境内には、新しく笈を背負った六十六部姿の下見吉十郎の銅像が立っていた。向雲寺では、毎年十月中旬にこの下見吉十郎に感謝する芋地蔵祭が盛大に挙行されている。

なお、芋地蔵下見吉十郎の墓塔は、

同じ旧瀬戸崎村甘崎の城津山明光寺境内にもある。

三島宮御鎮座本縁

向雲寺境内から下って、国道317号を南下し、小さな橋を渡った右側に「みたらしの水」の史蹟があり、そこから丘をへだてた先に横殿宮址がある。

大山祇神社の『三島宮御鎮座本縁』によると、この両遺跡とも大山祇神社の鎮座に縁由《ゆかり》があり、大三島が神話の島と呼ばれるようになった由緒はここに始まる。

まず横殿宮は、現在大三島町宮浦に鎮座している大山祇神社の旧司祭地《しさいち》で、「人皇八代孝元天皇のとき、彦狭男命《ひこさおのみこと》が神託によって大山積皇大神《おおやまつみ》を伊予の国遠土《おど》の宮に祝い祀った」(『三島宮御鎮座本縁』)が、その「伊予ノ国遠土ノ宮」というのが、ここだというのである。つまり、遠土ノ宮というのは横殿の古名で、推古天皇の時代に遠土の社殿が造営されて峰岾殿宮と改められ、文武天皇のときに現在の社地である宮浦の辺磯浜榊山《べいそのはまさかきやま》の地に遷宮された。

すなわち、当時宇摩の大領と呼ばれ、この地を支配していた越智玉澄が、この地は迫戸浦(瀬戸浦)に面して鼻栗瀬戸《はなぐりのせと》を守備する枢要の地であり、風光明媚な名勝であるけれでも、社地として狭隘《きょうあい》であるからというので、遷宮を決意し、選んだ祭地が宮浦村榊山の辺磯の地だったわけである。だから遷宮がなされた養老三年(七一九)までは、この横殿宮が瀬戸内の海の治安を維持する水軍の鎮守府としての使命をにない、ここに壮大な社殿が造営されていたということになる。

みたらしの水遺跡

現在は、さしておおきくもない石の鳥居が立ち、疎らな木立の中に小祠が祀られているに過ぎないが、甘崎の古城と並び、鼻栗海峡を守護する海軍の鎮守府跡だと教えられれば、なんだかそんな気もするから妙なものである。

その横殿宮址から丘一つへだてた北の鼻栗瀬戸の浜辺にあるのが、「みたらしの水」遺跡である。砂浜に石垣で造った小さな井戸であるが、瀬戸の満潮時の水位より低いこの井戸から四六時中《しろくじちゅう》清水がこんこんと湧き出るという不思議な井戸である。

伝説によると、むかし、大山積の神様が海水で御祓《おはらい》をされたあと、清水で禊《みそぎ》をするため、海中に立って「清水よ、出よ！」と祈願したところ、たちまち海中から湧き出た清水がこのみたらしの水だったというのだ。だから、この井戸水は大山祇神社の神田水《しんでんすい》とされ、古来神饌《しんせん》水として、秋の大祭には必ずこの清水が神社に献上された。

神話の島

波まぶし　みかんの島に近づけば　　今井つる女

これまで大三島の正面玄関は大三島町の宮浦であった。新しい西瀬戸自動車道の開通によって、その交通地図は変わり、上浦町の大三島ＩＣがこれを代行することになった。

これまでも、本州からの観光客は三原や尾道から連絡船で井口港に上陸していた。井口港から大三島町の大山祇神社《おおやまつみじんじゃ》へは定期バスが運行している。それが、今度はしまなみ海道高速バスの大三島ＢＳまで伸びるわけだ。だから、話の順序として、大三島町の史跡散策は三島ＢＳから始めるべきだが、ここではむかしの玄関口であった宮浦港から口火を切ることにする。

以下は、今治港から高速船で宮浦港へ上陸したときの探訪記である。

今治から大三島に向かう高速船ブルーラインは、大小の横島を左舷前方に眺め、御串山《みくしやま》の岬沖を迂回したところで、正面に白い大鳥居《とりい》を目撃する。「ようこそ大三島へ」、石造では日本一といわれる大山祇神社の一の大鳥居である。側の丘の上の常夜燈は、住吉神社のものだ。ともに、海の守り神を誇示するアクセサリーである。

大三島に初めて大山祇大神を祀ったのは人皇第七代孝霊天皇の皇孫小千命《おちのみこと》である。この命《みこと》は応神天皇の時代、国造《くにのみやつこ》に任ぜられて伊予に来住して水軍を組織したが、この芸予海峡が東西交通の要衝として重要であることを認識し、大三島に祖神・大山積神《おおやまつみのかみ》を祀る社殿を建てた。祭政一致であった当時、この大山祇神社は祭祀の神殿であると同時に、政治・軍事の政所《まんどころ》でもあった。

『日本書記』によると、大山積の神は天照皇大神《あまてらすおおみかみ》の兄神である。この大山積には二人の娘がいて、姉娘を磐長姫《いわながひめ》と呼び、妹娘を木花開耶姫《このはなさくやひめ》といった。妹の木花開耶姫は咲き立ての花のように美しかったが、姉の磐長姫は、顔にあばたがあるといったふうな、みにくい娘であった。春の微風が瀬戸の海《うな》原《ばら》にさざ波を立てはじめる頃、天照皇大神の皇孫瓊々杵尊《ににぎのみこと》が瀬戸内海を渡って大三島にやって来た。尊《みこと》は山狩りをして島での生活を楽しんでいたが、あるとき、生い茂る羊歯《しだ》のあいだから美しい女性を見かけて声をかけた。娘は木花開耶姫と名乗ったので、尊は直ぐさま社《やしろ》へ帰って大伯父の大山積神に、「どうかあの姫君をわたしのお嫁にください」と申し出た。すると大山積神は、「たしかにあの姫は木の花が一時に全開したように美しい。ですが、その生命も花の命に似て短いのです。けれども、姉娘の磐長姫は器量はよくありませんが、身体は岩のように丈夫で、末長く生きてあなたのお世話ができましょう。どちらになさいますか、両人ともに日向《ひゅうが》までお連れください」と、姉妹を日向へ旅立たせた。ところが瓊々杵尊はためらわず木花開耶姫を妻に娶って磐長姫を大三島の祖神《おやがみ》のところへ送りかえしたので、磐長姫は器量が悪いばかりに島へもどされた身の不運を嘆き、それっきり御串山の麓にひきこもって、人前に出ることとなく、大山積神の予言のごとく長寿を全うした。

一方、瓊々杵尊の妃《きさき》となった木花開耶姫は、海幸彦《うみさちのひこ》・山幸彦《やまさちのひこ》という二人の皇子《みこ》を出産したあと、すぐさまみまかった。やがて、山幸彦すなわち彦火火出見命《ひこほほでみのみこと》は天津日嗣《あまつひつぎ》の皇子《みこ》となり、その皇孫神日本《かむやまと》磐余彦尊《いわれひこのみこと》は、筑紫の日向から瀬戸内海を東征し、大和の橿原《かしはら》宮で皇位に即き神武天皇となった。

阿奈波さま

大三島近づくほどに海のいろ
　太古のごとく深く澄《す》み来ぬ　　吉井　勇

宮浦港の南に突出した岬は御串山と呼ばれ、古代の面影をそのままに原生林が茂っている。その山麓の海辺に近く阿奈波《あなば》神社が祀られている。大山祇神社の祭神大山積の長女磐長姫が祭神で、男神に嫁ぐことなく不幸な一生を過ごした姫の霊をなぐさめるため、ここに社を建てたのだという。

この阿奈波神社は磐長姫の長命にあやかり、生命を司《つかさど》る神様として信仰されていたが、南北朝期にこの島が戦乱の渦に巻き込まれて以降は信仰の対象がかわり、下半身とくに婦人病に霊験のある神様として崇拝されるようになった。江戸時代以降は安芸の大崎島から木ノ江や御手洗《みたらい》の遊女たちが大勢、船を

阿奈波神社

借り切って参詣に来て、大いに賑わった。阿奈波さまの社殿は宮浦港を出入する船からもよく見えるが、むかしは境内に赤い女の腰巻が翩翻《へんぽん》とひるがえり、拝殿には木彫りの男根がニョキニョキといっぱいに屹立していた。わたしが探訪のためこの神社に参詣した昭和五十二年にも、そうした風習はつづき、なかには根太い男根に女の腰巻を着せかけた人形のようなものもあり、そばの松ノ木を見ると、これまた枝を切り取った根っこのところが、黒光りするたくましい男根であった。ちょうど、神殿が新しく建てかえの最中であったが、大勢の大工さんに交じってご婦人が一人、無表情な顔で手伝っているのが印象的であった。

ちなみにこの御串山は、三島六景に「泊りが磯」とある景勝の地で、貴重な植物が多く分布しているので、昭和四十三年八月、愛媛県指定名勝となった。今もひときわ濃い松の緑に映えているが、これは生命を司る女神磐長姫の功徳であるように思える。御串山の名は、大山祇神社へお供えする玉串の榊《さかき》をこの山から採取したことからついた名称だそうだが、戦国時代には、この岬にも、三島水軍の城砦・御串山城があった。

木ノ江のおちょろ舟

江戸時代から明治・大正・昭和と、昭和三十二年（一九五七）四月一日に売春防止法が施行されるまで、おちょろという名の遊女たちが大勢、船を借り切って木ノ江から毎年例祭日の旧暦八月一日に、大三島の大山祇神社摂社《せっしゃ》阿奈波神社参詣にやってきていた。

幻想おちょろ舟

その木ノ江は、広島県の大崎上島東岸にある港町である。これは、阿奈波神社の祭神磐長姫命が、長命延寿の御神徳をもって花柳病に霊験あらたかであったからで、彼女たちはお参りすると、社殿に下着や陽物をお供えして病気にならないよう祈った。拝殿脇に、その祈願奉納品を納める一宇があった。

この木ノ江について、歌人の吉井勇は『内海点描』の中で、つぎのような一文を書いている。大三島町宮浦の正面にある港町で、昔からとりわけ関係が深かったので紹介させていただく。

木ノ江の港には「櫓櫂《ろかい》恋しや夕凪にくや、恋し木ノ江はまだ見えぬ」という唄があり、それからまた「木ノ江泊れば燥船《たで》七日、七日とまればまた七日」という唄もある。

瀬戸内海も広島県の方に入っている大崎上島の東岸にある木ノ江港は、この唄でも分かる通り、特殊な地方色のあるところであって、いまだにまだ昔の

「船君」或いは「走り鐘」といったやうな海のたはれめの風俗が残っている。

それは俗に「ちょろ舟」と称しているものであって、また瀬戸内海の異観たるを失わない。

宿屋の階上から見ていると、夕方になって或る時刻が来ると、港の岸近くに舳を揃へて待機している。各幾人かの娼婦を乗せた十数隻の舟は、岸で吹き鳴らす喇叭《ラッパ》を合図に一斉に港の中に錨を下ろしている船を目がけて漕ぎ出してゆくのであるが、女達が目的の船に飛び乗ってゆく素早さといったら、全く目にもとまらぬやうな早業であって、見ていてもむしろ勇壮にさへ感じられる。

私はかねがね人の書いた紀行文で、かういう猟奇的な異風景が瀬戸内海の一部に残っていることを知り、一度は見たいものだと思っていたところが、丁度今度の歌行脚の旅でこの港に寄ることになり、はからずもこの変った風俗に接することができたのであった。その情景を伝へるには、むしろ歌の方がいいと思ったので、ここには唯その時に得た歌だけを書き列《つら》ねて置《お》く。

舳を並《な》めて木の江の沖に夜を待ちぬ　筑紫路の船　熊野路の船
あを首の鴨ならなくに水の上に　ひと夜浮寝のたはれめのあはれ
夕茜《ゆうあかね》木の江の空の褪《たい》するころ　ちょろの船出の喇叭《ラッパ》聴こゆる
いにしへは筑紫へくだる防人も　船のわかれを惜しみたりけむ
燥船《そうせん》七日名残りを惜しむ船がかり　船びとならばわれもせましを

コラム③

〈オチョロ舟紀行二題〉

木ノ江のオチョロ舟については、井伏鱒二の『取材紀行』にも「消えたオチョロ船」という短編がある。これは40年前の学生時代に東京のお台場付近で物売船の老船頭から聞いた木ノ江のオチョロ船をたしかめに行く話で、

「大崎島は大崎上島と大崎下島に分かれ、どちらも内海通ひの船乗たちの間にはオチョロ船で馴染の深かった島である。オチョロ船は港に碇泊してゐる船に遊女を配ってまはる船であった。上島では明治20年代から木ノ江港とメバルという港に存在し、下島には慶長年間からずっと御手洗という港にあった。」

と書き出し、案内人である郵便局長の口から、つぎのように語らせている。

「オチョロ船は日没から出没して、日の出に活躍を終ります。日没になるとオチョロ船は女を4人5人と乗せ、置屋のおかみが一緒で酒や料理なども積み碇泊している船に漕ぎつけます。つまり、オチョロ船は海上遊郭であり、動く張店《はりみせ》であって、翌日の日の出になると女を情緒もろとも引きさらって来る遣手婆《やりてばばあ》でもあるのです」

また屋代島の出身で、立命館大学教授であった奈良本辰也氏は『瀬戸内海の魅力』（昭和35年8月、淡交新社）という本の中で、このオチョロ船の話を聞くために、わざわざ木ノ江港を訪れたときの紀行を、次のようにものしている。

「わたし達は、その夜、かつてオチョロの船を持出したという置屋の並ぶあたりを歩いてみた。小型の自動車がやっと通れるくらいの道をはさんで、二階や三階の建物が並んでいる。話が聞きたかったら、あの料理屋で聞きなさいといわれた店もそこにあった。ビール1本120円、酒正1合35円、などと書いてある。暖簾《のれん》を押して入ると、四十ぐらいの小母さんが一人ポツンとしている。わたくし達は、まずビールを頼んで、それからここに訪ねた目的などを話した。すると、小母さんはもう一人の女性を連れてきた。彼女は、いつか映画の撮影隊がやってきたとき、そのオチョロの舟をあやつって画面に出ることになったという。

彼女らは、わたくし達の問いに答えて、そのありし日の姿を聞かせた。こちらから押しかけるばかりでもなかったそうだ。沖についた舟に馴染《なじ》みの女性がいるならば、その舟は笛を鳴らして合図をする。どの家は幾つ、どの家は12、というふうに信号がきまっていたのだ。そして、その家が出ると今度は、次に女の番号を呼ぶ。そうした汽笛が夕もやに消えるころ、彼女たちの乗ったオチョロが、その船めがけてまっしぐらに走って行く。縄梯子に足をはずして、冬の海中へ真逆さまに落ちていった妓、船の板がゆらいで砂浜におち、頭を幾針も縫わなければならなかった妓。なかなか彼女たちの生活のたたかいは激しかった。しかし、どうもありし日をなつかしんでいるのだ。この街では、やはりその時代が一番なつかしい、良い日であったのだろうか……」

と奈良本氏は、そんなに夜が更けてもないのに、人っ子ひとり通らなくなったのは、ここの町の夜を訪れる船乗りがいなくなったからだろうと、彼女たちの思いを代弁しているのである。

大崎下島御手洗の
若胡子《わかえびす》屋跡にある遊女墓

大山祇神社

宮浦海岸から一の大鳥居をくぐって商店街の長い参道を抜けると、「大日本総鎮守大山祇神社」と大勲位公爵伊藤博文の筆跡で刻まれた石柱が立ち、楠の古木の茂る境内の正面に二の大鳥居が立っている。銅板扁額《へんがく》に「日本総鎮守大山祇大明神」と二行に書かれているが、これは参議藤原佐理《すけまさ》が船板に書いた神額の写しで、実物は大山祇神社宝物館に保蔵されている。

藤原佐理は日本三蹟（小野道風、藤原佐理、藤原行成）の一人で、この額は彼が一条天皇の正暦年中、大宰大弐《だざいのだいに》の任を終えて帰国の途中、大山祇神社に奉納したものである。すなわち『大鏡』の太政大臣藤原実頼の条に、「敦敏《あつとし》の少将の男子佐理大弐《すけまさだいに》世の手がきの上手、任はて上られけるに、伊予の国のまへなるとまりにて、日いみじゅう荒れ、海のおもてあしく、風

大日本総鎮守大山祇神社二の大鳥居

おそろしく吹きなどするを、少しなほりて出でむとし給へば、又同じやうにのみなりぬ」とあり、佐理は太政大臣藤原実頼の孫で、大宰大弐の任を終えて、筑紫からの帰京の途次、伊予の国の手前にある港の沖合で暴風にあい、船を前に進めることができないで難渋した。そこで佐理を乗せた船は、やむなく難を避けてとある島かげに船を停めていたが、一夜佐理の夢枕に老翁が出現して、「わたしは、かねてから大山祇神社へ神額を奉納したいと念願しているが、その機会がなかった。さいわいこのたび日の本一の書家であるあなたが、ここへお渡りになると聞いたので、このような大風を吹かせて船をお停め申した。あなたがわたしの望む神額を書いて神社へ奉納してくだされば、風波はおさまるので、どうか願いを叶えてもらいたい」といって消え去った。

参議藤原佐理が船板に書いた神額

そこで、佐理は老翁の命ずるままに船体の破片で扁額を造り、それを持って大三島に渡り、斎戒沐浴《さいかいもくよく》して神前で神額を書いたところ、たちまち風波はおさまり、佐理一行は無事に航海をつづけて帰京することができたというのである。

このとき佐理の乗船が流れ着いた浜が弓削島の引野《ひきの》の浜であることはすでに述べた。すなわち、村人たちはここに神社を建て、大山祇神社の末社着《ちゃく》神社と称した。毎年四月二十二日の大祭にはここから奉納する荒筵《あらむしろ》を敷かなければ祭典が行われないというきまりはそのためである。なお、佐理一行が遭難にあった「伊予の国のまへなるとまり」とは、岩城島の泊《とまり》をいうのだと、『三島宮御鎮座本縁』には書かれている。

あしまゆく舟のいさりのかくるるを　きゆとみしまにまたやもゆらん　佐理

御田植神事と神幸一人角力

大山祇神社大鳥居をくぐって、境内に入ると、石灯籠や唐獅子の並ぶ参道のすぐ右手に田圃が一枚ある。これは旧暦五月五日に御田植祭が行われる斎田《いつきだ》だ。その上段に神輿《みこし》渡御の斎場があり、ここでは有名な珍神事「神幸《じんこう》一人角力」が行われる。これは回《まわ》し一本締めただけの力士が一人登場して、土俵の上で俗界の人間どもには見えない稲の精霊を相手に相撲を取って、行事が勝った方に軍配を上げるという奇抜な神事である。公式の相撲の作法通り、行事の仕切りで立ち上がり、ハッケヨイヤ、ノコッタノコッタと、精霊と四つに取り組み、三番勝負のうち、一番は人間の力士が勝つというきまりで、古代では人間が神の精霊に対して絶対に勝つことのない一番勝負であったが、明治以降、観衆の俗受けをねらって、三番勝負となり、人間の力士は二番目に押し出しで勝つことになっている。この一人角力は、早乙女《さおとめ》たちによる御田植行事のあった直後と、秋の抜穂《ぬきほ》祭の行事のときと、年二回行われ、春には稲の豊作を祈り、秋には、その豊作を感謝するという筋書きである。

この、春と秋の大祭のときには、近郷近在の町村から多勢の参拝客が押しかけて、境内内外には大市《おおいち》が立った。幼い頃、わたしも祖父に連れられて、岩城島から櫓漕ぎ舟で春の大祭に参詣して来たことがあった。甘崎の港に上陸して山越しに大山祇神社境内まで歩いたが、その遠い道程も苦にはならないほど、未だ見ぬ賑やかな大祭への期待に胸をふくらませていた。生まれて一度も目にしたことがなかった大人の騎馬姿に驚いたのもこのときだったし、バナナの叩き売りや、香具師《やし》の巧妙な口車に乗せられて籤を引き、当り籤が一つも出ず、母や祖母から貰ったなけなしの小遣銭をはたいてしまった苦《にが》い思いも、このときに味わった。獅子が舞い、鎌髭《かまひげ》姿の奴《やっこ》が踊り、だんじりと神輿《みこし》が終日町中を駈けまわっていた。

この日は学校も休みで、宮浦の少女たちも絣《かすり》の着物に赤い襷《たすき》をかけた手踊《てお》りで彩《いろどり》を添えていた。

本邦最古の大楠群

瀬戸内の島々には昔、楠の原生林があった。

大山祇神社の境内の真ん中に立つと、鬱蒼とした楠の古木群に驚く。この楠の原生林は神社裏手の奥の院までつづき、境内から約一〇〇メートル登った丘の上にも根回り三一メートル、目通り幹囲り二〇メートルにも及ぶ「生樹《いきぎ》の御門」がある。真ん中が自然の空洞となっていて、その空洞が昔の神宮寺奥の院への参道となっていたので、この名がある。樹齢二千年を超える大楠で、大きさでは日本一の巨木といわれている。

大三島大山祇神社の調査では、この神社境内の楠で目通り幹囲一メートル以上のものは三十八本もあり、特に目立つのは拝殿正面の神木と、北側十七神社の並びにある能因法師《のういんほうし》雨乞の楠である。有名な拝殿正面の神木は大山祇神社を創建した小千命《おちのみこと》御手植《おてうえ》の楠《くす》といわれ、樹齢二千六百年、高さ一六メートル、根回り二〇メートル。能国法師雨乞の楠は樹齢三千年といわれ、能国法師がこの楠に雨乞いをしたという伝承がある。

すなわち、白河天皇の御代、伊予国守護藤原範国《のりくに》は、正月より田植えの頃まで降雨がなく、百姓たちが苗代をつくることも出来ずに困っていると聞いてほうっておけず、能因法師を使者として大山祇神社へ派遣し、降雨を祈願させた。そこで能因法師は、

小千命御手植の楠（大山祇神社境内）

天の川苗代《なわしろ》水にせきくだせ　天降《くだ》ります神ならば神

と和歌を詠んで、それを幣帛《へいはく》に書き付けて祈祷したところ、霊験あらたか、伊予国中に三日三晩雨が降りつづいたというのである。

世をすくふ心もふかきことの葉に　ひかれて降《くだ》る天の川水　　能因法師

以上の古楠はともに国の天然記念物だが、もう一つ、神社の拝殿前に「河野通有兜掛けの楠」という大楠がある。遺憾ながらこれは立枯れて、先年まで根株だけが残っていたが、今はその根株さえも無くなって、その残骸が横たわっているに過ぎない。

弘安四年（一二八一）元寇の役で、伊予三島水軍の大将河野通有は、鎌倉幕府の命を受けて勇躍壮途についたが、その出陣に先立って、河野家の氏神大山祇神社に参詣して祈願をこらした。このとき通有は拝殿前のこの大楠の根株に兜を掛け、「起請文ヲ十枚書キテ氏神ノ三島ノ社ニ押シ、灰ニ焼キテ自ラ呑ミテ」祈願したというのだ。

むかし、この大三島は全島が楠の群生地であったが、南北朝時代の兵火に罹《かか》って、その楠の原生林は七日七夜にわたって焼け続け、残すところは、この大山祇神社の神域だけとなった。かつて、この神社に参詣した歌人吉井勇は『内海点描』の中で、つぎのようにその印象を書いている。

河野通有兜掛の楠（大三島大山祇神社境内）

私がこの大山祇神社に参詣したのは、もう初夏といってもいい、空の碧く晴れた日の夕方であった。その時分にはもう既に参拝の人達の姿も見えず、神社の境内の真ん中に立っている大きな楠の繁った葉越しに、黒ずんだ檜《ひ》皮葺《わだぶき》の社《やしろ》の屋根が如何にも神々しく見えていたが、あかあかと射した夕日のいろと、幽かな鳩の鳴き声とは、この世のものとは思はれないやうなしづけさを私の胸につたへて来た。私は神社に参拝した後、宝物館に往ったが、そこに陳列せられてあった武器の美しさも、いまだに忘れることが出来ない。

あなかしこ大山祇の御社《みやしろ》の　檜皮《ひはだ》の屋根に照れる春の日
島はいま大山祇の春まつり　過ぎたる後のしづけさに居り

国宝の島

義経の鎧まばゆく緋縅《ひおど》しの　真紅《しんく》の糸もいまか燃ゆがに　　吉井　勇

歌人吉井勇を感動させた宝物館は、室町時代に建造されたという社殿南の神門の前を右に折れて、石橋を渡ったところにある。途中に見事な宝篋印塔が三基立ち、国の重文に指定されているが、いずれも鎌倉時代の作で、中央の大きなものを一遍上人の建立と伝えている。これほど端正で、堂々とし

国重文　大山祇神社の宝篋印塔

た風格をもつ完型の宝篋印塔は滅多に見当たらない。一遍上人は伊予国主河野通信の孫で属名は通秀、通称を別府七郎といい、建治元年（一二七五）に出家して時宗を開いた。

珍らしいといえば、国宝館紫陽殿の中の鎧兜・刀剣の類で、国宝・重要文化財に指定されている日本の武具のうち、およそ八割がここに収蔵されているのだ。とくに延喜時代、越智押領使好方奉納の沢潟《おもだか》威鎧《おどしよろい》は天慶の乱で藤原純友追捕の戦勝を祈願して奉納したと伝える日本最古の鎧である。また、平安時代源義経奉納と伝える赤絲威胴丸鎧《あかいとおどしどうまるよろい》は、その優美さにおいて天下一品で、河野通信奉納紺絲威鎧（平安時代）、源頼朝奉納紫綾威鎧（鎌倉時代）と並び、国宝に指定されている。ほかに河野通有奉納の萌黄綾《もえぎあや》威腰取鎧《おどしこしとりよろい》（鎌倉時代）が河野通時奉納の藍韋威鎧《あいかわおどしよろい》（鎌倉時代）や南北朝時代に祝彦三郎安親が奉納した鎧や木曽義仲が平安時代に奉納した紫韋威胴丸《かわおどしどうまる》などとともに重文に指定され、刀剣の部では、平重盛奉納の塵地螺鈿飾剱《ちりじらでんかざりつるぎ》や護良親王奉納の金銅牡丹文兵庫鎖太刀《こんどうぼたんもんひょうごくさりだち》が圧巻である。

なかには後村上天皇奉納と伝える南北朝時代の大太刀や、刀身が一八〇センチもある大森彦七奉納の大太刀、武蔵坊弁慶奉納の薙刀《なぎなた》、源頼朝・和田義盛・河野通信奉納の名刀など、すべて国宝級で、驚嘆の一語に尽きる。

工芸品の部では、斉明天皇奉納の国宝禽獣葡萄鏡《きんじゅうぶどうきょう》が有名であり、鎮西八郎為朝奉納の赤漆塗重藤弓《しげとうのゆみ》と、平重盛奉納の銅製水瓶は重要文化財である。

河野通有が奉納した「黒漆塗革張冑鉢《くろうるしぬりかわばりかぶとばち》」や「鯨髭張半弓《くじらひげばりはんきゅう》」および「木篦箭《きべらや》」は弘安の役で蒙古軍から河野氏が分捕った戦利品であり、文安二年（一四四五）から寛文十一年（一六七一）に及ぶ二二七年間の法楽連歌《ほうらくれんが》二八一巻は、昭和四十七年五月に国の重要文化財に指定された。

法楽連歌は、水軍の武将たちが大山祇神社の社殿に参籠して連日興行した連歌大会の所産であるから、その頃の武将たちの心情や動向が作品にあらわれて、文学的にはもとより歴史的にも価値が高いものとなっている。奇《く》しくも『兵庫北関入船納帳』の記載と同じ文安二年（一四四五）に始まっていることは、全盛期の水軍史料として高く評価される。

たとえば「まだ遠き対馬づたいの船の道心づくしの旅は我のみ」という文明十二年の歌や、文明十四年の「見ぬ人を紅葉《もみじ》の山に行きあいてつしまにとまるもろこしの船」などは、明らかに倭寇として出陣した水軍武将の心情をあらわすものであり、天正四年（一五七六）七月五日に、能島水軍の大将村上武吉が詠んだ万句連歌の「塵とのみつもりて雪やたかま山」の先句に付けた「さえ行く月はかつらぎのさと」は、たかま山とかつらぎのさとの位置関係から、同年七月十三日夕刻より翌十四日未明まで戦われた摂津木津川河口の海戦に出陣するときの心境を表現したものと考えられる。

木々に見し、花は太山《たやま》のわか葉かな

これは天正四年五月二十五日に、若き能島村上水軍の総帥村上元吉が詠んだ発句である。

鶴姫の鎧

着たる姿思ひえがきて笑みてゐぬ　澤瀉威《おもだかおど》し紺糸威《こんいとおど》し　吉井　勇

大山祇神社国宝館のなかには、なおわたしの琴線《きんせん》に触れる宝物が二点あった。一つは、紺絲裾素懸威胴丸《こんいとすそそかけおどしどうまる》と呼ばれる室町時代の女性着用鎧で、もう一つは弘安四年の役で河野通有が奉納したと伝える「神使白鷺の額」である。ともに第二国宝館と呼ばれる高床式唐破風棟造《からはふむねづく》りの建物の中にある。この建物は大正十五年六月、神社界最初の宝物館として建造された。

紺絲裾素懸威胴丸は、大山祇神社の大祝安用《おおほうりやすもち》の娘鶴姫が着用して戦ったと伝える国の重文だが、大祝家記による所伝はこうだ。

鶴姫は大永四年（一五二四）大山祇神社第三十一代大祝安用《やすもち》の娘として大祝館《おおほうりやかた》で生まれた。母は妙《みょう》

鶴姫の像（宮浦藤公園）

林《りん》、長兄は安舎《やすおく》、次兄は安房で、鶴姫が八歳のとき父の安用が亡くなり、長兄の安舎が第三十二代大祝《おおほうり》となった。このとき次男の安房は祝《ほうり》となり、三島城の陣代として三島水軍を指揮した。

当時大三島は周防・長門の守護大内氏の来襲に悩まされ、鶴姫の生まれる二年前の大永二年（一五二二）七月、最初の侵攻があったが、天文十年（一五四一）六月にも二度目の来襲があった。そのとき、伊予守護河野通直は、麾下の村上水軍を救援に派遣して、三島水軍と連携し、防戦につとめたが、この激戦で次兄の祝安房が戦死した。

鶴姫はこうした時代背景のもと、父の安用から女武者として育てられていたので、直ぐさま兄に代わって陣頭に立ち、大薙刀《おおなぎなた》をふるって敵軍を撃退した。このとき鶴姫は十六歳であった。戦死し祝安房のあと三島城の陣代となったのは越智安成であったが、彼は鶴姫より二歳年長であり、大三島井口好味《こうみ》の小海城主越智左近大夫の嫡男であった。

一度は撃退した大内軍であったが、同年十月、再び大三島に来襲し、鶴姫は恋人である越智安成と協力してこれを迎撃した。このとき鶴姫は、夜中ひそかに小舟に乗って敵将小原中務丞の軍船にしのび込み、遊女を集めて酒宴を開いていた中務丞を刺殺した。

だが、この勝利も束の間、二年後の天文十二年（一五四三）六月、三度目の大三島攻撃をかけて来た大内軍によって、三島城陣代越智安成は戦死し、恋人を失った鶴姫も六月二十二日未明数十艘の軍船を率いて出陣して敵軍に潰滅的な打撃を与えたあと、ただ一人小舟を沖へ漕ぎ出し、入水《じゅすい》して果てたといわれる。行年十八歳、花の命の短い生涯であった。

わが恋は三島の浦のうつせ貝　むなしくなりて名をぞわづらふ

このあと、大三島は大内軍の軍制下に置かれ、軍司令官島左衛門が小海城に進駐したことは前述した。

さて、その鶴姫の鎧だが、胸囲りのふくらみがゆったりと、ウエストが引き締まってくびれ、草摺《くさずり》が十一枚に分かれてスカートの襞《ひだ》のように優美に見える。色は臈《ろう》たけた濃紺《のうこん》色で、あきらかに女性用につくられたものであることがわかる。

大三島町ではこの鶴姫を偲《しの》んで毎年八月に三島水軍鶴姫まつりを行い、佳麗な歴史絵巻を繰り広げている。その鶴姫の鎧姿の像が藤公園の中に立っている。

大祝家と三島水軍

伊予三島《みしま》水軍の始祖は人皇第七代孝霊天皇の皇孫小千命《おちのみこと》である。『予章記』によると、命《みこと》は応神天皇の時代、伊予の国造《くにのみやっこ》に任ぜられ、伊予に赴任して瀬戸内水軍を組織し、その子孫が瀬戸内の支配権を握った。この小千氏二十一代の玉澄のとき姓を越智氏と改め、これまで鼻栗瀬戸の横殿にあった大山祇神社を宮浦の現在地に移した。このとき玉澄が腰掛けて社地選定を思案したのが神社奥の院にある玉澄腰掛岩で、大山祇神社から生樹の門へ向かう途中の道路端にある。

玉澄には二人の男子があり、長男の益男に政治と軍事を委ね、二男の安元に神事を掌らせた。益男が河野氏の祖となり、安元が大山祇神社大祝《おおほうり》の祖となったのである。

したがって、これまで祭政一致であった越智氏の統治権は軍事と祭祀に両分され、これまでの小千（越智）水軍も河野水軍となったわけだが、大三島の大祝氏も自前《じまえ》の水軍を組織して、大山祇神社と大三島近海を自衛した。大祝氏の大祝

玉澄腰掛岩

職は終身職で、いったん三島大明神の神託を受けて大祝になると、疑神体《ぎしんたい》すなわち現人神《あらひとがみ》となり、俗事とは無縁の存在となる。

こうした現人神の出現によって、人々の三島大明神への崇敬の念はいよいよ高まるわけだが、この大祝に代わって俗事を執行する役職が祝である。

祝《ほうり》は通常大祝の嫡男であり、大祝が亡くなると、この祝がつぎの大祝となるという順序である。それは天皇の即位に類似し、大祝家が天皇家に継ぐ長い世系だといわれるゆえんである。

したがって、大祝家の軍事指揮権を掌握して外敵と戦ったのはこの祝氏で、前後三回にわたる大内軍の来襲を果敢に迎撃したのは、当時の祝職であった安房麾下の三島水軍であった。名目上の総帥は大祝となった安舎《やすおく》だが、事実上の指揮官は祝安房だから、彼は陣代《じんだい》と呼ばれた。

このように三島水軍といえば大山祇神社大祝傘下の水軍のことをさすのだが、河野水軍のことを三島水軍という場合がある。こちらは越智玉澄から政治と軍事権を譲りうけた嫡男の益男を祖とする河野氏の水軍である。この水軍は藤原純友の天慶の乱平定に武功を立て、源平合戦で源氏の平家追討に協力し、また南北朝争

大山祇神社元寇神使　白鷺の絵馬

覇で、足利尊氏に味方して湊川合戦に勝因をもたらせた。

弘安四年（一二八一）の元寇の役で河野通有が指揮して蒙古軍と戦ったのはこの河野水軍であった。

大山祇神社宝物館の神使白鷺《しらさぎ》の額というのは、実は元寇の役の故事を絵にしたものである。

大山祇神社で戦勝を祈願した河野通有は、河野水軍を率いて筑前博多へ出陣し、蒙古の軍船と対峙した。このとき通有は心をこめて大山祇の神に御加護を祈念したところ、沖合いから一羽の白鷺が飛来して、軍陣の櫓の上に置いてあった百本の征矢《そや》の中から一本をくわえて舞い上がり、蒙古軍の船団の上空で大きく輪をえがいて、とある軍船めがけて急降下し、その矢を落とした。それは敵の大将が乗船した旗艦だったので、通有は勇気百倍、〝これぞ明神の御加護《ごかご》ぞ〟と信じ、伯父の通時とともに船を漕ぎ出し、その旗艦に帆柱をたおして乗り移り、ついに敵の大将を生け捕りにするという武勲をあげた。

この白鷺は大山祇神社の神使として長く語り継がれ、その故事が絵馬となって今も宝物館に保蔵されている。またこの宝物館の一隅に、もう一つ隅切《すみきり》折《お》敷《しき》縮《ちぢみ》三《さん》文字《もじ》の入った麻地の白旗が飾られている。これは「三島《みしま》神紋《しんもん》流旗《ながればた》」と呼ばれ、河野通有が実戦に使用したものを御礼のため当社へ奉納したと伝える。

神鳥《かんどり》の鷺《さぎ》が嘴《くわ》へし箭《や》の不思議　いまのいくさにまたも現《あ》れしめ
明神《みょうじん》の神のつかひの白鷺を　朝のまさめ目にみるよしもがな
蒙古勢たちまちにして平げし　神威おもへば頭《かうべ》くだるも

三首とも吉井勇、社頭の詠歌である。

大山祇神社宮司大祝の屋敷は、神殿と道路をへだてた北側の地所にある。練塀《ぬりべい》に囲まれた門構えの中だ。またその大祝屋敷から神社の外郭をめぐらす道路を東に行くと、小川を渡った南の丘に祖霊殿が建っている。そこから坂を下ったところに鎮座する古寺が東円坊《とうえんぼう》で、大通智勝仏《だいつうちしょうぶつ》を本尊として祀っている。大山祇神社の神宮寺で、南光坊《なんこうぼう》を含む二十四坊の一つであったが、南光坊など八坊は今治の別宮地御前《べっくじのごぜ》大山祇神社境内へ移された。

その後、反本地垂迹《はんほんじすいじゃく》思想の普及により、神宮寺はつぎつぎと姿を消し、大三島では東円坊《とうえんぼう》、今治では南光坊だけが残った。今治の南光坊は、四国霊場五十五番の札所として巡礼が引きもきらず有名だが、この東円坊は廃寺同然で、付近の安神山園地《あんじんざんえんち》でその在所《ありか》を聞いても、異口同音に「知らない」という答えがかえってきた。

このところみしまにゆめのさめぬれば　べつぐうとてもおなじすいじゃく（御詠歌）

文人たちの大三島

砂白ろに庭燎《ていりょう》たくらむ楠の冬

これは大三島町宮浦に、昭和五十八年（一九八三）に建立された歌人河東碧梧桐《かわひがしへきごとう》（一八七三―

一九三七年）の句碑である。

碧梧桐は明治六年二月二十六日松山に生まれ、俳人高浜虚子《たかはまきょし》とは中学が同級で、正岡子規《まさおかしき》に師事していたが、虚子と対立し、新傾向俳句を提唱し、自由律俳句を創始した。

明治四十三年の俳句行脚の途中、十一月十二日大三島に来て、当時の宮浦郵便局長渡辺氏の宅に一泊したが、そのとき大山祇神社に参詣し、宮司の案内で宝物館を見学した。

十一月十二日、半晴　風あり。

瀬戸内海の島通いする小蒸気《こじょうき》に乗って、この島に着いたのは午後四時頃であった。旧知菅菊太郎と久闊を叙する間もなく、大山祇神社に詣でると、すぐ宮司の案内で宝物庫に導かれた。国宝の甲冑《かっちゅう》類で、この宝庫に蔵せられてあるものが日本全国中の八割という多数を占めておるという鎧及び兜を始め、太刀・鏡等何れも稀代の業物との説明を聞いた。南北朝以降足利時代の武将達が、陣中のつれづれに試みたらしい連歌の如きは、総《すべ》て二百通ばかりもあって、別に蝕《むしば》んだ跡もなく保存してあると、その一部の箱も開かれた。狭くるしい宝庫の中は、殆ど品物で埋まっておる。梁にも鎗長刀の類が掛け列《つら》ねてある。由緒のあるらしい古い弓などは縄からげ同様にして吊ってある（中略）。

最初宝庫に入って危ない階子《はしご》を攀《よ》じた時、窓明りのさす方にほのかな虹の如き色合の鎧の袖らしいものを認めたよい心持を忘れることは出来なかった。後にその袖は色々威腹巻という鎧の袖で、修理をしたため、色合い鮮明であるのだと知った。緋とか藍とかの一色でなく、どこで継ぐともなく威《おどし》の絲が種々の色に変わっておるがため、虹をながしたように見えたのであった。その威の絲の染色が、五、六百年以上千年近くもたった今日、少しも変色せぬのは、如何なる染料を用いたのか、科学の研究を超越しておるという説明もまた頭に一種の響を与えたものであった。

伊予路ゆく大山づみは三島江の　あきしもなどか鳥をとるらん

これは中納言藤原定家の和歌であるが、『大三島町誌』（昭和六十三年三月三十一日発行　大三島町）では『拾遺愚草』からの引用として、「伊予路ゆくこれ山つみは三嶋江のあしきもなどかとりをとるらむ」と紹介されている。

我恋は三島の沖にこぎ出《いで》て　名をぞ煩うあまのつり舟　　西行法師

前述のごとく一遍上人は河野氏の一族であったから一族の氏神である大山祇神社に参拝して、ここに集まった結縁衆《けちえんしゅう》を済度《さいど》しているが、このときつぎのような和歌を詠んでいる。

跡もなき雲にあらそうこころこそ　なかなか月のさわりなりけり
西へ行く山の岩かと好く見れば　苔こそ道のさわりなりけれ

また同じ河野氏の池原殿（河野通直の父）も、

三島江の暁《あかつき》深しこえふけて　神さびわたる鈴の音哉

と詠んで、大山祇神社の神威を讃えている。

「道は熱い砂が踏む足の下から濛々と煙を立てた。少しばかりの町屋の間を通って石の反橋《そりばし》を渡ると、日本総鎮守の大石標が建って、そこから広い境内へ石の柵が広がった。神社を囲んで数かかへに余る石のやうな幹をした大きな樟の樹が十数本殆ど隙間もなく空を蔽ひ、大地はその陰と陰の下に暗くしっとりと苔を湛へていた。その奥に社務所があった。」

これは水島爾保布《にほふ》の『瀬戸内海紀行』大三島の断章であるが、ほかに文芸評論家小林秀雄や画家前田青邨の大山祇神社宝物館探訪に関する随筆もあり、女流歌人今井つる女も大三島在住俳人の招きで来島し、幾つかの句を詠んでいる。

見えていてみかんの島のさて遠き
島々を浮かべ荒れをり冬の海

万福寺の昭功碑

宮浦から海岸通りを南下して大三島南端の宗方《むなかた》へ向かう。途中に口総《くちすぼ》というところがあって、万福寺という浄土真宗の寺院がある。境内に「昭功碑《しょうこうひ》」と題した石碑があり、つぎのようなことが書かれている。

口総万福寺の昭功碑

> 忠左衛門は加茂郡篠原《しのはら》城主後藤氏の家臣苅山《かりやま》氏の曾孫で、長善寺開基玄智坊善恵《げんちぼうぜんけい》と同族だが、大永七年六月に当地に移住した。天正年間、石山合戦のとき小早川隆景の部将として黄旗組《きはたぐみ》を率いて輸送に当たったが、天正五年正月二十一日に戦死した。よって宗主顕如上人《けんにょしょうにん》が親書と法号および甲冑《かっちゅう》を送り、長善寺《ちょうぜんじ》の玄智からも仏像三体が贈られた。そのときの旗幟《はたのぼり》は長善寺に現存している。

すなわち、竹原の長善寺にある有名な「進者往生極楽《すすめばおうじょうごくらく》　退者無限地獄《しりぞけばむげんじごく》」という旗幟を掲げて大坂の石山本願寺へ兵糧を輸送し、織田信長の軍勢と戦ったのは、この忠左衛門に率いられた黄旗組だったことがわかる。

ちなみに、石山本願寺へ兵糧を輸送したのは、浄土真宗の安芸門徒《あきもんと》であるが、これを護衛して織田軍と戦ったのは村上水軍をはじめとする毛利氏麾下の水軍将士たちで、その宗派は真言宗や曹洞宗がほとんどであった。

すなわち、黄旗組などの安芸門徒が石山合戦に従軍したのは、厚い信仰からする護法のためで、村上水軍の参戦は、これまで掌握していた瀬戸内《せとうち》の制海権を織田信長の天下布武から守るためであった。一つは護法のため、一つは争覇のためである。

石山本願寺合戦は、元亀元年（一五七〇）から天正八年（一五八〇）に至る織田信長と石山本願寺との戦いである。天下布武をめざす信長は元亀元年正月、顕如上人に石山からの退去を要求したが、顕如はこれを拒否したので同年九月六日から信長による本願寺攻略が始まった。その間、一次・二次・三次と断絶的に講和がなされたが、天正四年四月になって、ついに本格的な攻撃が始まった。爾来五年間にわたって本願寺は籠城戦を行うが、織田軍の包囲によって補給路を断たれ、深刻な食糧危機におちいる。

この難局を救済するために敢行されたのが、同年七月十三日の毛利・村上連合水軍による織田方艦隊潰滅と石山納糧の合戦である。

このとき黄旗組を指揮した忠左衛門は芸備の門徒衆が集めた兵糧を満載した輸送船団の先頭に立ち、村上水軍の警固船に護衛されて木津川河口から石山本願寺の寺内町《じないまち》に兵糧を搬入して、そのままそこに居残り、来攻する織田軍と戦って同志十八名と共に壮烈な戦死をとげたのであった。そのとき、かれらの血潮に染まった「進者往生極楽」「退者無間地獄」の黄旗が、今も竹原の真言宗長善寺に残っている。

宗方の櫂伝馬

万福寺境内に昭功碑の立つ口総から、さらに海岸通りを南下すると、宗方という集落があって、活《かつ》魚《ぎょ》料理を出す旅館として有名な「かわかみ」や「大三島ふるさと憩いの家」があり、稲積《いなずみ》・水谷という二つの水軍城跡がある。

この集落の鎮守は大山祇神社の摂社ではなく、旧村社の宗方八幡神社だが、その由緒にはつぎのような口碑がある。

「筑前国宗像《むなかた》大社の御神木がこの地に流れついた由縁によって社殿を営み、これを祀ったことにはじまる。また神功皇后《じんぐうこうごう》が凱旋のときここに船泊まりされ、三女神を祀ったのが起源とも伝えられる。古来当社は地《じ》の御前《ごぜ》で、沖の島の蓬莱《ほうらい》・蓬英《ほうえい》・蓬祥《ほうしょう》の三つの小島を霊島として海上渡御が今も盛大に斎行されている」

八幡神を勧請合祀したのは正長元年(一四二八)八月十五日で、そのときから入船八幡宮《いりふねはちまんぐう》と称したが、明治三年(一八七〇)になって、村社宗像八幡宮となった。

このような縁由により、今でも六月十七日の神社祭典には神社の前の海で櫂伝馬《かいでんま》競漕《きょうそう》が盛大に演ぜられ、華麗な海上絵巻がくりひろげられる。

宗方八幡宮祭典　櫂伝馬競漕風景

わたしも一度盆の季節八月十二日に、この櫂伝馬の祭典を見に行ったが、神社で祝詞《のりと》が奏上されたあと、三艘の櫂伝馬と、蓬莱・蓬栄・蓬祥の三つ霊島に見立てた沖の小島に海上渡御を行うお召船と、そのお供舟とが海上に浮かぶ。お召し船には神主《かんぬし》が神輿《みこし》とともに乗り込み、三艘の櫂伝馬は集落ごとに赤・青・桃の三色に分けられ、一艘あたり十七人が乗り込んでいる。昨年のオモガイをつとめた青年を頭《かしら》に、オモガイ一人・太鼓一人・漕ぎ手の水夫が十二人・幼い子供のボンデン（采《さい》振り）一人に、ケンガイの少年が一人である。

はじめの海上渡御のときにはケンガイの少年とボンデンの子供は無邪気に采を振り、ケンガイを躍らせてまことに優美だが、いよいよ競漕が始まると船から振り落とされまいとしゃがみ込み、必死になって船ばたをたたくばかりである。船のオモガイをとる青年のカジの取り方いかんで競漕の出来不出来がきまるから、このオモガイの責任は重かつ大である。

もとはこの櫂伝馬、二日間にわたって競漕したが、最近は一日になった。それでも三艘がお召船のまわりをひたすら漕ぎまわる勝ち負けのないエンドレスな競技であるから、深夜もいとわず、渾身の力をふりしぼり、へとへとになって体力が尽き果てるまで漕ぎつづける。

したがって漕ぎ手の力が尽きた夜明け頃が神輿宮入りの刻限で、かつてこの櫂伝馬を目撃した民俗学者の守屋毅氏は『愛媛の祭りと民俗』の中で、こう結んでいる。

「競漕が終わって神輿が頭屋《とうや》の家へ戻ってくるのは翌日の朝二時頃、そしてそこで獅子舞や奴踊りがあって、神輿が宮入りする時分には、もう東の空が白んでいる」

これと同じ櫂伝馬は海をへだてた安芸の上蒲刈島《かみかまかりじま》大浦でも行われ、類似のものはこのあと採訪する今治市大浜で行われる櫂伝馬競漕がある。また伊予北条の鹿島の秋祭りで盛大に挙行される櫂ねりも、この櫂伝馬の一種だが、こちらには宗方のような激しい競漕性がない。神輿の海上渡御に際してその先導する船のことを広くこの地方では櫂伝馬というからである。

隣の伯方島にある喜多浦八幡宮も、筑前博多の筥崎宮《はこざきぐう》から勧請《かんじょう》されたという伝承がある。この宗方神社が筑前宗像大社から勧請されたことと共に、伝承の由来が裏付けられる。

鷲ヶ頭山《わしがとう》と入日《いりひ》の滝

歴史的文化遺産もさることながら、大三島には恵まれた自然資源がある。その点でも大三島は芸予諸島の首位を占める。

まず面積において大三島は六四・六平方キロメートル、淡路島・小豆島・屋代島・倉橋島（六八・七平方キロ）につぐ五番目の島で、芸予諸島では最大である。また台《うてな》ダムや入日《いりひ》の滝のように大きなダム・滝は、しまなみのどこにもない。

一日、わたしは長男の車で鷲ヶ頭山へ登った。大山祇神社駐車場から上浦町の井口港へ向かう途中、右手の教善寺門前のところから登山道が山頂まで通じている。距離五キロ、舗装した車道が延々と蛇行し、登るにつれて峨峨たる岩石が聳え立ち、眼下に宮浦港が開けてくる。海面に突出した自然林の御串山《みくしやま》と天空に高く安神山、大小の横島の向こうの山並みは大崎上島である。

山頂に近く道端に弁慶池があるので、のぞいてみると、渇水期にもかかわらず満々と水をたたえていた。右手眼下に台《うてな》や薬師山など野々江の山々を俯瞰できるようになって、間もなく車は山頂近くの駐車場に到着した。

駐車場に降り立って驚いた。大島の念仏山と伯方島の宝股山《ほこさん》の山系が一部展望を遮断しているものの、西の斎灘《いつきなだ》から東の鼻栗瀬戸《はなぐりのせと》まで、遠く四国の連山を背景にして、一望のもとに見通すことができるのだ。

わたしはこの日まで、上浦町の立石山に登った体験から、この鷲ヶ頭山にもあまり大きな期待をもっていなかった。ところが、いまその先入観は完全に吹き飛んだ。西空の下に梶取鼻《かじとりばな》が突出し、波方ターミナルのタンクをへだてて大角鼻《おおすみばな》が横たわっているのだ。さらにその左手に高縄《たかなわ》山系をバックにした波止浜《はしはま》や今治《いまばり》の町が眺められ、手前には来島海峡に架かった来島海峡大橋をすべて眼中におさめることができるのである。目を東に移すと、念仏山の山腹から伯方・大島大橋がのぞき、その左手前に鼻栗瀬戸が顔を出していた。

瀬戸の海　眼下に一声　不如帰《ほととぎす》　　相川　浩

駐車場の片隅に立つ小さな句碑である。

標高四三六・五メートルの山頂は、そこから遊歩道を一五〇メートル登ったところだが、途中にNHKや南海放送のテレビ塔もあり、安神山から大山祇神社へ通じる大三島自然研究路もつけられている。ここからは北方の生口島や高根島《こうね》・佐木島《さぎ》なども展望することができ、上浦町井ノ口沖にひょたん小島も俯瞰できる。

鷲ヶ頭《わしがとう》山からの景観を満喫したあと、わたしたちはもとの車道を下山して、大山祇神社の門前町を通り抜けて台《うてな》地区へ入った。そこから台本川《うてなほんかわ》の沿道を台ダム公園へ向かう。途中、滝山橋のところに入日の滝への案内表示があったので、左折して深山《みやま》をめざした。

たきつせにこころをきよめいのるみは　はなのうてなにのりのたきやま

入日の滝とは、滝の上方から入る太陽の光線によって、滝の色が幻想的にいろいろと変化するところから名付けられたのだが、この和歌はその入日の滝近くに建立されている健徳院の奉納御詠歌である。

深山から流れ出る滝の水量は尽きることなく、渇水期に訪れたにもかかわらず、清水が一条の糸を引いて落下していた。滝壺脇のお堂には不動明王と地蔵尊が祀られ、近くの庵室からは力強い読経の声が聞こえた。

台ダムと七人渡し

誰しも瀬戸内の島々に抱く思いは水不足で、雨の少ない瀬戸内海式気候は島々に製塩業を発達させた。ところが、この大三島に来て入日の滝を見、滝山橋を左折して訪れた台ダムを見学したとき、その認識は少し修正しなければならないと思った。

たしかに、むかし鷲ヶ頭山から流出する雨水は下流の台地区で天井川となり、流域の人々を洪水で悩ませた。ところが、昭和五十九年に起工して造成された台ダムがその面目を一新した。このダムは源を鷲ヶ頭に発し、台地区を貫流して瀬戸内海に注《そそ》ぐ二級河川台本川《うてなほんかわ》に造られた多目的ダムである。

このダムは下流の水田二二五ヘクタールに一日当たり約一、五六〇立方メートルの灌漑用水を確保すると

天井川の悩みを解消した台ダム

開通した大三島橋。この向こうに七人渡しがあった

ともに、大三島町・上浦町・伯方町および宮窪町の三島四町に一日平均四、三〇〇立方メートル、最大六、〇〇〇立方メートルの水道用水を供給できるのだ。湖畔に台ダム碑が建っており、うてな湖周囲の遊歩道からの景観も素晴らしく、安兵衛公園、梶之倉公園、御棚公園、龍々堂公園などがあり、見上げると、北の空に鷲ヶ頭山と安神山が聳えている。

これも大三島が誇る新しい観光資源の一つである。ところが反面、開発は島の人々に不便を強いることもある。

むかし、大三島の瀬戸《せと》と伯方島の熊口《くまご》のあいだに鼻栗瀬戸《はなぐりのせと》を挟んで、七人渡しがあった。江戸時代、時の藩主が大三島から伯方島へ渡るのに、七人の漕ぎ手を任命したのが始まりだといわれ、代々その血縁者によって船頭が世襲された。

爾来この渡しは手漕ぎ船から帆船・動力船・フェリーへとかわり、瀬戸港―熊口港間約八〇〇メートルを一日約二十往復して、年間凡そ四万四千人、車両約一万三千台を運ぶ盛況となった。

だが、この渡しは昭和五十四年五月十二日に西瀬戸自動車道第一号の大三島橋が開通すると廃止されてしまった。車の輸送量の残存率が一〇パーセントを切り、採算がとれなくなったからである。

この鼻栗海峡瀬戸で、大三島橋のはなやかな開通式を横目に見ながら、最後の就航をしたフェリーは老船「東陽《とうよう》」であった。小型フェリー東陽（八〇トン）の船長であった織田さんはその後、自分の生活権を奪ったこの大三島橋で料金徴収の仕事についた。しまなみ海道の開通がそこで暮らす島の人たちに明暗を分けたわけだ。

たしかに、この開通は両港から遠くで生活している人々には有難いことであろうが、橋近くの海岸近くの人々にとっては、インターチェンジが遠いため、大変な迂回となり、車を運転できない老人や婦人・子供にとっては足をうばわれたことになったからである。だから地元の人たちは、

「目と鼻の先の島が、えろう遠なってしもうた」

と嘆き、

「今まで東陽に乗れば、たった五分で行けたものが、インターを通って車で行けば一六キロほどの距離となり、インターを通らず自転車で行っても坂が多く、小一時間はかかる」

とぼやいた。

これはなにも、ここだけの問題ではない。尾道と向島を結ぶ渡船にも、今治と大島の下田水のあいだのフェリーにも同じような問題があり、さらに橋のかからない弓削・岩城など上島四町などにとっては、問題は一層深刻であろう。前者はさいわい利用者が多いため、航路は廃止にならなかったが、後者では今まで何本も通っていた今治行きのフェリーは一日わずか一便で、快速船も回数が減って、通学通勤の足は細ってしまった。

関　前（今治市）

大下灯台

旧越智郡関前村《せきぜん》……今は今治市関前だが、岡村島《おかむら》・小大下島《こおおげ》・大下島《おおげ》の三島からなり、今治市より海上二〇キロをへだてる。

かつては岡村と大下村の二ヵ村であったが、明治二十二年（一八八九）の町村制施行により、合併して関前村となった。

江戸時代、大三島・岩城島・生名島とともに越智島と総称され、松山藩の大庄屋の管轄下にあった。伊予松山藩主が松山城を出て、三津浜から海路を江戸に向かう参勤交代の航路にこれらの島々が点在していたからである。藩主一行の御座船を曳航する漕船の水夫も、岩城島（五十人）とともに三十人を出した。

大下村は四国高縄半島の先端大角鼻の北方海上約四キロに位置しており、大下島と小大下島の半分で構成した。両島の間の大下瀬戸《おおげせと》は瀬戸内海の主要航路にあたり、海の難所である。

したがって、大下島の大下瀬戸に面した竹子の鼻の岬には大下灯台が設置されて、急潮激浪の危険から通行船舶の航海の安全を見守っている。灯台に隣接する「みんなの広場」には森繁久彌の詩碑が建ち、島の名所となった。

灯台が設立されたのは、明治二十七年(一八九四)である。

この大下島に灯台が設置されるまでは岡村島の観音崎に常夜灯があって、江戸時代の航海の安全を守った。

観音崎は岡村島の西南に突き出た高さ三〇メートル、長さ三〇〇メートルの岬で、眺めがよく、クロマツの緑と所々に露出した石灰岩の白さとが調和して、風光明媚。国立公園に指定されているのだが、岬の沖の関前灘は古来海の難所として知られ、船舶の遭難が絶えなかった。

関前というのは関所の前という意味で、この観音崎と海峡をへだてた西の大崎下島御手洗に海関(警固所《けごしよ》)が設けられていたからだ。

お汐と亀松の哀話

岡村の海岸道路の防護壁に、大きな壁画が描かれている。これは村に伝わる民話「お汐と亀松の哀話」をモチーフにしたもので、そのあらましはつぎの通りである。

江戸期の中頃、九州の筑前に亀松・お汐の兄妹がいた。

兄妹の家は裕福な村の庄屋で、兄の亀松は聡明で学問好き。妹のお汐も年の頃は十三、四歳で裁縫が上手な読み書きもよくできる利発な少女であった。ところが、お汐の母は後妻であったから亀松とはなさぬ仲。行く行くはこの亀松が家督を継いで当主となり、嫁を貰えば財産を独り占めしてお汐につらくあたるであろうと取り越し苦労して継子いじめをはじめた。この亀松を殺して娘のお汐に婿を取ろうと考えたのである。

そこで母親はお汐にそのことを話したところ、お汐は兄の亀松を強く慕っていたので、「お母さん、そんな恐ろしいことはしないでください。私は財産もなにもいりません。わたしにとって亀松兄さんはかけがえのないお人です。どうか兄さんと仲良くしてください」

と、母親を諫めた。だが、母親は聞く耳をもたず、

「それはお前が世間知らずのおねんねだからそんなことをいうのじゃ」

と、かえって怒りを激しくし、亀松を亡きものにする計画を今にも実行しようとした。

一方、そんな継母の悪たくらみがあろうとは夢にも思わず、学問にうちこんでいた亀松は、前よりも一層妹のお汐を可愛がっていたから、お汐は、こんな人のよい兄さんをどうして母は殺そうとするのかと悲しくなり、ついに思いあまって事の真相を兄に打ち明けた。すると、兄の亀松は、

「わたしさえいなければ事は丸くおさまるというのですね。それではわたしは家を出ます。どうかお前はあとに残って、わたしのぶんまで父母に孝養をつくしておくれ」といって、家を出る決心をした。

けれども兄を敬愛するお汐はどうしても兄の説得には応ぜず、とうとう二人して家を忍び出て、回国修行《かいこくしゅぎょう》の旅にのぼった。二人は六部《ろくぶ》となって見知らぬ土地を旅から旅へと巡礼をつづけながら、とうとう信濃の善光寺までたどり着くことができたが、馴れぬ旅路の苦労が重なって、とうとう

観音崎の救世観音堂（岡村島）

お汐は病魔におかされ、必死に看病する亀松の願いもむなしく、ついに帰らぬ人となってしまった。

亀松は旅の途中で受けた人の情けが忘れられず、このあとの人生を世のためにささげようと考えて善光寺で出家得度《とくど》し、海漚《かいおう》という法名をもらって木食僧《もくじきそう》となった。そしてお汐が形見に残した念持仏《ねんじぶつ》をふところに、ふたたび同行二人《どうぎょうににん》の旅をつづけ、諸国をめぐり歩いたが、その旅の途中で立ち寄ったのが、この岡村の牛ケ崎であった。

そこで海漚は村の人たちから、ここ牛ケ崎の沖は航海の難所で、数多くの人々が海難事故で命を落としているということを聞いた。

「これぞ、わたしが常日頃念じていた世のため、人のための仕事ではないのではなかろうか……」

と決意した海漚は、なんとかして人々の難儀を救おうと、この岬に観音堂を建てて、妹お汐の形見の念持仏に日夜念じながら祈祷をつづけ、ここに住みついたのであった。彼は村庄屋の協力を得て常夜灯を造り、托鉢《たくはつ》して村々をめぐって喜捨を求め、油代を工面して夜毎にあかあかと灯明を点《とも》しつづけたというのである。

人々はこのあと牛ケ崎を観音崎と呼ぶようになった。

観音崎救世観音堂縁起

筑前の庄屋の息子亀松あらため回国木食僧海漚《かいこくもくじきそうかいおう》が元文年間（一七三六―一七四一）に信濃の善光寺から九州筑前へ下る途中、伊予の岡村にやって来た当時、岡村の庄屋は井村八左衛門であった。彼はこの行脚僧が若年にもかかわらず名僧知識のように思えたので、一夜自分の屋敷に泊めて村の難儀を語った。

すなわち、牛ケ崎の沖の関前灘は流れのはやい海の難所で、古来海難事故が絶えず、昔、ここに立ち寄られた弘法大師が、人々の難儀を見かねて仏法をもってこれを救済することを念じ、一尺五寸の救世観音像《ぐぜかんのんぞう》を彫り込み、それを岬の岩間に安置なされたという話をしたのであった。

すると海漚は、

「是非、わたしをその磯辺に案内していただきたい。その観音菩薩像を取り出して、岬の上に、おむかえして祀り、愚僧が日夜祈祷をして仏の功徳《くどく》を顕現し、向後とも人々に難儀がかからぬようにいたしたい」

と庄屋に懇願した。

岡村島、観音崎の常夜灯

「ふむそれはご奇特な、願ってもないことでござる」

と、八左衛門もそれが村の人たちのためになることであるからと、人夫を出して僧を助けて岩間に沈んだ観音像を取り出して岬の上のお堂に祀った。

　このとき、八左衛門は僧の熱意に動かされて、さらに灯台を一基寄進して岬に設置し、灯明《とうみょう》を点じて暗夜航路の道しるべとした。これが元文五年（一七四〇）の建立と伝える常夜灯である。そればかりか、五年後の延享二年（一七四五）には、二間半四方のお堂を新しく建立して海漚の住居としたのであった。この観音堂は文政十一年（一八二八）に暴風のために倒壊したが、その後再建されて、現在の入母屋造り三間四方の典雅な建物になった。

　元文五年に木食僧釈《しゃく》海漚が庄屋井村八左衛門と協力して建てた常夜灯は、明治中期の頃まで海の安全を守って大切な役目を果たしたが、明治二十七年に大下灯台が設置されてからは、その役割を終え、永久に灯を点すことがなくなった。現在の常夜灯は昭和五十八年に復元したもので、岬全体が観光地になっている。春の桜の名所で、展望台があり、遊歩道に地蔵と並んで「散る桜残る桜も散る桜」という僧良寛の句碑もある。

なお、所伝によると、この岡村島は古くは姫児島《こじま》と称されていたということで、島の宮ノ浦に鎮座する姫子嶋神社はその名残であり、昔の社号は三島大明神であったという。

この社で毎年二月十一日に行われる百手《ももて》神事の弓祭《ゆみまつり》（弓祈祷）は有名である。

また島の北端の岬は、正月鼻と呼ばれているが、ここでは源平合戦に敗れた平家の落武者の子孫が、毎年正月になると鎧冑のいでたちで付近の島々から集まってきて、酒を酌みかわしながら、先祖を供養する風習がつづいていたと伝えている。今もここには、古墳などの祭祀遺跡が残り、正月鼻古墳公園と呼ばれている。

岡村港を見下ろす長谷山《ながたにやま》の頂上にある白亜の展望台は新しい島の名所であり、島は現在、大崎下島と橋でつながっている。

石灰《いしばい》やき

江戸時代、大下島の属島小大下島は、岡村と大下村の入会山《いりあいやま》で、島のほぼ中央を境に両村に分割されていた。全島に石切場が分布し、その石灰岩の採掘・加工のため人々が移住してきたのであった。

採掘した石灰岩の加工とは、石灰焼《いしばいやき》である。石灰山《いしばいやま》の石をとって焼き、石灰をつくるのである。その石灰で白い漆喰《しっくい》をつくり、それを家の壁や屋根地《やねじ》に塗って、港の家々の白壁が生まれたのであった。

こうした白壁の民家が、海を背にして並んでいる風景は美しく、瀬戸内海の風物詩となった。

その石灰が、今度は水田にも用いられるようになり、土壌の酸性を緩和するのに重要な役割を果たすようになった。

実は、こうした石灰の需要の増大にこたえるため、小大下島でも石灰やきが始まったのである。

小大下島での石灰生産の始まりは、文政六年（一八二三）で、この年秋に讃岐の観音寺町の問屋田中屋忠次郎が伊予松山藩に石灰やきを願い出た。文政九年（一八二六）二月から六月までに石灰一万四千二百六十二俵が焼かれ、一俵についての冥加銀《みょうがぎん》は二厘五毛であったと記録されている。

その後、明治維新後の工業の発達とともない、セメントの材料として用いられるようになると、需要はさらに増加し、明治八年（一八七五）に肥料用石灰三十五万四千貫、工事用石灰五千貫であった小大下島の石灰算出額が、大正元年（一九一二）になると、生産額九百六十万貫と飛躍的に増加している。

なお、こうした石灰山と石灰工場は、小大下島だけでなく、安芸下蒲刈島《しもかまがりじま》と三之瀬《さんのせ》をへだてた上蒲《かみかま》刈向浦《がりむかいうら》や、伊予越智郡弓削島の下弓削《しもゆげ》にもあった。

伯方島（今治市）

鼻栗瀬戸と三つの小島

大三島から大三島橋を渡って伯方島へ向かう。この橋は昭和四十三年三月に開通された尾道大橋についで、昭和五十四年五月、西瀬戸自動車道の二番手に架橋された。橋の下は急湍《きゅうたん》渦巻く鼻栗海峡だが、西の岬に展望台があり、アーチ橋と三つ子島の景観が美しく眺められる。そこには徳仁皇太子殿下の歌碑があり、書家村上三島氏の筆蹟で、

　　鼻栗の瀬戸にかかりし橋望み
　　　　潮乗りこえし舟人偲ぶ

と刻まれている。

眼下の三つ子島は、伯方島の瀬山見張台直下の磯辺に

鼻栗瀬戸の三つ子島

見えるが、その夕陽に映える景観は絶景で、古来鼻栗瀬戸《はなぐりのせと》を渡る船人たちの詩情をそそった。

人ならぬ岩木もさらにかなしきは　みつの小じまの秋の夕暮　　守覚

これは『予陽郡郷俚諺集』に記されている古歌である。三つの小島は大三島宗方沖にもあるが、往時の航路と夕暮れの情景から判断して、歌人守覚の琴線《きんせん》に触れたのは、こちらの三つ子島だと思える。

むかし、伯方島の熊口《くまご》港と枝越《えだごえ》港のあいだの鼻栗瀬戸へ突き出した岬には、枝越《えだごえ》城という水軍の砦があった。城主の館跡が史跡として伝承されているが、城主としてよく知られているのは今岡通任である。通任は村上義弘の姉（妹）婿といわれ、この鼻栗瀬戸と南の船折瀬戸を扼して航行する船舶から通行税を徴収した。今岡四郎左衛門通任は、甘崎城主として枝越城のほか瀬戸の城の城主をも兼ね、村上水軍総帥村上義弘と肩を並べる伊予水軍の副将であった。鼻栗瀬戸を俯瞰する瀬山はその見張所であったと伝える。

宝股《ほこ》山と開山《ひらきやま》公園

大三島橋を渡って、伯方島に入り、西瀬戸自動車道を伯方島ＩＣで国道３１７号に降りる。見上げると東方に鉾《ほこ》のような形をした宝股《ほこ》山があり、その名はこの形に由来する。伯方町役場で貰

伊方開山公園展望台からの眺望・鼻栗瀬戸俯瞰

った観光名所案内にもこの名があったので、まずこの山に登ってみることにした。叶浦《かなうら》から北浦《きたうら》・古江《ふるえ》方面への県道を行くと、新しく開通したトンネルの手前に登山道があり、その車道は宝股山の中腹まで通じていた。そこからは急坂で遊歩道が設営されている。標高三〇四メートル、山頂は古代の高地性集落遺跡として知られ、巨岩奇岩が散在していた。石鎚大権現《いしづちだいごんげん》が祀られ、行者の修行場を思わせる鉄の鎖が岩肌にぶら下がっている。観光地として開発されてはいないが、山頂からは周辺の海島と大三島橋および伯方・大島大橋が俯瞰できる。

　宝股山から北へ降りれば北浦だが、もとの叶浦へもどって、国道を海岸沿いに北方へ向かう。伊方《いかた》の開山《ひらきやま》公園が新しい観光地として開発されているからだ。風光明媚で標高一四九メートルの山頂にある展望台から中国山脈や四国山脈を遠望することができ、目の下に鼻栗瀬戸を俯瞰《ふかん》できる。

　展望台がある山頂までは車道がついている。そこから南へ下る遊歩道があり、石仏が三体並ぶ尾根《おね》の頂上から尾根づたいに小松の疎林《そりん》の中を下ると、その先に見晴らし台がある。熊口《くまご》の集落と鼻栗瀬戸が一眸の下に俯瞰できて、筆舌《ひつぜつ》に尽くし難いほど素晴らしい。ブルーのカンバスに高速艇が白い航跡を画きながら大三島橋の下を通過するさまは、まさに絶景の一語に尽きる。

遠くに、伯方と大島を結ぶ吊橋の先端が見える。ここからは大三島上浦町の瀬戸や甘崎の集落も手に取るように眺めることができるのである。ここは桜の名所としても知られ、桜の下に前掛けをした三十三体の観音石仏が並んでいた。

喜多浦八幡宮

伊方から峠・小田小坂を越えて、北浦へ向かう。白鳳《はくほう》二年(六五一)に筑前博多の筥崎《はこざき》宮からその分霊を勧請《かんじょう》して創建したという喜多浦《きたうら》八幡神社は、モッコクの原生林が茂る南の丘(亀山)に鎮座している。綺麗に削平された広い境内の中央に社殿が建ち、境内西側に村芝居を奉納する芝居小屋《しばいごや》の舞台がある。

社殿の中に入ると、文政十三年(一八三〇)に庄屋中村重左衛門が奉納したという和船の模型が展示されてある。八幡丸と命名された村上水軍の関船《せきぶね》で、大きさは子供が一人乗れるくらいのサイズである。原型を忠実に模造し、きわめて精巧に復元してあるから、文化財として価値があり、参観のために研究者の来訪が絶えない。

喜多浦八幡宮神殿

もう一つ、この神社で注目されるのは、「喜多浦八幡大神社芝居小屋」である。嘉永三年（一八五〇）の建造で、花道もついており、観客は境内に座って夜半まで見物する。毎年四月の例大祭春市に興行される祈《き》祷芝居《とうしばい》で、神様に喜んで貰うのが本旨だが、氏子たちも喜んで見物する。神社の境内に常設の芝居小屋があるのはユニークだが、塩飽島泊《しあくじまとまり》の小烏《こがらす》神社にもこれと同じようなものがあり、むかしは越智郡魚島でも行われていたから、こうした風習は一般に行われていたものと思える。また二月十一日には境内で「弓放ち」の神事が行われ、春の大祭とともに近郷近在から大勢の参詣人が集まって賑わう。寺伝では弘安四年の蒙古来襲で、河野通有が筑前博多へ出陣するとき、大山祇神社と並び、この神社へも参詣して戦勝を祈願したといわれている。

伯方の塩

伯方は古来製塩の島である。

伯方島に限らず、瀬戸内に入浜式の塩田が開発されたのは、海岸一帯に遠浅の所が多く、波が静かで、雨量が他の地方に比べて少なかったからである。

鎌倉時代初期東寺領であった弓削島が塩つくりの島として知られているが、これは揚げ浜式塩田であって、入浜式ではない。揚げ浜式が海面より高い所に塩田をつくって、そこに人力で海水を注ぎ込むのに対して、入浜式は塩田を満潮の海水面より低くなるように造って、満潮が近くなると、堤防の樋《ひ》を開いて海水を導入させる方式である。

海水は塩田の短冊型に作った溝に浸入して、その海水が塩田に撒かれたサン砂（撒砂）に注がれ、そのサン砂を沼井《ぬい》という四角な箱のようなものの中に入れ、そこで砂についた塩をとかすしかけになっている。

この入浜式塩田には、たくさんの労働力を必要とするが、これは塩田にサン砂を撒いて塩をしみこませ、それをまたエブリで掻き寄せて沼井の中に入れる作業のためである。彼らを浜子《はまこ》という。浜子はたいてい炎天下に褌《ふんどし》一つの裸ではたらいた。「浜子の一升飯」という言葉があった。重労働で、その力を大食によって得ていたからである。

伯方島に最初入浜式の塩田が開築されたのは、文化三年（一八〇六）から文化十四年（一八一七）にかけてである。北浦浜に流れる中川が、たびたび出水して川裾に土砂が堆積し、今治藩では年毎にこれを雇役《こえき》で取り除いていたが、この砂で中川河口北側の海面二町歩余りの小湾を埋め立てて塩田にすることに思いついたのである。この工事は北東沖にも及び、北浦塩田が竣工したのは文化十四年であった。

この北浦塩田の開築によって自信を得た今治藩は、これを伯方島の東部瀬戸浜に及ぼし、文政四年（一八二一）に瀬戸浜塩田を完成させた。さらに天保年間（一八三〇―四四）にいたって古江浜塩田の開発を計画し、これは大塩田であったから大坂商人からの借金でまかない、十七年間の歳月をかけて、幕末の万延元年（一八六〇）に完成させた。

この古江浜塩田は、わたしの生まれた岩城島からも眺望でき、西部《にしべ》の「ひやま」という火建山《ひたてやま》の「やぐらのはな」から「そらやま」の尾根すじにかけての丘から望むと、沖の燧灘に浮かぶ四阪島の高い煙突と並び、整然と並ぶ沼井の砂盛りが黒々と眺められた。とりわけ夕方になって点灯された電光と、かん水を炊く石釜の火がチカチカと、まことに幻想的であった。

そこには従業員の社宅があり、塩専売局の支所があり、製品を搬出するための機帆船が停泊していた。

しかし、昭和二十九年（一九五四）になって、製塩方式に流下盤枝条架法が導入され、昭和三十二年にそれがすべての塩田に及ぼされると、従来の入浜塩田はつぶされてしまった。そして、その製塩業自体が昭和四十六年四月の「塩業近代化臨時措置法」によって廃止のやむなきにいたる。製塩が、イオン交換樹脂膜製塩に転換したためである。

平成十一年の春、しまなみ海道の開通を目前にして、わたしがこの古江浜をたずねたとき、繁栄を誇っていたかつての入浜式塩田は廃墟と化していた。

その廃田に海水を張り、三ヵ所とも車エビの養殖が行われていたが、瀬戸浜塩田跡では、木浦の伯塩産業株式会社が、外国から輸入した天日塩によって、健康に良い「調理の塩」を加工・製造した。

この塩が目下全国的に売り出されている「伯方の塩」である。

ふるさと歴史公園

東伯方《ひがしはかた》の木浦《きのうら》はかつて機帆船の基地であったから、今でも驚くほどたくさんの汽船が港内に停泊している。むかしはこの木浦港が伯方島の正面玄関で、尾道から今治への巡航船がこの木浦港に寄港していた。沖に燧灘がひらけ、その海底からはときにマンモス象の化石が発見される。造船業も盛んで、今でも赤いクレーンが林立して青白い溶接光がチカチカと目に入る。

港に入ると、そのクレーンの向こうに岩ケ峯（金毘羅山）という小山があり、山頂に城郭型の建物が見える。中世の山城だった木浦城跡である。港口から海岸道路を東へ行くと、左手に「ふるさと歴史公園」と表示された入口があり、山の上に駐車場がある。ゆったりとした山頂全体が公園となっており、大きな樹木がないので、三六〇度展望は自在《じざい》である。ここに伯方島の歴史と産業がわかる資料館があり、城郭型のふるさと歴史公園居館の中に入ると、島内で出土した石器や土器などとともに、製塩や造船・海運に関する民俗資料が展示されている。三階は展望回廊《かいろう》で、庭には造船の島らしく大

ふるさと歴史公園の居館（東伯方木浦）

きなスクリューと錨《いかり》が置いてある。

伯方島には、この木浦城跡のほか、前述の枝越城・松ヶ鼻城・金ケ崎城・有津城・伯方新城・星ケ浜城（北浦）・大夫殿《たゆうど》城（北浦）など、さまざまな中世の城砦跡があったようだが、『伯方町誌』は、信濃村上氏の師清《もろきよ》が賀名生《あのう》行宮《あんぐう》の南朝後亀山天皇の命を受けて入部した島を、この島の木浦として、つぎのような仮説を立てている。

①当時芸予諸島で南朝の基盤であったのは加納荘の伯方である。

②大島には当時北朝方の小泉《こいずみ》氏が地頭として盤踞《ばんきょ》しており、村上氏は進出できなかった。

③木浦大深山《おおみやま》の楠《くすのき》に能島村上氏の始祖村上雅房の墓所があり、この地が能島村上氏の館跡であったことがわかる。

あとで述べるように、直木賞作家の白石一郎氏も受賞作『海狼伝』で、能島村上氏をそうした立場で紹介しているが、村上雅房は能島村上氏の初代ではない。

初代は雅房の父義顕で、村上雅房が死去したのは永正十二年（一五一五）であるから、村上師清が大島へ下向した天授三年（一三七七）とは一三八年ものひらきがある。伯方町では雅房の没年を永享四年（一四三二）とした『予陽盛衰記』の記載を信頼しているようであるが、三島村上氏に関する史実を考える場合には、その正統の子孫が伝える『萩藩閥閲録』の家伝に依拠すべきであろう。

禅興寺と村上雅房の墓

能島村上氏第二代村上山城守雅房の菩提寺である端松山禅興寺へは、木浦の伯方町役場から県道を西へ行き、北の路地を少し登ればよい。

禅興寺は堂々とした城郭風の石垣をめぐらした寺院で、永享二年（一四三〇）村上雅房の開基と伝える。伯方新城のあった大深山《おおみやま》を背にしているが、その大深山には昭和四十九年に竣工した展望台があり、付近の島と海を眺望できる。文化十二年（一八一五）に落慶した禅興寺本堂の須弥壇天井には山本雲渓が画いた龍の墨絵があり、境内入口には見事な山門がある。

山門の前に立って南方を俯瞰すると、左手前方二〇〇メートルのところに、こんもりした森が見える。これが禅興寺の開基村上山城寺雅房の館跡に生《お》うる大楠で、町指定の天然記念物となっている。

水軍能島村上氏の家祖村上山城守雅房の墓所にそびえる大楠は推定樹齢六百四十年、樹高約一六メートル、幹周約七メートル、枝張りは東西・南北とも約三〇メートルあり、伯方町の文

瑞松山禅興寺山門

化財（天然記念物）に指定されています。勇将雅房が逝去すると、館の一隅に供養塔が建てられ、その後背に水軍のシンボルともいうべき楠の苗木が植えられましたが、今日の楠はそれが成長したものであると伝えられ、数々の伝説を秘めて現在に至っています。楠は水軍の大切な用材でした。村上水軍の里、そして、海運・造船の町伯方にふさわしい樹木として楠が町木に指定されています。

これは平成三年三月に、伯方町教育委員会が建てた案内板の文言だが、側に「史蹟村上山城守雅房の墓」と書いた標柱があるので、この場所が町の史蹟となり、楠の前に新しく建立された村上雅房夫妻の五輪塔も、町の文化財となっている。

墓塔には、木浦在住の子孫の家に祀られている位牌にもとづき、法名と没年がつぎのように刻まれている。

端松院殿家翁良栄大居士、永享四年十一月二十三日没
瑞雲院殿繁室貞昌大姉、永享九年九月三十日没

永享四年は一四三二年だが、『萩藩閥閲録』に記載されている能島村上氏の後裔図書《ずしょ》家の系譜では村上山城守雅房の没年は一五一五年（永正十二年五月十五日）で、法号は「海仙寺前海将軍賢翁道基」となっている。

吉井勇の歌碑

禅興寺から下って県道を西へ。有津《あろうず》へ向かう。尾浦からは国道317号である。むかし、この尾浦には天然記念物の見事な松の木があり、渡舟が宮窪港まで頻繁に通っていた。

そうした島づたいの連絡船に乗って、昭和十一年の五月、歌人吉井勇が伯方島の有津にやって来て、旅館に泊まり船折の瀬戸や道下《みちか》海岸で舟遊びに興じた。そのときはそのまま帰ったが、翌年六月、ふたたびこの有津にやって来た。島と海の美しい風景と、素朴な人情が忘れられなかったからである。

除虫菊の花の盛りも過ぎにけり　さびしきかなや伯方島山
船折の瀬戸もとろむや風絶えて　たばこ畑の昼はしづけし
瀬戸の海島より島へわたりゆく　船の遍路もおもしろきかな

思うことはるけかるべし鼻栗の　瀬戸をながめて石を切るとき
大夕立いまか来るらし向島　鵜島のあたり波立てる見ゆ

歌集『天彦』に見える吉井勇の和歌である。
有津の光藤旅館の客となった吉井勇は、五十二歳の夏を六月から九月二日まで約三ヵ月間、この宿に泊まり、短歌文学全集の編集をしたり、島内外を散策して、その風光を愛《め》でた。このときのことは、彼の随筆『相聞居随筆』所載「海南小記」でうかがえる。

昭和十二年の夏、六七八の三月《みつき》の間、その大半をわたしは瀬戸内海の中にある伯方島と云ふ一島嶼で過ごした。この伯方島はもっと詳しく云へば、愛媛県越智郡に属する周回《しゅうかい》七里余の島嶼であって、西北方に大山祇神社のある大三島、東北方は生口島、因ノ島、岩城島、そして南方は来島海峡との間に大島がある。東伯方、西伯方の二ヶ所に分かれていて、私のいたのは東伯方村の有津と云ふ、小さな湾にのぞんだ一部落なのだった。

吉井勇歌碑（矢崎の明神鼻海岸）

宿は海岸の直ぐ近くにあって、二階の縁側にはよく船の甲板に置いてあるやうなズック張りの安楽椅子が置いてあった。これはこれまで数年の間、夏毎に避暑に来た葡萄牙《ポルトガル》か何処かの宣教師の一家のために整へたものの名残であらうが、これが私の滞在中、どの位役立ったか知れなかった。私は午睡する以外の時間は、大抵このズック張りの椅子の上に腰を下ろしたまま空しく時を過ごしていたのである。

あはれここも伊予路のうちか夜もすがら　耳にひびくは潮の音のみ
旅ごころうたた寂しく見てありぬ　伊予路がよひの船の煙を

吉井勇は、この三ヵ月の間に尾道・瀬戸田・宮窪などに二、三泊ぐらいの行程で旅をした以外は、ほとんどここで過ごし、つぎのような所感を述べている。

時間は時計を見るまでもなく、ここに出入する今治通ひと尾道通ひの定期の発動機船の発着で分かった。正午は半里ほど向ふの、伯方島中で最も賑やかな木浦といふ港街で鳴らすサイレンの響きが、風のまにまに伝はって来るから直ぐに分かる。時には風の吹き具合で遥かに海を隔てた対岸、大島の漁港宮窪で鳴らすサイレンの音が、潮鳴のやうに聴こえて来ることもある。

そのうち最後の今治通ひの船が、汽笛を鳴らしながら真向ふの宇（鵜）島の陰に姿を隠してしまふと、いつも四五隻はきっと碇泊している貨物船の艫《とも》の甲板では夕餉《ゆうげ》が始まり、白い日覆《ひおおい》をした漁船の数も何時の間にか減って、急に暗くなった空では遠い雷鳴の音が聴こえはじめる。白い簾《すだれ》のやうに高い竹竿のうへに、干し並べた庭先の干瓢《かんぴょう》を、吹き煽るやうに風が立ちはじめたかと思ふと、やがてぱらぱらと大粒の雨。かうして私の空しい一日が終わって、今度は昼よりも更に空しい夜が来る。

しかし或る意味では夜の方が、更に空しくないのかも知れない。島の夕餉はまだ日が暮れきらないうちで、一浴の後縁側に近いチャブ台に向ふのだが、晩酌をやったところで相手なしの独酌では興も乗らず、一合金十銭の酒をやっと一本。そこそこに飯を食ってしまってから、大抵毎晩決まったやうに、半町ばかり離れた海岸にある大沢翁の家をたづねる。翁はホトトギス派の俳人で、若い時分には江湖に放浪すること十数年、市井の消息にも通じているところから、島では私の唯一の話相手であって、涼宵の閑談は中々尽きない。

酒にがくなりてさびしやただひとり　島辺の宿に蛸《たこ》の飯食《いひを》す

だが、この寂しい島の宿でのひと夏の滞在は、勇にとって決して無為に過ごした時間の浪費ではなく、彼は後年「形には現われていないが、心頭を往来した思索の跡を辿って見ると、そこには私のした仕事が今でもはっきりと残っている」と述懐している。

このように、彼は有津という土地にかなりの懐かしみを感じていたので、一時はここに永住することも考えたようである。だが、所詮それは儚い夢でしかなかった。

戦時色が強くなり、文学や絵画など道楽者のすることだと毛嫌いする島の風土では、そうしたことが実現するはずがなかったからである。だから、彼は二度とこの島を訪れることなく、昭和三十五年十一月、京都でその生涯を閉じている。

しかし、昭和四十年、町の公民館長であった阿部里雪《りせつ》氏が中心となり、勇が光藤旅館に書き残していた絹地の和歌をそのままに、彼が好んで逍遥した矢崎の明神鼻の海岸に歌碑として刻んだ。


人麿がむかしゆきし海をゆき　うまし伯方の島山を見む

ここからは、船折瀬戸の入口にある四十小島《ししこじま》の赤い灯台と、対岸の鵜島が一望できる。

四十小島と鶏小島

船折《ふなおり》の瀬戸は有津《あろうず》の矢崎《やざき》から道下《みちか》を経て伯方・大島大橋の橋脚までつづく海岸道路の眼下に広がる観光名所である。島内随一の景観で、はっと息をのむほどである。眼下は伯方島と鵜島のあいだの幅三〇〇メートルの海峡で、最大流速九ノット。急湍渦巻《きゅうたんうずま》き、船が折れるほどの潮流である。海岸道路は国道417号だが、展望の良い所には引き込みがあって、下車して絶佳《ぜっけい》をカメラにおさめることもでき、そのまま座り込んで、紺青《こんじょう》の海に行き交《か》う船と、白波がつくる渦模様とを、日暮らし眺めるのもよいであろう。

この船折の瀬戸にはむかしから伝承を含んだ二つの小島がある。一つは瀬戸入口の四十小島《ししこじま》・もう一つは能島をバックにした風光明媚な鶏小島《にわとりこじま》である。伝説の出典は二つとも阿部里雪著『伯方八景』である。

有津と鵜島の間の瀬戸に四十小島という赤い灯台の立った小島がある。この小島は島というより岩礁といった方がよく、引き潮のときには姿をあらわしているが、潮が満ちてくると、灯台だけを残して海中に見えなくなってしまう。

むかし、人生四十といわれていた頃、人が四十歳になると、役に立たぬ邪魔者としてこの島にすてられたところから四十小島という名がついたそうだ。

今は昔、いつの頃だかわからぬが、伯方島の叶浦《かなうら》に旅の尼さんが泊まっていた。彼女は裁縫が上手なうえに当時として珍しく機織《はたお》りの特技を身につけていたので、村の娘たちにそれを教えて重宝がられていた。そのうちに年の暮れの大晦日がやってきたが、土地の風習で、旅の女に年を迎えさせてはならぬという決まりがあった。

そこで村の総代は「尼さんにはいろいろとお世話

船折瀬戸の四十小島、赤い灯台が立つ磯。
対岸矢崎防波堤に石地蔵がある。

船折瀬戸鶏小島・向こうの山は大島

になったが、暮れから正月にかけて村から離れておくれんかのう」と尼さんを叶浦から送り出した。尼さんは名残を惜しみながら有津の矢崎の渡しまでやって来て、土地の船頭に大島の宮窪まで渡してくれと頼んだ。船頭が二つ返事で引き受けてくれたので、尼さんはやれやれと思って船に乗った。ところが、船頭は船を漕ぎ出して四十小島のそばまでやってくると、「忘れ物をしたけん、それをとってくるけに、それまでこの島で待っていてつかあさい」と尼さんを磯に上げて引き返した。だが、いつまでたっても船はかえってこない。そのうちに潮が満ちて、広かった磯辺も次第に波間に沈んで、膝まで海水につかってしまった。「助けてぇ、助けてちょうだいよ」と尼さんは泣き叫んだが、その声は対岸まで届かず、とうとう尼さんの姿は波に呑まれて見えなくなってしまった。

今も四十小島の赤い灯台の見える矢崎の防波堤の上には小さな石地蔵が一体、彼女の冥福を祈るように、しょんぼりと風雨にさらされて立っている。

伯方島から船折瀬戸《ふなおりせと》を望む最高の名所は、能島を背景にした鶏小島《にわとりこじま》の景観である。その鶏小島についても、観光案内版には元旦の明け方に金色《こんじき》の鶏が鳴くめでたい島だということになっているが、一方こんな伝説もある。

むかし、この船折の瀬戸は船幽霊《ふなゆうれい》が出るところとして知られていた。急流に呑まれて命を落とした亡者たちが成仏できず、仲間を海中へ誘い込むのだ。だから、この瀬戸を夜になって航行している船があると、「杓《しゃく》をくれ、杓をくれ」といって手を出し、杓を渡してやると、その杓で海水を船の中に注ぎ込み、船を沈めてしまうので、底を抜いた杓を渡してやらなければならない。

だが、その船幽霊もこの小島で鶏が暁闇をついてコケコッコーと鳴き出すと、たちまち姿を消して、もとの平穏な海にかえるというのである。そこで、村の人たちは、いつしかこの小島を鶏小島と呼ぶようになった。

白石一郎『海狼伝』に見る伯方島

作家白石一郎は『海狼伝』によって直木賞を受賞した。この小説は対馬《つしま》の少年笛太郎が海賊となって活躍する物語だが、あるときその笛太郎が父三島孫七郎のふるさとである瀬戸内海の芸予諸島へやって来た。以下の文章は、そのとき笛太郎が能島小金吾という地元の海賊衆に案内されて伯方島の宝《ほ》股山《こさん》に登り、大島の能島へ渡るときの描写である。

宝股山は海抜一千尺、伯方島のほぼ中央にある。さして高い山でもないが、島ではこれが最高峰だ。頂上には大きな岩が並んでいて、岩の上に立つと芸予の島々、さらに遠く四国・中国の山々も霞《かす》んで見える。

「やっぱりいいのぅ瀬戸内は。これほどの眺めは唐天竺《からてんじく》にもあるまい」

三人の男が山頂に立っていた。それぞれ鎖かたびらをまとい腰に太刀を佩《は》いている。（略）

「どうじゃ笛太郎、この眺め、対馬などでは見られまい」

くやしいが笛太郎も黙ってうなずく。

素晴らしい眺望だった。秋十月、もう秋雨の時期も過ぎて、空は雲もなく晴れ上がっている。海の色は緑と濃紺だ。天から誰かがばら撒いたような大小の島々の裾は緑色の海にとりかこまれている。ちょっと沖では濃紺の色にかわる。そこかしこにときどき白波が立っているが、波の動きがしなやかで、まわりの紺色をきわ立たせてみせるていどだ。対馬の海の荒々しさとはまるでちがう。

この山頂から東に見えているのは岩城・生名・佐島・弓削の島々である。その左側の沖合には緑の林に蔽われた生口《いくち》島が横たわっている。西北へ眼をうつすと大三島だ。南は大島、どこを見ても島、また島である。（略）

宝殿山を南へくだると有津の集落へ出る。そこへ到る途中、山麓は切り拓かれて段々畑が目立ち、ところどころに粗末な茅葺《かやぶ》き屋根の家があった。畑しごとをしている野良着姿の男女が、山からおりてくる小男を見ると、頭の手拭をとって挨拶する。

小男はそのたびに相手の顔をたしかめて名を呼び、ちょっとしたことばをかわす。

小男を見る男女の表情に一種独特の親しみと笑いが浮かんでいるのを、あとにつづく笛太郎や三郎は気づいている。

小男の名は能島小金吾。伯方島ばかりではなく、村上海賊衆のなかで知らぬ者とてない変わり者なのだ。それは身につけた鎖かたびらを見るだけでわかる。

海賊のいのちは領地ではない。黄金じゃというのが口癖で、本人はいずれ全身黄金ずくめの鎧を仕立てて身にまとう気でいる。

「道で会う一人一人の顔と名とをよくおぼえておけ。この島の男はみんな海賊じゃ。いざというときには城へ駆けつけて水夫となり、あるいは足軽となる。ただの百姓、漁師は一人もおらん。そこがよその島々とはちがうところじゃ。とくにこの伯方島、大島の二つは島ぐるみ海賊衆よ。女子供も海賊の一味と思うてよい」

山道を歩きながら小金吾はいう。

このあと小金吾たち三人は道下《みちか》の磯へ出て、桟橋に舫《もや》われた端舟《はしけ》に乗り、「あやまって乗り入れた船を

小金吾は道下から船折瀬戸を渡って、その先の能島へ向かった…。

真二つにへし折ってしまう」くらい流れの速い船折瀬戸を渡って、「島全体が鎧冑をすっぽりと冠《かぶ》っているような」村上海賊衆の本拠地能島に向かうことになる。

話はかわるが、この伯方町には原田八束という歴史作家がいる。この人は四十歳でオール読物新人賞を受け、中国の歴史をテーマにした作品で三回（四十八・四十九・五十回）も直木賞候補に選ばれた。したがって、その文章力と小説家的発想は素晴らしく、白石一郎氏など直木賞作家に比較して決して遜色がない。そこで平成四年九月、伯方町はこの人の作品『虹と落日』を上梓した。これは村上六郎太という若者が村上水軍を率いて木津川口で九鬼水軍と戦うことをテーマにした作品である。迫力があり、とても面白いのだが、もう少し史実を考証した上で書かれた方が良かったというのが、歴史家としてのわたしの読後感である。

伯方島の詩句碑

伯方島を歩いてみると、町のあちこちに詩碑と句碑がある。

神鶏《しんけい》翼を鼓《こ》して一声長し
研海新たに浮かぶ太古の光
願わくば霊峰千載《せんざい》の雪を灑《そそ》いで
書せんと欲す警世《けいせい》の大詩草

この漢詩は、松本芳翠《ほうすい》の作で、伯方町役場構内に建つ詩碑である。

この人は明治二十六年（一八九三）に伯方町木浦で生まれた書道家で、昭和三十五年（一九六〇）に芸術院賞を受賞した芸術界の巨匠である。

　石鎚《いしづち》も海も伯方の庭のうち

これも伯方町役場構内に建つ句碑で、前田伍健の作である。

　寺の鐘聞きつつ去れり夕桜

木浦の禅興寺山門前にある阿部里雪の句碑である。

里雪の句碑は、ほかに、

　ここに見よ鼻栗瀬戸の秋夕日

伯方島の木浦港。町のあちこちに詩句碑がある

が、伊方の熊口《くまご》港にあり、

手の中に蝉《せみ》を鳴かせて来る子供

が、禅興寺墓地に建つ。
里雪は木浦生まれの歌人で、昭和四十二年愛媛県教育文化賞を受賞した。
この禅興寺墓地には、

すれ違う娘に香水の風貰い

という安部十九一の句碑もある。

さしくれし春雨傘を受取りし

これは木浦沢津の地下名荘にある高浜虚子の句碑であるが、同所にはほかに、

足袋《たび》すすげば干すほどの日ざし来ぬ

という野村朱鱗洞の句碑と、

秋日和《あきびより》客あるべしと待ちにけり

という柳原極堂の句碑がある。

薫風や瀬戸に吸はるる船みな矢

これは、伊方の開山《ひらきやま》お不動さんにある井門毎木の句碑だが、北浦の船越海岸沿いの県道脇には、

さわやかかやむかし倭寇の據りし島

という香川実載《じっさい》の句碑がある。

実載は本名を香川実といい、第七代の伯方警察署長だった人である。

製塩業で栄えた伯方町には、瀬戸内海愛媛県側の各島々に置かれた警察派出所を管轄する警察署があり、同署には昭和三十五年から昭和三十七年頃にかけて、菊池青水という川柳愛好者がいて、島々の川柳普及に貢献したということである。実載の右の句碑も、その頃(昭和三十七年二月)に建立された。

大　島（今治市）

九州の視座から見た能島《のしま》

大正九年、福岡県京都《みやこ》郡苅田《かんだ》町に生まれた村谷正隆氏は、旧制小倉中学から福岡高校を経て、昭和十八年に九州帝国大学法文学部を卒業した。彼は福岡県議会の副議長をつとめた人であるが、福岡高校時代の親友小嶋直記（伝記作家）氏の勧めもあって、九州の視座から見た『村上水軍史考』という作品を書いた。

その中で村谷氏は、今治港からフェリーで吉海《よしうみ》町の下田水《したたみ》へ渡り、さらに宮窪《みやくぼ》町の能島を探訪したときの印象をつぎのような紀行文にまとめている。

軒が低くせりあって建っている町中の狭い道を通り抜けて海岸に出た。岸から眺めて、東の海上にぽかり浮かんでいる小島、これが能島である。能島にくっついて、おむすびのようにみえる属島の鯛崎《たいざき》島がある。能島の隣にやや大きな鵜島《うしま》があり、さらに東向うに大きな伯方島がある。わたしはすぐにでも能島に渡りたいと思った。

波止場にある定期船の事務所で、能島に渡る便船はないかを尋ねた。能島は無人島なので、能島に寄っておろしてもらい、帰りにまた乗せてもらう他《ほか》方法はない、という答えであった。

能島の船着場は岩礁であった。

事務所の隅にあるバンコに腰かけて、サキイカを肴にビールをのんでいた四十歳ぐらいの男がわたくしに話しかけた。

「あんたあ、なんで能島に渡るんかいの、桜の頃ならわかるがのう」

わたくしは水軍研究のため、ぜひとも能島に渡ってみるためにこの島に来たことを告げた。

「わしらの先祖も海賊じゃったかもなあ。なに、大したことはないけに、よっしゃ、わしが連れていってやるわ」

わたくしは、余りにもはやい彼の幸運な返事に吃驚《びっくり》した。ビールをのんでいたので、いささか恐縮に思い、一度は遠慮してみたが、「ええわな」といって、彼は事務所を出た。

ビールをのんでいるので、どうかと思ったが、さすが根っからの漁師。はじめはおだやかな海であったが、島に近づくにつれて、はやくはげしく流れる渦潮を横切って、巧に船を操りながら、島の岩礁に船を着けた。二時問して迎えに来てくれることを船頭と約束して、わたくしは船をおりた。

島は無人で、むかしの建造物などなにもない。船の着いたところが石畳を築いた船着場のようになっていて、それをあがると、広場があり、ここにむかし居館があったといわれている。島の周囲は四〇〇メートルくらいのごく小さな島である。

広場のうしろは小高い岡で、上は平坦になっている。そこが本丸跡で、二の丸、三の丸跡もある。属島の鯛崎島には出丸があって、二つの島には橋がかけられ、その長さは二〇メートル足らずであったろうといわれている。

岸の岩礁にも直径二〇センチぐらいの穴がおびただしくあり、これを柱穴といって、防御の木柵を立てたり、船をつなぐもやいのための柱を立てたりしたものである。長いあいだ潮に洗われたり風化したり、今では穴は浅くなっている。

島全体が文部省の特別史蹟に指定されており、かつて昭和十三年頃の調査では、焙碌《ほうろく》の破片・鋳鉄・鏃《やじり》などの武器類、中国の古銭や陶磁器のかけら、鏡・櫛《くし》・仏像・抹茶碗《まっちゃわん》・茶臼・焼米などの数多くの貴重な資料が出土したといわれる。（中略）

この島が廃墟のままになっていたのを、昭和十三年に島の実地調査に関係した鵜久森経峰《うくもりけいほう》氏が国の史蹟指定を申請して、今日をみている。鵜久森氏は昭和十四年にこの島に能島神社の創建を発起し、「能島史蹟保勝会」を結成してその運動に尽力したが、今日まで実現せずに、島は無人島のまま渦潮のなかに浮かんでいる。

城跡の岡からおりてみると、船は約束どおり迎えに来てくれていた。向いの宮窪の町は、すでに淡い夕霞にかすんでみえた。

「島はどうじゃったいのう」

船頭はわたしに問うた。わたしは答える代りに、艫《とも》をふりかえってニッコリ笑った。彼はわたくしの微笑で充分満足したようで櫓《ろ》を漕いだ。わたくしは、ふと吉井勇の歌を思い出した。

眉太き海賊顔の人ありて　能島の夏を忘れかねつも

吉井勇と河東碧梧桐の能島

歌人吉井勇は昭和十二年の六月から三ヵ月間の伯方島有津《あろうず》滞在中、能島に出かけて、つぎのような一文を書いている。

島は周回《しゅうかい》六七町位の小さなものである。往って見ると本丸・二の丸と云ったやうに、小規模ながらも城の形が見分けられるばかりでなく、海岸の潮に浸された岩には、今猶《なお》昔船をつなぐ柱でも建てたろうと思はれるやうに穴がいくつも残っていると云ふ。しかし昔はこの瀬戸を通る船に向かって、弓弦《ゆづる》の響きをすさまじく箭《や》など射かけて脅かしたものであろうが、今では唯《ただ》夏草が茂って小鳥がのびやかに囀《さえず》っているばかり、このあたりでは最も潮流の激しいという荒神《こうじん》の瀬戸の潮鳴《しおなり》の音も、むしろもの寂しくさえ思はれるのだった。

俳人河東碧梧桐《かわひがしへきごとう》も昭和七年随筆の『瀬戸内海ルンペンの記』の中で能島のことを「倭寇根拠地」として、つぎのように述べている。これは大正・昭和初期の文人たちが、瀬戸内水軍をどのように考えていたかがうかがえて面白い。

瀬戸内海にあって、最も異色を呈するものは、数世紀を隔つる今日、なお我ら海国男子の血を湧き立たせるものは、遠く朝鮮支那沿岸に倭寇脅威の嵐を吹きつけた、海賊専業の能島根拠地である。能島は今大島といふ。内海航路の最難関、思ひ出しても船夫を戦慄せしめる来島海峡を挟む、三島群島の王である。村上三郎左衛門義弘の一党、この島宮窪に占拠し、来島・因島をも押領して海上に威を揮ひ、遂に八幡船の旗印しを高くかかげて、玄海の荒浪を乗り切った。これを強《あなが》ち海賊窃盗の業といふ勿《なか》れ、元弘の蒙古襲来は、これ異国の大海賊、村上一党は、ただその私怨を時あって報いんとするに過ぎない。されば八幡大菩薩を念じて、白昼の公盗をあへてする。いはゆる孤鼠泥《こそどろ》の女々しさではなかったのだ。高麗史・明史のその神出鬼没《しんしゅつきぼつ》捕捉すべからざる倭寇に手古摺《てこず》った記録は、如何に彼らが剽悍《ひょうかん》猛勇であったかを却《かえ》って炳《へい》として明らかにしている。

私は今治からこの島の津倉に上陸、開業してまだ二、三日しかならないといふ自動車—僅か一里の道—に便乗して島を横断し、宮ノ窪に一宿した翌朝、最高峰泊り山の一峯に登って、三島群島の景観を瞰下《かんか》しながら、想ひを遠く村上一党の上に走らせて、彼らが国内蝸牛角上《かぎゅうかくじょう》の争ひを潔しとしなかった、肝大遠謀の壮挙を礼讃するのであった。真帆片帆《まほかたほ》のそれらに、八幡大菩薩の墨《すみ》くろぐろな文字が、今昇る旭に浮かび出ているやうに。

能島城の謎とロマン

昭和六十三年の一月に開通した伯方・大島大橋は見近島《みちか》を橋脚としている。見近島は中世の水軍城跡であり、この架橋工事のとき、城跡から数多くの中国製陶磁《とうじ》が出土して、海賊衆による海外貿易の遺物と認定された。今でも島の北側東寄りに矢竹の大群生が見られ、南方一帯に構築された石垣跡がある。

戦国時代末期、能島村上氏の本拠であった能島は、見近島の南方、宮窪瀬戸と荒神瀬戸のあいだにある小島である。能島に能島村上水軍の本城があり、見近島城はその支城であった。

能島の周辺は落差二メートルの急流が白い牙をむく海の難所だが、島内のたたずまいは桜の名所として平和そのものである。とても海武士たちが白刃をきらめかせて屯《たむろ》したところとは思えない。ただ海岸の磯に丸い柱口の穴が無数に穿たれていることと、ところどころに石垣と矢竹の群生のあるところが、当時をしのばせるだけである。いまこの能島は国立公園で、国指定の史跡である。

能島城が廃墟となったのは、天正十六年（一五八八）関白秀吉によって海賊禁止令が出されたからである。廃墟とはなったが、この島に人が住むことはなかったので、遺跡はそのまま原型が保たれ、本丸・二の丸・三の丸や出丸の跡が見られるほか、海岸の砂浜の底にはいろいろな遺物が埋まっている。ひょっとして島のどこかには海賊の財宝がかくされているかもしれないと、大島の人たちは、そ

能島の周辺は急流が白い牙をむく、海の難所である。
中央が能島・右が鯛崎島

んな夢をこの能島に抱いている。能島にまつわる「まぼろしの白南天」は、その夢から咲いたあだ花である。

むかしから、能島の近くで釣りをしたり、鵜島《うしま》へ渡ろうとして船を漕いでいると、ときたま白南天をみかけることがある。「これは……」と思って上陸してさがしてみても、その姿はどこへやら、どうしてもわからない。また、この島で草刈りをしていると、なにかのはずみで白南天を見つけることがある。ところが翌日、鍬をもってその下に埋蔵されてある瓶《かめ》を掘りにやってくると、その白南天は消えてなくなり、いくらさがしても見付け出すことができない。では、なぜそんなに白南天をさがし求めるのか？　実は、ここにはある秘密がかくされているのだ。

江戸時代も享保の頃、泊《とまり》村の重松伊左衛門という人が、屋敷を移すために地面を掘っていると、そこから大きな瓶が出てきた。蓋を取ると中には黄金の小粒がいっぱい詰まっている。びっくりした伊左衛門はあわてて蓋をして周囲を見回し、そしらぬ顔。世間には内緒で、少しずつ持ち出してお伊勢参りに行くといって、それを京都の両替屋で小判にかえていた。そして、屋敷の一隅に若宮様という祠《ほこら》をまつり、瓶が発見された九月六日を祭日として、毎年神主を招いて拝んでいたというのだ。

白南天の秘密というのは、その伊左衛門が掘り出した瓶の中に巻物が入っていて、そこに「あともう一つの瓶をほかのところに埋めてある。目印に白南天を植えた」と書かれてあったというのである。爾来この噂が世間に知れ渡って、この埋蔵金のありかをめぐり、白南天が取沙汰されるようになったが、肝心の巻物が残っていないので、その真偽のほどは分からぬ。

この能島は周囲七二〇メートル、面積一五、〇四三平方メートルに過ぎないが、その南には鯛崎島（周囲二四〇メートル、面積二、七八六平方メートル）という、より小さい島がある。この鯛崎島にはかつて能島城の出丸があって、橋でつないでいた。また能島の東には荒神瀬戸をへだてて鵜島があり、南の源右衛門鼻をまわった小浜というところには造船場があった。源右衛門という船奉行の屋敷跡が残っており、能島へ運ぶ清水の井戸があったので、水場という名も残っている。

カレイ山展望台と水軍博物館

能島や船折瀬戸を一眸のもとに俯瞰できる展望台が大島内陸部のカレイ山にある。しまなみ海道から車道が通じているので、すぐその麓まで自動車で行ける。

カレイ山は標高二〇二メートルで、この展望台に立つと、能島や鯛崎《たいざき》・鵜島《うしま》はもとより、船折瀬戸《ふなおりせと》の見近島《みちかじま》に架かった伯方・大島大橋や伯方島・岩城島・弓削島・高井神島《たかいかみ》・四阪島などと、燧灘をへだてて遠く四国の連山を遠望することができる。展望台の下に新しくキャンプ場やパーゴラ（藤棚）広場などができたので、リクレーションの場としても適当で、各施設の間は遊歩道でつないである。

このカレイ山から宮窪の市街地に向かって下りると、菅原池《すがはら》があり、池の南側の丘に城郭跡がある。地元の人はお城山と呼び、その東方を下ったところに、同じく地元の人たちが村上義弘の屋敷跡と伝える幸賀屋敷跡がある。

「現在の小学校後方の台地、すなわち診療所から芋堀川迄の台地を古来幸賀屋敷と呼ばれている。宮窪の中央に位置し、村上義弘の館のあった所である。当時は現在の小学校あたりまで潮が満ちて来たと伝えられている。東北前面に水軍城能島を指呼《しこ》の間に見る事が出来、戸代鼻にある古波止、岡の山の狼煙場との連絡も好都合の地点である。義弘以来村上の誰彼が住み、能島没落後も村上の末裔が住居したが、後折居に転居したあとは耕地となった。田の畔《くろ》には室町期と思われる墓が埋まったまま所々に点在していた。（中略）
また幸賀屋敷に残っている井戸はいたい川と呼び旧藩時代迄広範囲の共同井戸の役目をしていたと伝えられている」

これは、その幸賀《こうが》屋敷跡に、宮窪町が建立した案内板の文言である。

ますらをの雄《お》こころもちて能島なる　荒神の瀬戸の潮鳴《しおなり》を聞く

この句は歌人吉井勇が伯方島滞在中、能島に来て詠んだ和歌だが、かつてこの句を刻んだ歌碑が宮窪町役場の庭に建てられていた。そして、役場構内の中央公民館二階に、村上水軍に関する資料室があった。

ところが、平成十一年五月一日西瀬戸自動車道が開通して大島が本州・四国と陸つづきになると、にわかに水軍ブームが起こり、宮窪町でも「伊予水軍物語」と題するイベントが開催された。そしてこれを機に町公民館にある資料室を本格的な水軍博物館にしようとの企画が町議会で議決され、平成十六年に新しくオープンしたのが、宮窪町村上水軍博物館である。

幸賀屋敷跡の碑（宮窪町宮窪）

場所は宮窪瀬戸をへだてて、能島城跡をのぞむことのできる戸代口《とだいぐち》である。広大な地所に数々の記念碑や建物が設

村上水軍博物館と村上武吉の像

営され、旧来の常設展示室に加えて、企画展示室・展望室や水軍講座室などが設けられているのである。ここでは、甲冑や小袖といった水軍武士の服装を着用したり、小早という水軍船を漕いで当時の水軍の雰囲気を体験できる。

常設展示室には周防屋代島の能島村上末裔家に伝来していた数々の水軍資料が展示され、能島からの出土品や中国・朝鮮・安南などからの輸入品なども見られる。

平成十一年七月十日から八月二十九日まで開催された水軍イベント「伊予水軍物語」では、宮窪港の広場に特設会場がつくられ、そこに歴史復元画家香川元太郎氏の伊予水軍に関する復元画や、水軍船の模型四隻（小早二隻、関船・安宅船各一艘）のほか、石材発掘の島宮窪ならではの水軍の石彫、海の武士像が数多く展示されて、観光客を歴史のロマンに誘《いざな》った。まさに宮窪町は石材彫刻と村上水軍の町であ

能島村上水軍家菩提寺跡（宮窪町宮窪証明寺跡）

る。

宮窪町の市街地を出て西北の吉海《よしうみ》町へ向かうと、途中の大窪バス停のところの丘に証明寺跡がある。今は大島・四国十番札所切播寺の境内となっているが、そこに総高一九二センチの立派な宝篋印塔が一基立っている。傍らに「三島水軍総師能島村上家菩提寺跡」という碑が建ち、土地の郷土史家はこれを最後の能島城主村上掃部頭元吉の供養塔と主張した。だが、その形式から見て、これは南北朝から室町時代の初期にかけてのものと推定され、後期村上水軍家初代師清の墓の蓋然性が高い。なおこの丘からは、カレイ山や宮窪瀬戸が綺麗に眺められ、かつての城跡を示す石垣と堀の跡も残っている。

能島村上氏の来歴

水軍家能島村上氏の来歴については、分家筋にあたる来島・因島両村上氏を含めて、さまざまな系譜が伝えられているが、その正統の子孫である周防大島（屋代島）村上家所伝の系譜に依拠するのが妥当である。

この屋代島村上家は能島村上本家筋の後裔であった村上元吉が慶長五年（一六〇〇）九月十六日に伊予の三津浜で四十八歳のとき討死し、嫡子元信が幼少であったから、元吉の弟景親がこれを後見し、自らも萩藩毛利家の船手組として所領を与えられた。したがって、この屋代島村上家は元吉の子孫と景親の子孫が同じ格式で継承され、元吉の子元信の子孫を図書《ずしよ》流と呼び、景親の子景信の子孫を一学《いちがく》流と称した。

そうなると、両家の祖先の系譜は同じでなければならないが、なぜか両家の子孫が継承した両家の系譜は異なっていた。そのちがいは、あとで述べることとして、われわれはこの両系譜のうち、どちらを正しいものとして信頼すべきであろうか？　やはり嫡流である図書流の系譜をもって正統と考えるべきで、萩藩毛利家もこちらの方を正しい村上家の系譜として『萩藩閥閲録』に登載した。この『萩藩閥閲録』は萩藩毛利家五代藩主の毛利吉元が享保年間に歴史学者の永田瀬兵衛政純に命じて編集させた二百四冊の大著であり、政純たちは享保五年（一七二〇）から五年六ヵ月の歳月をかけて、藩内居住の諸家から伝来の古文書を提出させ、その家譜・証文に厳密な考証を加えて、取捨選択のうえ、『萩藩閥閲録』にこの村上系図を登載した。

そのようなわけで、わたしがこれから述べる能島村上氏の来歴は、この萩藩閥閲録所載の村上氏の系譜に依拠したものであるが、遺憾ながら、この村上氏の系譜には、いわゆる前期村上水軍家に関す

村上水軍博物館より宮窪港とカレイ山を望む

る来歴が欠如し、後期村上水軍家の初代師清を村上源氏北畠家の出自としている。しかし、これは系譜学的に納得できず、師清が芸予の海域で支配権を掌握するために、当時南朝の重鎮であり、卓絶した海事戦略家であった北畠親房の家系を親房の子顕家の猶子という名儀で継承したと考えられる。

というのは、この系譜で北畠顕家の男子とされる顕成すなわち師清は、顕家より一年前に出生しており、しかもこの北畠顕家の子孫は東北の津軽浪岡に定住・永続しているからである。

わたしが関係史跡を採訪し、諸系図を考証した結果、たどり着いた正しい能島村上氏の来歴はつぎの通りである。

伊予の水軍村上氏は、その始祖とされる定国から七代目の義弘までを前期村上氏、それを継承した師清以降能島・来島・因島各村上氏に分立した時代を後期村上氏と称する。

両者とも清和源氏の出目で、源頼信の子孫である。頼信の直系は頼義・義家とつづき、鎌倉幕府をつくった源頼朝につながるが、頼義の弟頼清から始まるのが村上氏で、これは仲宗・顕清（盛清）とつづいたあと、信濃村上氏と伊予村上氏に分立する。信濃村上氏の始祖は為国、伊予村上氏の始祖は為国の弟定国で、この定国は伊予に下向し、その子清長のとき水軍家として伊予村上氏の基盤を確立する。南北朝期、瀬戸内で南朝方として活躍した村上義弘は、定国から数えて七代目の子孫である。

（前期村上水軍家系図）

定国――清長――頼冬――頼久――頼泰――頼員――義弘

ところが、文中三年（一三七四）頃、義弘が亡くなると、義弘に代わって芸予諸島を支配した今岡通任が北朝方に転向したので、南朝政権は信濃村上氏の初代為国から数えて、八代目の後裔師清を伊予に派遣し、勢力の挽回につとめた。天授年間の三～五年頃、信濃村上郷より伊予野島（大島）に下向した師清は、今岡通任を因島土生に攻めて追放し、安芸小早川氏と競合しながら芸予諸島に覇権を確立し、その子孫が三島村上氏に分立した。

すなわち、嫡子義顕が能島村上氏の祖となり大島に、次子顕忠（吉房）が来島村上氏の祖となり来島に、第三子の顕長（吉豊）が因島村上氏の祖となり、因島に盤踞し、芸予の島と海とはこの三家によって統轄されることになった。すなわち「能島村上図書家系図」はつぎのように記載してその来歴をあきらかにしている。

師清

母知れず、室は小笠原信濃守清宗女《むすめ》

応永六己卯八月八日死、八十三歳

少輔太郎、山城守

義顕

母は、小笠原清宗女、妻は河野前通直女、実は今岡土佐入道某女、長禄二戊寅十二月二十八日死、七十三歳

治郎・右衛門大夫

顕忠

母知れず、妻は河野前通直女、伊予国越智郡来島に在城、一家を立つ。因って在名を以て氏と為す。

又三郎・中務・越前守

顕長

母知れず、妻は村上三郎左衛門尉義弘女、備後国御調郡因島に在城、因島中務某入道前監家を継ぐ。

また義顕から始まる能島村上氏の系図はつぎの通りである。

①義顕――②雅房（山城守）――③隆勝（山城守）
　├④義雅（惣太郎）――義益（宮内少輔）
　├義忠（掃部頭）――⑤武吉（大和守）
　│　├⑥元吉（掃部頭）
　│　└景親（三郎兵衛）
　└隆重（左近大夫）――景広（弾正）

一方、一学流の能島村上氏の系譜の方は、『閥閲録』には採用されなかったが、その子孫がこれを伝えて、現在宮窪町の水軍資料室に「能島根元家筋」の系図として展示されている。図書流の系図とのちがいは、義顕と雅房のあいだに信清・吉勝という二人の人物が介在し、雅房のあとがつぎのようになっていることである。

義顕――信清（右近大夫）――吉勝（豊前守）――雅房
　├吉(義)益（宮内少輔）
　├隆勝（山城守）――武吉（大和守）
　│　├元吉（掃部頭）
　│　└景親（三郎兵衛）
　├隆重（左近大夫）
　├女(初め陶山民部妻、後東右近大夫妻)
　└惣太郎

すなわち、図書流系図では、四代目の義雅が若くして亡くなったあと、その嫡子義益と義雅の弟義忠の子武吉が相続争いをして、武吉が勝ち、能島村上氏の嫡流となるが、一学流系図では吉益と隆勝の兄弟が相続争いをしている最中に隆勝が病死し、代わってその子武吉が吉益と争って勝ち、能島本家を相続したということになっている。

また、初代の義顕と二代の雅房のあいだに右近大夫信清と豊前守吉勝が介在しているのは、義顕と雅房の年齢差が四十四年であったから、後見役として能島村上家に入っていた人物と考えられる。屋代島の「島姓村上氏系図」によると、この信清と吉勝は村上義弘の子孫で、能島村上氏が義弘の旧家臣団との軋轢《あつれき》をなくするために、このような妥協的措置をとり、蟠《わだかま》りがとけたとき、雅房が嫡流第二代として能島村上氏の家督を相続したと考えられる。そうした意味で、宮窪町の水軍資料室に展示されてあるこの村上一学家所伝の系図も、系譜の裏にかくされた謎を解明するのになくてはならぬ資料となっている。

能島村上水軍過所旗
（村上水軍博物館架蔵）

海南寺の酒呑み坊さん

宮窪町は能島を対岸に望む宮窪瀬戸の港町で、波止場に宮窪町の名誉町民村上壺天子の
城跡やただ秋潮の高鳴りに

という句碑が立っている。

波止場から真っ直ぐ北へ行くと、小高い丘の上に海南寺という真言宗御室派の寺院があり、境内の本堂脇にも二つの句碑が立っている。

冬凪や潮《うしお》はひたに流れつつ　壺天子
潮騒《しおさい》に鈴の音《ね》和して百余年　海南子

海南子とは海南寺住職神野恵照氏である。

この海南寺墓所にも、証明寺跡にある宝篋印塔に匹敵する見事な宝篋印塔があり、能島村上家の菩提寺証明寺にあったものを移したというから、能島村上氏の墓塔と推定できる。

標題の海南寺の酒呑み坊さんというのは、今から二百年ほど前、この海南寺の住職だった人で、円乗といい、文化八年（一八一一）六月二日に入寂し、その墓が海南寺裏の墓地にある。酒好きの坊さんだったから、酒を供えてお願いすれば願い事が叶うというので、墓の前には二段の棚が作られ、酒を入れた容器がところせましと並べられ、立派な屋根まで造られている。側に、つぎのような酒呑み坊さんの由来が書かれた案内板が立っている。

酒呑み坊さんは、名を圓乗と云い、宇摩郡今村氏の出である。江戸時代中期の寛政二年、海南寺の第十六代住職となった。海南寺の庫裏《くり》、石垣、井戸などを築造し、大般若経、涅槃図《ねはんず》などを調え、当寺中興の祖と崇められた。圓乗師は酒が大好きであった事から、酒呑み坊さん又は酒の坊さんと呼ばれたという。一説では、灘郷《なだごう》から酒の醸造法を学び、村の人々に伝えたので、そのように呼ばれたのだとも云われる。このお墓は、別に日切り地蔵とも呼ばれている。日を切って諸病の平癒を祈願すると、お陰《かげ》を受ける人が多いという。殊に目ぼ、いぼなどはその卓効が著しく、霊験あらたかなので近郷近在にその名が知られている。お墓に沢山祭られてある竹筒や硝子瓶には、その功徳を受けた多くの人々の心からなるお礼心のお酒が盛られている。

平成三年三月吉日

ところで、この円乗和尚には、次のような伝承がある。すなわち彼は、高野山で修行のあと、灘の伊丹《いたみ》で住職をしていたが、ある年小西酒造で、たまたま上澄みの透明な酒ができて江戸へ送ったところ人気がよく、それを大々的に売り出すことになり、円乗和尚に銘を求めた。そこで円乗は教本の「正い宗教」からヒントを得て正宗と名付けたというのである。彼は老年になって海南寺に帰り、郷土の人々に酒造りの方法を伝授し、それが宮窪杜氏《とうじ》、越智《おち》杜氏《とうじ》の

海南寺酒呑み坊さんの日切り地蔵

はじまりとなったといわれている。

海南寺墓地にはこのほか、江戸期の悲恋物語を伝えるお百合・角治の比翼《ひよく》墓もあって、恋のロマンを語り伝えている。

むかし、宮窪村にお百合という娘と角治という若い衆がいて、人目をしのぶ仲になったが、親が許さぬので手に手をとって死出の旅路にのぼった。心中《しんじゅう》の前に二人はお薬師さんに詣でて、お堂の前に形見《かたみ》の男松《おまつ》と女松《めまつ》を植えたが、恋の執念が通じて、その松は互いに幹と幹をからませる夫婦松《めおとまつ》となった。また親たちはその心情を哀れと思い、両人の塚穴に竹筒を通して互いに息を通わせ、話ができるようにしたという。

島四国の遍路旅

大島には、春の風物詩島四国八十八ヵ所の霊場めぐりがある。

これは旧暦三月二十日と二十一日を中心に、一番の阿波霊山寺（田浦《たのうら》川路塚正覚庵）から八十八番の大窪寺（田浦地蔵堂濃潮庵）まで、宮窪町と吉海町の各地区に設けられた島四国の霊場を巡礼する旅である。

全行程六三キロを通常二泊三日かけて遍路《へんろ》するが、その由緒はこうだ。

文化四年（一八〇七）大島本庄村の医師毛利玄得が発願し、津倉浜庄屋池田重太と金剛院玄空の協力を得て本四国の各霊場を調査研究して八十八ヵ所の札所を開設した。ところが翌年二月にこの三人は突然今治藩庁から呼び出しを受け、取調べの結果罪科に処され、「島四国まかりならぬ」と禁止された。衆人をまどわすというのがその理由だが、島では毎年春になるとその禁令にもかかわらず巡礼者が殺到し、藩庁もついにそれを黙認せざるを得なかった。

したがって、大島の島四国は百九十回に近い伝統をもち、人数も次第に増えて、最盛期には二、三万人にも及んだといわれる。安芸忠海町出身で、総理大臣となった池田勇人は、昭和四年に疱瘡《ほうそう》にかかり、信仰によってこれを治癒しようと大島に渡り、島四国八十八ヵ所を巡礼して、見事にこの難病を克服したという伝承がある。このように島四国には島外からも多くの参加者があり、明治の頃、今治方面から来る人々は足摺山《あしずりやま》海岸に上陸し、備後の因島や弓削島・岩城島など上島《かみじま》からのお遍路は宮窪港へ船を着けたということである。

この島四国の巡礼は、旧暦の三月十九日から始まり、二十日、二十一日と三日間にわたって歩きつづけるが、このうち二十日は毛利玄得たちが島四国を始めた記念日であり、二十一日は弘法大師の命日（大縁日）である。

その島四国に、法輪寺大聖庵（宮窪町瀬道）という九番の札所がある。一三八段の石段を登った山中の宮窪不動堂に「せりわりさん」と呼ばれる空洞があるが、この空洞には悪いことをした人が入ると、岩の戸がしまって出られなくなるという言い伝えがある。そのつぎの十番の札所が前述した証明寺跡の切播寺で、有名な海賊大将軍村上義弘の墓塔のある亀老山妙法堂の種間寺は、三十四番の札所である。

欲心をただ一筋に切播寺《きりはたじ》　後の世までの障《さわ》りとぞなる（御詠歌）

友浦の貝殻地蔵と宝篋印塔

しまなみ海道が開通した現在でも、伊予の今治港と備後の因島土生港とのあいだには旅客船が航行している。橋のかからぬ伊予の上島地区諸島の旅客たちのためだ。その巡航船は生名・弓削・岩城・木浦・友浦の諸港に寄港するが、宮窪町の友浦に下り立つと、すぐ正面前方の坂道を上がった所に島四国十九番の札所善福寺（阿波立江《たつえ》寺）がある。九十九《つくも》島を前方海上に俯瞰し、燧灘の洋上はるかに四阪島が浮かんでいる。

善福寺は現在薬師堂として知られ、明治四十三年に発行された郷土誌にはつぎのような由緒を伝えている。

寺は正応中の開基で、薬師山善福寺と号し、永仁元年（一二九三）より祀られている本尊薬師如来は世に稀なる傑作といわれ、二十五年毎に開帳供養《かいちょうくよう》する決まりである。嘉永年中の火災により、堂宇が消失したため当地に祀られたが、江戸時代には開帳の日に今治藩の寺社奉行が検使として出張し、稚児《ちご》行列もあって、にぎやかであった。また脇仏の地蔵尊は等身大で、鎌倉時代の作といわれ、貝殻地蔵《かいがらじぞう》の別名がある。すなわち開帳の日に斎戒沐浴《さいかいもくよく》した男子がこれを背負って海中に入り、潮を浴びせるのである。この地蔵は本尊薬師如来とともに海難除けと眼病に霊験あらたかというので、島内のみならず島外からの参詣者が絶えない。

いつかさて西のすまいのわが立江　弘誓《ぐぜい》の舟にのりて到らん（御詠歌）

この善福寺境内に二基の見事な宝篋印塔が立っている。一つは「嘉暦元年七月日、願主養通」という銘文が刻まれ、国の重要文化財に指定されている。塔身三二・五センチ、総高二二五・一センチの完形で、一三二六年に造立された鎌倉末期の優美な芸術作品である。またもう一基は、相輪の八輪以上を欠損し、塔身も破損していて完形ではないが、やはり鎌倉末期から南北朝時代初期に造立された宝篋印塔である。

善福寺境内の宝篋印塔
（今治市宮窪町友浦）

そのほか、付近には沢山の五輪塔や宝篋印塔の残欠があるので、ここが荘園時代の豪族の墓所であったことをうかがわせる。

吉海町立郷土文化センター　入口のモニュメント

吉海町立郷土文化センター

しまなみ海道大島北ＩＣから国道３１７号に入り、吉海町に向かって車を走らせると、右手の県道を北上したところに、みどりの健康ひろばがある。二ヘクタールもの広さを誇る多目的広場で、いけすウォーターパークや石の彫刻、芝生広場などがあって、サンタマリア号（コロンブスがアメリカ大陸を発見したときの乗船）の横断面が原寸大に復元されている。その健康ひろばの内にある吉海町バラ公園の一隅に吉海町立郷土文化センターが設立され、入口に村上水軍の旗とかぶとガニ・海老《えび》をデザインしたモニュメントが置かれている。

建物は地元の大島石を使って作られ、二階建ての内部には展示室が五部屋に分かれ、階下には民俗資料や島四国に関する資料と今治藩主ゆかりの品々および村上水軍に関する武具・鉄砲・軍船の模型などが展示されている。出品されてある多数の鎧がほとんど町内在住者所蔵のものであることにはまったく驚かされた。

この郷土文化センターで注目すべきは、二階の美術館である。島の風景画家で和製ゴッホと称される洋画家野間仁根《ひとね》氏の作品と、生前の愛用品が展示されてあるからだ。

展示室に入ると、野間氏の出自と経歴の紹介と合わせて、数々の作品と、氏が生前愛用していた品々が展示されてある。しかもその作品のほとんどが、橋の架からぬ昔の素朴な瀬戸内海の風物で、なつかしく、わたしのような老人には懐旧の情を禁じ得ない。

この野間仁根氏は、明治三十四年（一九〇一）に大島の津倉村（今治市吉海町津倉）に生まれたが、生家は江戸時代に代々大庄屋をつとめていた仁江・小笠原氏の分家浜屋であった。したがって、裕福な大地主の子として生まれた彼は、今治中学校（現今治西高校）から東京美術学校に進学した。

生来の天分に恵まれていた彼は、在学中の大正十三年に早くも「ランプのある静物画」で二科展に初入選し、翌年卒業して画家となった。翌々昭和二年の第十四回二科に五点入選したが、その翌年の第十五回二科展でも樗牛賞《ちょぎゅう》を受賞している。さらに第十六回二科展で二科賞を受賞して頂点をきわめ、ついに昭和五年、二十九歳で二科会友となったのである。

こうして有名画家となった彼は、三十歳のとき佐藤春夫の作品『むさしの少女』に挿画を描いたのを手はじめに、新聞小説のさし絵を手がけるようになり、他面では円熟の洋画家として多種多様の作品を発表した。

その後、日展の審査員となり、一陽会を結成して後進を指導したが、しばしば個展を開いて、その独特な芸風を世に広めた。

とくに、「来島水道」「瀬戸内海南浦風景」とか「瀬戸内の海」など伊予の郷土に取材した作品は珠玉の逸品として時価何百万円という非常な高値で評価されている。

昭和五十四年二月没、享年七十九歳。

氏の生まれた家は、今も吉海町の福田に残っているが、当主は東京に住んでいるので、現在はそのいかめしい門構えと練り塀のみが、そのかみの豪家の風情と名残りをとどめるに過ぎない。

亀老山高龍寺

水軍に関する文化財が奉納されている田中神社に参詣して県道を南に下り、国道317号を横断すると、名《みょう》という大字《おおあざ》の集落に入る。亀山のバス停留所のところから山の手へ上がる道を行くと、高い石垣の上に塀をめぐらした城郭風の寺院がある。黄檗宗《おうばくしゅう》の影響を受けた唐様《からよう》山門の前に「贈正五位村上義弘公菩提寺、大島四国第三十三番霊場高龍寺」という寺号石が立っている。これは昭和六年に有志たちによって建立されたものだが、むかしは山門が鐘楼を兼ねていて、参詣者は山門をくぐりながら鐘を撞いて境内に入った。

真言宗亀老山高龍寺の開創は古く、小千《おち》氏が瀬戸内海航路の安全を確保するために築城した亀老山《きろうさん》城《じょう》の鬼門を守護するため建立したとか。奈良朝の天平十三年（七四一）十月に起こった大地震で崩壊した伽藍《がらん》を幾度も再建しながら現在にいたったといわれているが、今の場所に高龍寺が建立されたの

は、慶長十五年（一六一〇）である。境内の庭園はその当時の様式を取り入れた由緒あるもので、山門を入った左手の桜樹の下に、

　春もややけしきととのふ月とうめ

という芭蕉の句碑があり、昭和三十五年に建立された鐘楼の横には、

　島祖《しまおや》の　影動くかに　秋の声

という富田狸通《りつう》の句碑がある。

本道に向かって左手の石段を上がると、旧海軍呉鎮守府《くれちんじゅふ》司令長官鈴木貫太郎の書体で刻まれた大きな「贈正五位村上義弘公碑」が建っている。これは村上義弘が大正八年（一九一九）十一月十七日付官報第二一八六号で正五位に叙せられたのを記念して、彼の菩提寺

真言宗亀老山高龍寺山門

高龍寺に建立されたものだ。

碑石は、扇海岸から道も小さく車もない時代に、一日数メートルずつ曳いてこの境内に運んだといわれるが、右手に眼を転じると、この村上義弘の一族のものと思える宝篋印塔が四基、威儀を正して並んでいる。後を見返ると、これまた俳句の盛んなお国柄《くにがら》で、

景色よし　花よし史《ふみ》よし　高龍寺

と刻んだ津倉川柳吟社中前田伍健の句碑が一基建っている。

その村上義弘の供養塔は亀老山の中腹にある。わたしが最初この義弘公の墓塔を採訪した頃には、高龍寺から裏手の参道を尾根づたいに苦労しながら登らなければならなかったが、今は亀老山の山頂に展望公園が開設されたため、立派な車道がついて、途中の路肩に車を停めて、脇道を歩いて行けばすぐだ。

脇道が山林の中に入って、けわしい坂道を登ると、妙法堂（土佐種間寺）と呼ばれる島四国八十八ヵ所三十四番の札所があって、その境内に玉垣で囲んだ宝篋印塔が一基鎮座している。台座と塔身と笠とが揃っていないため、重要文化財に指定されていないが、側の標石に記された碑文はこうだ。

国分《こくぶ》山、鳴河門《なかと》、務司《むし》、稲井《いない》、能島《のしま》、以上五箇所之城主　前金吾判官村上三郎左衛門尉源義弘公廟

施主　桜井村　村上建之
当島霊場第三十四番土州種間寺拝所
安政四丁巳五月吉日　願主本庄村　毛利暉良

すなわち、この場所に義弘公の墓塔が据えられたのは、安政四年（一八五七）五月であったことがわかる。昭和六十一年三月一日発行の『吉海の文化財』（吉海町文化財調査委員会編）によると、この塔は三度改葬されて移動し、最初の場所には「為村上義弘作」と書いた経筒が埋められていたという。

伝村上三郎左衛門尉義弘の墓塔（吉海町名）

また、塔の格座間《こうざま》に「逆修証結集敬白」という文字が刻まれ、村上義弘の生前に一族が結集してこの塔を造ったことを示している。いずれにせよ、村上義弘の死没年も没所も不明であるから、ここに一族が頭領義弘の供養塔を建立して、その菩提を弔ったとしても不自然ではない。

吉海町の郷土史家藤田喜義氏は、「義弘の墓はもと高龍寺の前身である宗豪寺《そうごうじ》境内に建立されていたが、天正二年に同寺が焼失したため、天正十二年に村上武吉が同寺跡に再建した。ところがその後、これが土砂崩れで谷底に転落していたので、安政四年に本庄村毛利氏の発願で、桜井村の村上氏が残片を集めてこれを再建した」と主張しておられる。

亀老山展望公園

国道317号からも西瀬戸自動車道からも新しく開設された亀老山展望公園への道しるべが表示されてある。その表示にしたがって車道を登ると、山頂の亀老山展望台にいたる。ここには標高二七〇から三〇七メートルの山頂にわたって階段直線状の城郭があった。延長数百メートルに及ぶこの城郭は、前期村上水軍家の事実上の初代清長以来、その本拠として利用された。

その亀老山に、このほど展望公園が開設された。三六〇度、視界をさえぎるもののない展望台に上がると、まず心を奪われるのは、西北に俯瞰する来島海峡の景観である。そこには自然の美と人工の美とがないまぜった創造美がある。

武志島と馬島を橋脚にした来島大橋が今治の糸山につらなり、三連吊り橋の下には東西の水道と中水道が滔々として流れている。空は青く、海も碧《あお》い。地平の高縄半島は北の大角鼻《おおすみばな》まで綺麗に見える。

北から東へ、遠くにかすむ大三島連山の手前に大島の念仏《ねんぶつ》山を望み、三角錐《さんかくすい》の八幡山と重畳した姫《ひめ》政《まさ》山が、間近に見える。さらに東の伯方島と弓削島の南に見える燧灘《ひうちなだ》の洋上には豊島《とよしま》・高井神島《たかいかみじま》・魚《うお》島《じま》・四阪島《しさかじま》の諸島が日に映えている。手前の海上には小比岐《こびき》・比岐《ひき》・小平市《こへいち》・平市《へいち》の小群島が順序良

亀老山展望台よりの眺望案内板

く並び、その西には今治の市街地がどこまでも南方に向かってのびている。見おろすと、直ぐ眼の下に名駒《なごま》の集落が見えるが、ここには能島村上水軍の将兵が明国から持ち帰って植樹したと伝える愛媛県指定の天然記念物「名駒みかん」の古木群があるのだ。なお、展望台入口のプレートには、つぎのような解説文が描かれて注目を集めている。

「この展望台は、南北二つのデッキ以外はほとんどが地中に埋設された世界にもまれな展望台です。唯一地上に顔を出したA・Bデッキからは、日本三代潮流の一つの来島海峡や西日本最高峰の石鎚山《いしづちさん》など、雄大な風景をのぞむことができます」

幻の村上水軍遺跡

しまなみ海道が開通して来島海峡大橋が架かる前、吉海町の下田水港は、大島から四国の今治をつなぐメーンのルートであった。その下田水港の北側の丘は火内鼻《ひないばな》と呼ばれ、村上水軍の砦があった。海抜四二メートルの尾根の頂上に三筋の直線連結型の郭があり、南側の臥間《ふすま》とのあいだが船溜りで、当時は水軍の船隠《ふなかく》しとして利用されていた。砦の名を火内《ひない》あるいは姫内《ひない》城と呼び、砦の北側にあるトトラと呼ばれたところは、タタラすなわち製鉄所の跡だといわれている。砦はこの製鉄所を防備するためと、来島海峡にある中途《なかと》、武志《むし》両城とタイアップして来島海峡を制御するためのものであったと思われる。

もう一つ、この下田水港から南へ、海岸沿いの道を行くと、亀老山麓に水場《みずば》という所があり、そこの井戸水は豊富な亀老山水系にあたるため、滾滾《こんこん》として尽きることなく、その水を中途島に運んで軍用に供したといわれる。但し、来島海峡は潮流が激しいため、非常の場合、応急に水を補給しなければならない時に備えて、潮向き加減を考慮し、反対側の馬島にも水場を設けた。

この水場の東南方に駆塞場《くさいば》という丘があり、そこに一基、室町時代の様式を残した宝篋印塔がある。塔身に刻まれた文字から北畠顕成すなわち村上師清の墓だ

やまぶきの墓（田浦の経塚）

といわれているが、わたしは能島村上氏の初代義顕のものと理解している。もと武志島の長顕寺境内にあったのを対岸の水場に移し、さらにそのあと現在地に祀ったものだといわれる。

北畠顕成すなわち村上師清の妻は、信濃の守護家小笠原氏の娘だが、当地では前期村上水軍最後の総帥であった村上義弘の娘だと伝承している。

その村上義弘の娘の墓だという経塚が、吉海町北端の田浦《たのうら》地区にある。この田浦は下田水とはちょうど反対側に位置し、吉海町環状線バスの終点にある集落である。「ここは田浦です」と表示されたバス停で下車して、少し下ると、山の手の道路端に「経塚村上義弘公娘の墓」と刻んだ小さな石柱があり、そこから東へ一〇メートルばかり登ったところに四基の石塔が祀られている。土地の人々はこの塚を「やまぶきの墓」と呼び、村上義弘の娘の墓と称しているが、あくまでも伝承であって史実とはいえない。水場の駆塞場にある宝篋印塔が能島村上初代義顕の墓だとするならば、これはその妻今岡土佐入道の娘と眷属《けんぞく》たちの墓というのが正しいのではなかろうか。土地の伝承では顕成は北畠家の嫡子で、戦いに敗れたあと、伊予の能島に下り、村上義弘の女婿となって、村上師清と名乗り、後期村上氏の始祖となったというのである。

橋脚となった水軍の砦

しまなみ海道来島海峡大橋は、大島の火内鼻《ひないばな》を起点にして武志島と馬島をつなぎ、今治の糸山に向かって架かっている。この橋を展望するのに最適の場所は、大島では亀老山展望公園、今治では糸山公園と来島海峡展望館だ。

来島海峡大橋は、中世の水軍城跡であった火内山と武志島付近および馬島を橋脚としている。同様にして船折瀬戸の水軍城跡見近島も伯方大島大橋の橋脚となり、大三島の多々羅城跡は橋脚とはならなかったけれども、そのすぐ側を多々羅大橋がかすめている。

これらの島々や岬は、別に史蹟に指定されているわけではないから、法的に問題はないが、むかしそこに水軍の砦があったことは、心得ていてほしい。昭和五十年に愛媛県教育委員会が発行した『伊予水軍関係資料調査報告書』には、これらの岬と島々が、はっきりと馬島城跡、武志城跡、火内城跡、見近城跡、多々羅城跡等として史跡編に記載されてあるからである。

武志城の築城は古く、天智天皇の時代に来島海峡を守護するために築かれたと伝え、中世になって水軍城として使用された。城は連郭式で島全体が要塞となり、周囲に武者走りを設けて実戦に備えた。三本の井戸が掘られ、外敵の来襲に備えて、枡形《ますがた》と称される防御施設が工夫され、三方を石垣で囲んだところに敵を誘い込んで、小高い周囲の腰郭《こしくるわ》から一斉射撃ができるようになっていたという。島の南側に村上神社と長顕寺が祀られ、境内からの出土品がその存在を証明している。この武志島には、小武志・毛無《けむ》しという二つの島が付属しているが、これらの島には武志城の出城があった。

中途島は中渡島とも表記されるが、築城の記録は古く、七世紀で、白村江《はくすきのえ》の戦いに敗れた日本軍が、天智天皇の命によって外敵の来襲に備えて構築したものである。このとき中部瀬戸内に上門《かみと》・中門《なかと》・下門《しもと》の三城を築城させたが、そのうちの中門城がこれである。ちなみに、上門城は大三島上浦町の甘崎城、下門城は北条市の鹿島城であったというが、真偽のほどはわからない。

城内の一隅に、中途明神が祀られていたが、今はなく、城は掻き上げの築城であったため、周囲は絶壁となり、虎口《こぐち》を通らなければ城内には入れない堅固な城砦であった。

馬島も前二島と同じく、かつて越智郡吉海町の領分であったが、その後今治市の行政区画に編入された。馬島城があったところは、今治の市街地に近い西側の城山《しろやま》で、小規模の城郭跡が階段状につながっていた。島の最高部に城の台と呼ばれる所があり、中途島に面する海岸には船倉と水場があった。

中途島の潮流信号所

来島海峡は東の燧灘と西の関前灘《せきぜんなだ》・斎灘《いつきなだ》を結ぶ海の要衝で、海峡は大小の島々によって四水道に分断されている。

馬島と中途島の間を流れる水道を中水道（八幡の瀬戸）、馬島と四国本土の間を流れる水道を西水道（鴻《こう》ノ瀬《せ》の瀬戸）といい、東水道（足摺《あしずり》の瀬戸）は、大島と中途・武志島両島のあいだを流れる水道であり、北の小島《おしま》と来島《くるしま》の間を流れる水道は来島の瀬戸と呼ばれている。そのどれもが狭くて屈曲し、暗礁も多く、船舶の航行に難渋するところである。しかも、潮流が速く、最高の流速は一〇ノットにも達するため、古来海難事故が絶えなかった。そこでこの海峡の中央に位置する中途島には潮流信号所が設けられた。

昔からこの海峡を航行する船には不文律があって、順潮《じゅんちょう》のときには中水道を、逆潮《ぎゃくちょう》のときには西水道を航行することになっていたが、昭和四年（一九二九）の「内海水道航行規則」でこれが法的に確

中途島の潮流信号所

認され、昭和二十八年（一九五三）の「特定水域航行令」でこれが踏襲された。すなわち上げ潮（南流）であろうと下げ潮（北流）であろうと、流れに沿って来島海峡を航行する大型船は中水道を通り、流れに逆らって来島海峡を航行する大型船は西水道を通行しなければならないのである。

だから中途島では、明治三十三年以来、潮流信号所を設けて、南流であるか、北流であるかを示す信号標識を掲げて、航行する船舶に通知し、夜は灯台でもって表示しているのである。すなわち、昼間は黒色と赤色の腕木の角度をもってその推移を示し、上げ潮（南流）の場合は黒色が上になり、下げ潮（北流）の場合は赤色が上になる。夜間は上げ潮が緑色、下げ潮が赤色の信号灯を掲げてこれを通知するわけだが、これは来島海峡に接近した船舶にしかわからない。

そこで、さらに海上保安庁は遠くからこの海峡に近づく船にもそれが分かるように大浜（明治三十五年設立）、津島（昭和三十九年設立）、大角鼻（昭和五十年設立）、長瀬ノ鼻（昭和五十二年設立）に潮流信号所を設けて、中水道の潮流状況を信号で表示することになった。例示すれば、「S5↓」という電光表示は、Sは南流、5は流速が五ノット、↓は潮流が速度を下げていることを意味している。

但し、この規制を受けるのは大型船舶で、小型船舶にはこの規制がなく、東水道や来島瀬戸を自由に航行できるのである。

芸予燧灘漁場争奪戦

明治二十七年（一八九四）、日清戦争を目前にしたこの芸予の海域で、広島県の漁民と愛媛県の漁民とが、燧灘の漁場をめぐって壮絶な争奪戦をくりひろげた。これは官民ぐるみの海上戦で、漁民だけでなく、両県とも警察官が陣頭に立って、戦闘を指揮し、広島側が大阪汽船の相生《あいおい》丸を指揮艦として雇い入れると、伊予側では大阪汽船の無事丸を傭船としてこれに対抗した。しかも、広島側の船団がこれを白塗りにすると、愛媛県の船団は黒塗りにして敵味方を峻別し、闘志満々、互いに軍船に投石用の小石を多量に積み込み、竹槍を構えて、投石しながら敵船に肉薄したのである。

これは燧灘のあちこちにある鯛網の漁場を備後灘の百貫島以南で大島の漁民が確保していたのに反発して、広島の漁民がこの漁場へ割り込んで来たことから起こった漁場争奪戦で、伊予側の指揮官となったのは大島宮窪出身の村上紋四郎であった。記録によると、明治大正年間における備後灘

燧灘漁場争奪戦のイメージ（宮窪町水軍レース風景）

と燧灘の接点である魚島沖の漁場では、一網で実に五万八千尾《び》もの鯛の漁獲が可能で、通常でも二万尾から三万尾という漁獲であったから、この魚場を失うことは一大事である。だからこれまでも、宮窪の漁民たちは漁業組合長の指揮下で、同じ伊予側の西条の漁民と燧灘南方海上で戦ったことがあり、備後灘で広島側吉和の漁民たちと小競合《こぜりあ》いをつづけてきたのであった。

このとき、村上紋四郎は二十九歳という若さであったが、宮窪村の漁業組合長に推挙されると、村上水軍の後裔を自負し、生命を賭《と》してこの漁場合戦を指揮した。戦いがおわってからあとも、備後の尾道警察署に出向いて、合戦で捕虜になった仲間の釈放方に奔走し、その後も続く漁場侵犯に自ら船上に立って、監視活動をつづけたのであった。

今は昔、こうした漁場紛争は、海にへだてられて隔絶した両県民の意思の疎通から生まれたことであるから、広島県の生口島と愛媛県の大三島とのあいだに多々羅大橋が架かった現在、こうした感情の齟齬は解消され、経済的にも文化的にもさらに交流が進んで、その一体感は助長されている。

作家城山三郎が見た「自在の海」

作家城山三郎は『秀吉と武吉』という歴史小説を書いた。作品は昭和六十年(一九八五)二月から七ヵ月にわたって朝日新聞に連載され、大反響を呼んだ。そこで大島の有志はこの作品を脚色してNHKテレビの大河ドラマで全国放送してもらうようにはたらきかけた。だがこれを映像化すると海が舞台となり、たくさんの船を造らなければならず、莫大な経費を要し、とても採算ベースにのらないと、相手にされなかった。

城山三郎氏は一橋大学の出身で、『総会屋錦城』で直木賞を受賞した経済学者である。だから水軍史については、必ずしも造詣が深いとはいえないが、「組織と人間」の関係を追及している作家だったので、あえてこのテーマに挑戦した。作品『秀吉と武吉』のあらすじはこうである。

激しい相続争いの末、勝利を得て能島村上家の頭領となった村上武吉は、来島村上家から妻をむかえ、弘治元年の厳島合戦で安芸毛利氏に加勢し、芸予海域の支配権を掌握した。だが、武吉は味方した毛利氏に服従せず、時には対立しながら自在《じざい》の海を何者にも拘束されず自由に生きていた。その武吉の前に立ちはだかったのが信長と秀吉である。

能島村上水軍家伝来の陣羽織
（村上武吉着用か？）

天正四年七月十四日の大坂木津川河口の海戦で武吉は倅の元吉とともに毛利水軍の総帥となって織田信長摩下の水軍を潰滅させたが、二年後の第二次木津川河口の合戦では、九鬼嘉隆《くきよしたか》の率いる鉄甲艦隊に敗れ苦杯《くはい》を喫した。ついで天正十年、巧妙な秀吉の懐柔戦略によって織田方に引き込まれた来島村上氏と袂《たもと》を分かち、この年六月二日に突発《とっぱつ》した本能寺の変で天下を掌握した秀吉と宿命的な対決をすることになった。

かくして彼が望んだ海の民としての自在な生き方は、豊臣政権によってくつがえされ、天正十三年に来島海峡から追われ、天正十六年には海賊禁止令によって海上活動が封じられた。やむなく武吉は長門の大津郡に蟄居して、秀吉が始めた文禄・慶長の朝鮮の役で、来島家の通之・通総兄弟があいついで戦死したという訃報を聞きながら、瀬戸内へ帰る日の近いことを予感していた。だが雌伏十年、慶長三年八月の秀吉の病死によって訪れた折角のその好機も、慶長五年九月の関ヶ原合戦によって潰《つい》えた。西軍毛利方に加担し、毛利輝元の命で伊予松前《まさき》城の加藤氏を攻めたため、倅の元吉を失ったからである。摩下の水軍は四散し、彼は周防大島の内入《うちのにゅう》で、ふるさと宮窪によく似た沖の景色を見ながら、最期のときをむかえるのである。

城山三郎氏はこの作品を史実にもとづいて書いた。とりわけ、つぎに引用する断章は、瀬戸内海の具体的な臨場感をただよわせて、読者の心をつき動かす。これは村上水軍が慶長五年九月、伊予の松前城攻めに出陣するときの描写である。

㊤紋をかかげ、兵船の群は懐しい瀬戸内の海を南へと進んだ。大崎上島と大三島の間を抜け、斎灘《いつきなだ》へ。そこから東へ向かえば、宮窪瀬戸を経て能島へ出る。南へ下れば、来島がある。七十五年の人生を刻んだ海や島がある。武吉は満足であった。胸いっぱいに汐風を吸った。九地に隠れても生きながらえていて、よかった。老いの果てにこうした日を迎えられようとは。

武吉は声に出したかった。

目を上げれば海
運に任せて自在の海
ああ、人の世は海
とでも。

このあと船団は、伊予の興居島《ごごしま》に集結して船揃えをし、翌日、古三津《ふるみつ》に上陸して刈屋口《かりやぐち》で夜営をするのである。

武吉が、伜の元吉を失うのは、その夜の敵軍の夜襲によってであった。

島の石文化

宮窪町大字宮窪に、石文化運動公園・石文化伝承館がある。

これは西日本一の大島石の産地である宮窪町の石文化を育むためにできた公園で、そこには石彫屋外展示広場、多目的グランドのほか石彫刻の実習コーナーなどの施設がある。とくに石文化伝承館には、日本のみならず中国や韓国の展示コーナーもあって、石文化が学習できる。

また余所国にあるストーンギャラリー石楽には、石造のいろいろな芸術作品があって、この島ならではの、特異な雰囲気をかもし出し、島を歩いても、いろいろなところに珍しい石のモニュメントがある。

古くから青みかげと呼ばれる大島石は、大島の北部地域を中心に産出される。その石の特徴は、灰黒色で緻密・堅硬で、風化に強く、光沢が落ちにくく、変色しない。青味を帯びるのは、研磨面が斜長石のためである。粒の粗密によって細目《ほそめ》・中目《なかめ》・荒目の三通りにランクされ、細目のものは墓石用材として最適である。

大島石採石の歴史は古く、秀吉が大坂築城のとき、ここの石を用いたとの伝承があるが、藤堂高虎が慶長九年（一六〇四）の今治築城に際して、大島石を用いたことはたしかなようだ。

明治六年（一八七三）に皇居改築の礎石として積み出されたが、大量生産のきっかけは、日清戦争に備えた呉軍港築造のときであった。この頃から採石業が盛んになり、昭和三十年代には大島石の名

石のモニュメント（宮窪町石文化伝承館）

が世界に広まった。

しかし、昭和五十年代から六十年代に入って、韓国産や中国産の安価な石材が輸入されてくると、販路を奪われて事業は不振となった。

しかし、最近、伝統産業の価値が見直され、県産品愛用運動が推進されるなかで、大島石の加工業は、墓石だけでなく、創意工夫をこらした建築用材や石彫芸術品として、その用途の拡大が期待されている。

ヤレ、伊予の大島朝日受けてヨーエー
　石に黄金《こがね》の花が咲くヨー
ヤレ、伊予三島の明神様にヨーエー
　無理な願いがかけてあるヨー

大島宮窪町の石切り場で歌われていた労働歌である。

四阪島銅製錬所の廃墟

四阪島今昔

月の夜を西瓜を買ひに出でにけり
　かんてら暗し島の市場は
西瓜買ひ島の高みの我宿に
　帰る月夜を潮の香匂ふ
熔炉より流れつづける火の流れ
　まがねの流れ赤くゆゆしき

これは、相坂一郎という歌人が、全盛期の四阪島を詠んだ短歌である。

四阪島は燧灘の中央にある群島で、行政区画は今治市宮窪町四阪島。宮窪町の属島である。五島からなり、明治十三年の『伊予国越智郡地誌』に

梶島　　山上樹木なく荒草茂る。
明神島　元島ともいい、雑木の茂る最大の島で、山頂

に四阪神社あり。

鼠島　化粧島ともいい、樹木なく荒草茂る。

家《え》ノ島　小屋島ともいい、半農半漁の家二戸あり、十三人住む。全島荒草茂り、属島小嶋あり。

三ノ島　美濃島とも表記され、荒草茂り、東端の磯は好漁場。

と書かれ、ほとんど無人島である。

ところが、明治二十七年に、新居浜にあった住友の銅製錬所がここへの移転を決定し、明治二十九年から美濃島と家ノ島の間を埋め立てて、家ノ島に製錬所を設立した。そのため、無人であったこの島に五千人に近い工場労働者が移住し、島の様相が一変した。さらに注目を集めたのは、製錬所の高い煙突で、そこから吐き出す煙が、風に乗って東伊予四郡の町村に亜硫酸ガスの煙害を撒き散らし、大きな社会問題となったことである。

そこで、周辺の被害地住民は四年後の明治四十二年から激しい反対運動を起こし、団結して闘争を始めた。ついには政治問題にもなったので、結局住友が賠償金を支払うことで妥協が成立し、昭和十四年（一九三九）総額八百四十七万八千円を支払った。煙害も同年にペテルゼン式硫酸中和工場が完成して問題は解消した。

四阪島の最盛期には、この小さな島に、社宅七百戸をはじめ、病院・学校・保育園や劇場・映画館などの娯楽施設や商店街が出現したので、ここが周辺の島々にはそぐわぬ、近代的な別天地となった。

その頃、燧灘に夜のとばりがおりると、この島には工場・街灯と住宅の灯が明明《あかあか》と輝き、製錬所の溶鉱炉から海中に投棄される鉱滓が火の玉となって海面に落下するさまは、さながら不夜城《ふやじょう》の如く、壮観であった。少年時代、わたしは遠く離れた北方の岩城島から、この燧灘の孤島に毎夜御伽《オトギ》の国を幻想していた。

それが……昭和四十八年（一九七三）に別子銅山が閉山となり、その三年後の昭和五十一年に四阪島でも製錬所が火を消すと、この群島はふたたび昔の無人の島にかえった。

わたしは三、四年前、因島の市民大学洋上セミナーが企画した海上ウォッチングでこの島を訪れたが、その荒廃ぶりには目を覆うばかりであった。かつての御伽の国はどこへやら、不気味で幽鬼の徘徊する思いさえしたのであった。

今治内港（旧今治港）

今　治（今治市）

今治港

瀬戸内しまなみ海道は広島県の西瀬戸尾道ＩＣから愛媛県の今治ＩＣまでである。

だが高速バスはＪＲ尾道駅前から今治桟橋までで、旅行客にとって今治港が今も昔も今治の玄関であることに変わりがない。しまなみ海道が開通した現在、来島海峡第三大橋を渡った今治北ＩＣから話を始めるのが順当だろうが、ここでは今治の玄関である今治港から探訪の口火を切ろう。

早汐《はやしお》に傾く船の日覆《ひおい》かな　紅貌子《こうげいし》

伊予の国や山の上まで麦の秋　水蔭《すいいん》

ポッ、ポッーと、絞り出すやうな汽笛にウトウトと

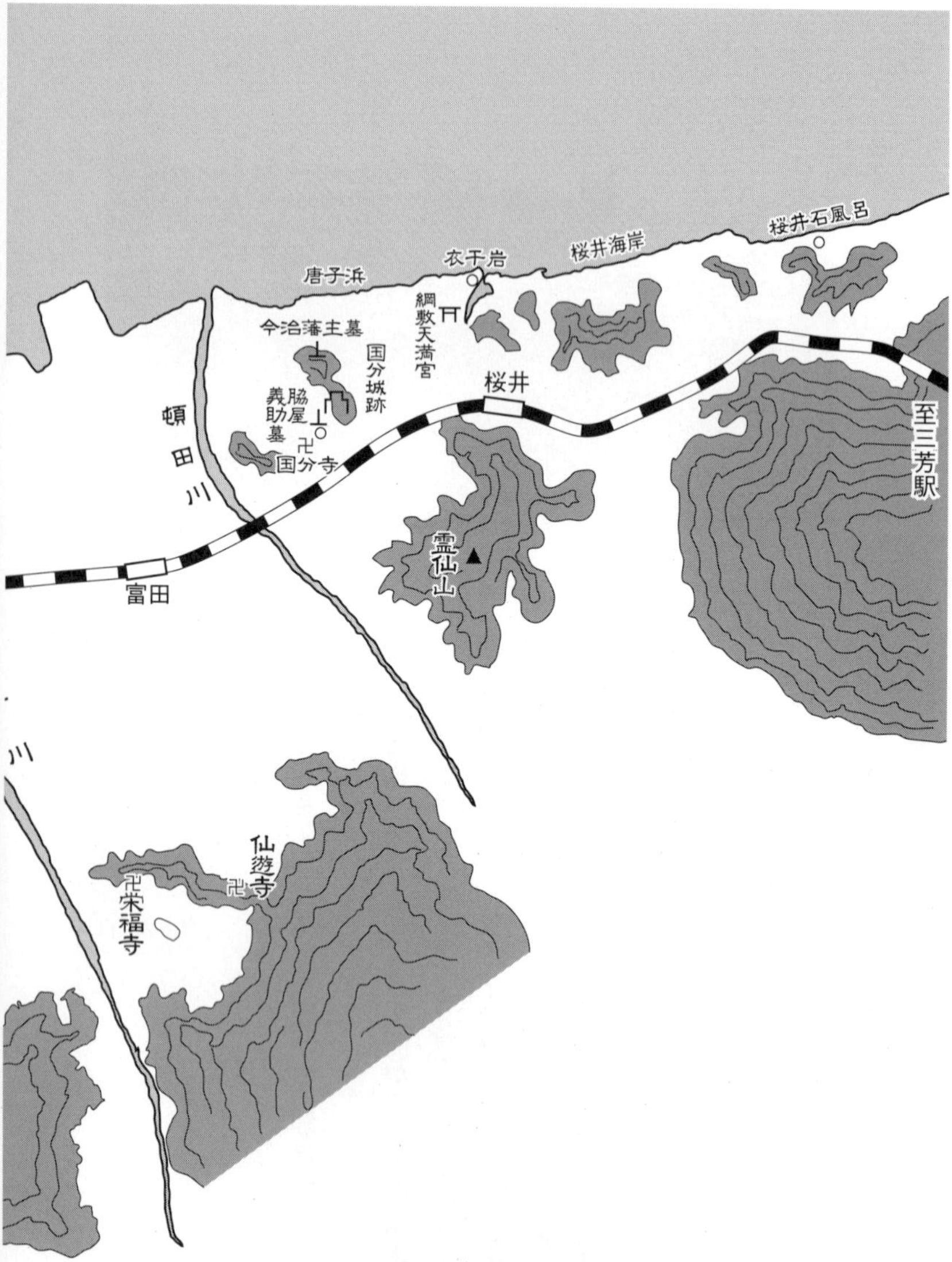

唐子浜
衣干岩
桜井海岸
桜井石風呂
綱敷天満宮
今治藩主墓
国分城跡
脇屋義助墓
国分寺
桜井
頓田川
富田
霊仙山
至三芳駅
川
仙遊寺
栄福寺

旧今治市史跡地図

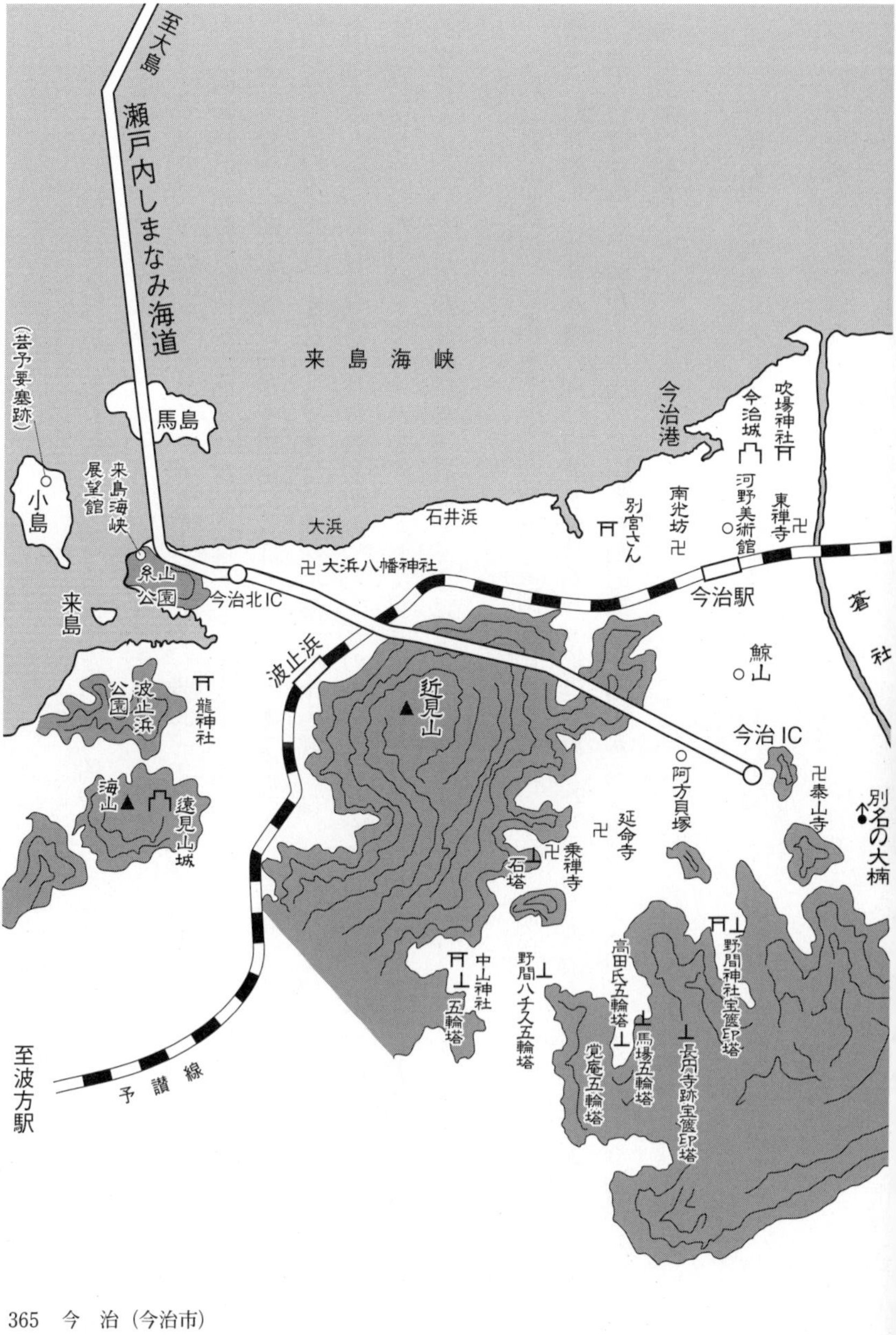

至大島
瀬戸内しまなみ海道
来島海峡
(芸予要塞跡)
馬島
小島
来島海峡展望館
糸山公園
来島
今治北IC
大浜
石井浜
大浜八幡神社
今治港
今治城
吹場神社
別宮さん
南光坊
河野美術館
東禅寺
今治駅
蒼社
鯨山
波止浜
波止浜公園
龍神社
近見山
海山
遠見山城
今治IC
阿方貝塚
延命寺
泰山寺
別名の大楠
乗禅寺
石塔
中山神社
五輪塔
野間八チス五輪塔
高田氏五輪塔
野間神社宝篋印塔
馬場五輪塔
覚庵五輪塔
長円寺跡宝篋印塔
至波方駅
予讃線

なっていた假睡《かすい》の夢を醒《さ》まされれば、もう今治に来たのだ。朝が早いからでもあろうか、船着場らしい混雑はまだ見せもせぬ静かな港の町の狭い街衢《がいく》を行く。

そこの港の町ではアカシアの白い花が盛りだった。殊にそのうちでも忘れ難かったのは、桟橋から程近い神社のお旅所《たびしょ》か何かを他所《よそ》に移した址《あと》らしい小さい広場のある前の、一軒の青物屋の店頭に、とぼけたやうに立って強い匂ひを四辺にこぼしていた一本であった。それは雨上がりの後の眩《まぶ》しい太陽の光を浴びていた。またそこまで行く途中の潮入り川の端には、蘆花氏の『黒い目、茶色の目』に出て来るといふ有名な今治の基督《キリスト》教会があった。その小建築は可なり古びもついていた、下手に修繕をして塗り立てた痕跡がややそれを卑しくして見せもしたが、然し、小さいながらに鐘をのせた尖塔《せんとう》の姿などは、いかにも物語の中の実在らしく思はせるに充分だった。

これは雑誌『改造』に掲載された歌詩人、富田砕花《とみたさいか》（一八九〇―一九八四年）の「四国断片記」の断章で、昭和初年に砕花が雨の瀬戸内海を尾道から今治港へ渡ったときの、今治の町の印象である。

歌人の吉井勇も、昭和十年代の全国歌行脚の途中、四国から芸予の島々へ渡るとき、この今治港から蒸気船で船出して、

今治の朝発ち船にわが乗れば　海も凪ぎたり島へいそがな

という短歌を詠んでいる。

また南北朝期の暦応三年（一三四〇）四月一日、勅命を奉じて四国西国の大将となった脇屋刑部《わきやぎょうぶの》卿義助《きょうよしすけ》は、紀州より淡路の武嶋《むしま》に出て、備前児島に至り、大船数多《あまた》を従えて四月二十三日、伊予の今《いま》張《ばり》（治）浦に上陸している。前述のごとく、その家臣で新田《にった》の四天王の一人であった勇将篠塚伊賀守は、東予《とうよ》世田山合戦に敗れて、今張浦から船で魚島に逃れた。

このように、古来今治港は四国の表玄関であり、大正九年（一九二〇）天保山に防波堤が築かれ、港の改修工事で内港が整備されると、大正十一年（一九二二）四国最初の開港場に指定された。

江戸時代、新しく入封してきた今治藩主の久松氏によって拝志《はいし》の浦や大浜が外港として利用されたといっても、今治港が今治の顔であったことにはかわりがなく、山陽本線三原駅と予讃線今治駅とは海上航路で結ばれていた。

しまなみ海道が開通した現在でも、橋のかからない島々から四国へ渡るには、この今治港へ通う連絡船が頼みの綱である。

また今治港は、綿業の町として伸びた今治にとって、欠くことのできない海運の基地であった。大正初年の入港船舶は約三万隻、三百三十万トン。陸上げの主流は綿糸で、船積みのそれは綿ネルであった。今も今治市が全国一の生産を誇るのは、タオル製品である。

四国最初のキリスト教会

近世の今治は久松氏の城下町として発展したから、海水を引き入れた今治城のお堀端が町の中心であった。今も金星川流域にその名残があり、常盤町界隈と呼ばれる。

金星川が今治内港に注ぐ河口の水門脇に「今治キリスト教旧会堂跡」と書かれた記念碑が建っている。この地に新島襄《にいじまじょう》らの尽力で四国最初のキリスト教会が建てられたことを記念するものであり、碑文がつぎのように刻まれている。

明治十二年九月二十一日、此ノ地ニ四国最初ノ協会トシテ今治キリスト教会堂ガ設立サレマシタ。爾来此ノ地ハ今治ノ文化・産業開発ノ発祥地トナリ展開シテ行キマシタ。サラニ我が国ノ精神文化ニ大キナ影響ヲ与エタ横井時雄（今治キリスト教会創立者）徳富健次郎（蘆花）モコノ地ニ在住シタユカリノ人デアリマス。此ノ会堂ニハ当時米国教会カラ贈ラレタ鐘ガアリ、日本三大洋鐘ノ一ツニ数エラレ、朝《アサ》ナ夕《ユウ》ナ打チナラサレル鐘ノ音《ネ》ハ広ク今治全市ニ響キ渡リ、今モ多クノ人々ノナツカシムトコロデアリマス。教会堂ハ昭和二十年八月五日米軍ノ空襲ニヨリ惜シクモ焼失シ、其ノ後南宝来町ニ移転シ、今日ニ至ッテオリマス。

昭和四十八年十二月之ヲ建ツ

碑文にもあるように、今治の明治維新はここから始まり、今治の文化と産業界を代表する人材がこの教会から巣立った。

今治で最初にキリスト教布教の灯を点《とも》したのは、アッキンソン神父であった。

彼は英国に生まれ、十二歳のとき家族とともにアメリカに移住し、シカゴ神学校を卒業して牧師となり、明治六年九月に来日した。明治九年松山に来て伝道していたが、その布教態度に感激した今治出身の実業家増田精平の招きで明治九年四月今治にやってきて、本町三丁目で布教を始めた。間もなくアツキンソン師は今治を去るが、その後も招かれて伝道に従事し、明治十一年三回目の今治訪問のときには、ダットレー女史をともなった。

今治キリスト教旧会堂跡

ダットレーは、アメリカ・イリノイ州出身の婦人宣教師で、米国伝道会社派遣の最初の牧師として来日、神戸の神学校で教育に従事していた。

そのダットレー女史が今治で講演すると、アメリカの婦人を一目でも見たいという人々が大勢集まり、その説教は人々に多大な感銘を与えた。こうして今治の地にキリスト教が根づき、四国最初のキリスト教会がこの地に設立されたのである。明治十二年九月、初代の教会長は横井時雄であった。

のちに同志社社長・衆議院議員となる横井時雄は、徳富健次郎すなわち蘆花の従兄《いとこ》である。そのため健次郎はこの時雄に呼ばれて熊本から伝道の手伝いをするために今治にやってきた。明治十八年三月十日、健次郎数え十八歳。時雄は健次郎より十一歳年長の二十九歳であった。

〈蘆花と今治〉

伊予の今治
　今治は余に忘れられぬ追憶の郷である

これは、後年蘆花が大阪から別府まで船旅をしたときの紀行「木浦丸」の断章である。現在、今治港の港湾ビル横に文学碑として刻まれている。

蘆花の今治での思い出を書いた作品は、このほかに「黒い眼と茶色の目」「思出の記」「富士」などがある。

今治教会長横井時雄の招きで、今治にやってきた健次郎は、汽船の甲板で幾度となく読んだ「江戸参府紀行」の一節を思い浮かべながら、瀬戸内海の風景を心ゆくまで満喫していた。この本はドイツ人医師で博物学者のシーボルトが、1823 年にオランダ商館の医官として来日したときの紀行である。

　船が向きをかえるたびに魅するやうに美しい島々の眺めがあらわれ、島や岩島の間に見えかくれする本州と四国の海岸の景色は驚くばかりである。ある時は緑の畑と黄金色の花咲くアブラナ畑の低い丘に農家や漁村が活気をあたえ、ある時は切りたった岩壁に滝がかかり、また常緑の森のかなたに大名の城の天守閣がそびえ、その地方を飾る無数の神社仏閣が見える。はるかかなたには南と北に山が天界との境を描いている。隆起した円い頂《いただき》の峰、それをしのぐ錐形の山、きざきざの裂けたような山頂が見え、峰や谷は雪におおわれている。われわれのすぐ近くを過ぎてゆくいくつかの島は少なからず目を引く光景を呈している。木のない不毛の岩塊は、赤みを帯びた粗い粒の花崗岩で、白く輝く石英や、きらきらする片麻岩の脈が、その岩を貫いている……。（江戸参府紀行）

船が港に近づいて、健次郎が視線を海岸線に向けると、海岸のすぐそばにひときわ高くそびえた白亜の洋館が眺められた。当時今治港は遠浅なので、海岸に港湾施設はなく、健次郎は沖に停泊した汽船から艀《はしけ》に乗りかえて、埠場《とうば》まではこばれた。熊本から同行してきた時雄に聞くと、あれが明治 14 年 7 月 3 日に完成したキリスト教会で、建設費総額は 1470 円だといった。今治教会は最初米屋町 1 丁目にあったが、のち陽当たりのよい風早町 1 丁目に移転し、さらにその翌年現在の金星川河口の恵美須町に本格的な洋式建築として建立されたのである。

今治にやってくると、健次郎は伝道見習いとして横井時雄の牧師館に仮寓した。当時横井家は大家族であり、4 年前に結婚した峰子（新島襄の姪）とのあいだに女児があるほか、熊本から時雄の母と妹、伯母などがやってきて大勢同居していた。

健次郎は、痩せた細長い体躯に木綿の紋付羽織を着け、長く伸ばした頭髪をなびかせながらすっすっと町を歩いて、人々の注目を集めた。今治教会には当時全国各地や海外からも多くの賓客が連日のように訪れてきたので、健次郎はその接待に多忙であった。

蘆花文学碑（今治港湾ビル横）

今治英学校での出会いと別れ

今治にやってきた健次郎は昨年開校されたばかりの英学校に英語教師として勤務することになった。授業は旧越智中学校校舎の二階で始められた。

越智中学校というのは明治十四年に創立されたが、経営難におちいったため、三年後に廃校になった学校である。場所は旧藩時代の今治城の中濠跡で、現在の通町が啓己川と交わるところである。幅二十間の中濠を埋め立て、残った幅四間の濠が啓己川として残っていたのである。

最初は夜学であった。教室に入ると、煌々としたランプの下に二十人ばかりの生徒が並んでいたが、年齢と学力もまちまちであったので、健次郎は甲・乙・丙の三組に分けて一時間ずつかわるがわる教えた。

だが、健次郎の英語力は、京都の同志社英学校で二年余り英語を学んだ程度であったから、教師などつとまるはずがなく、授業中知らぬ単語にしばしば出くわし、「ちょっと便所に行って来るから……」と階下に降りて、こっそりと辞書をめくるという悪戦苦闘であった。

それでも次第に授業になれ、学力が進むと、彼は上級者にクワッケンボスの『米国小史』やスイントンの『万国史』を教材として使用できるほどになった。

こうして生徒の学力が向上すると、学校の評判も次第によくなり、入学者も増えて新しい教師も加わり、夜学だったものが昼にも授業が行われ、午後から入れ替わり、立ち替わり生徒が登校してくるようになった。

ところが、七年間にわたって教会長をつとめていた横井時雄が、今治を離れて東京へ伝道に行くことになった。彼が正式に今治教会長を辞任したのは、明治十九年三月八日である。その出発の前、時雄は健次郎に向かって、「将来のことを考えると、君は同志社に再入学して普通科を卒業しておいた方がよい」と忠告した。

そこで健次郎は、熊本の父に手紙で相談したところ、父も喜んで同意し、経済的支援を約束するといってくれたので、この八ヵ月間の思い出深い教師生活にピリオドを打つことにした。

健次郎が英学校を辞めると聞いて、生徒たちはひどく驚き、みんな落胆した。健次郎が教師生活に満足していると思っていたからである。ほかにも健次郎の辞任を惜しむ知己が大勢いたが、彼はその決意を変えなかった。

六月七日の夕方、予は紺絣《こんがすり》の衣を着て浜に向かった。教会関係者、青年会の仲間、それに英学校の諸氏らと別れの言葉をかわしたのち、大阪行きの汽船に乗った。そして、多少の後悔を過去に残し、多少の不安を前途にあずけての旅立ちだった。

夕風そよぐ甲板に佇み、後に去り行く今治の町を眺めていると、銀河につづく墨絵の陸《おか》に灯火の影がちらちらと映り、まるでそれは夢のやうに美しかった。いや、ひょっとすると今治における一年四ヵ月にわたる伝道生活は、夢の中の出来事であったかも知れぬ……と、暮れなずむ景色の中に、すでに点景となって遠ざかる今治の町をながめながら、そう思ったのである。

これは蘆花の今治伝道日記の末尾の文章である。(阿部克行『南海の地に鐘は響きて』より)

コラム⑤

〈蘆花の見た今治の町〉

健次郎はこの今治滞在中、漢詩の詩作を始め、文学に目覚めた。そのため雅号が必要となり、蘆花《ろか》と名づけた。蘆《あし》は秋になると薄紫の小花をつけ、彼がその風情を好んだからである。

蘆花は英学校での授業の合間を見て、今治の町を歩き、数々の見聞記を残している。とくにキリスト教徒として、浜辺で暮らす貧しい漁師《りょうし》の家々に目を向け、同情の思いを吐露しているが、ここでは彼の市街地での見聞を紹介しておこう。

新町・本町・川岸端のまじわったところから金星川にかけての一帯を「辰之口」といい、かつての城内から城下への出入口であった辰之口門があったところとのこと。本町方面から辰之口橋を渡って南の鍵の手に道が曲がるその突き当りに火の見櫓が高くそびえており、そこから広がるように広場となっているが、ここが「大神宮」さんの広場であり、辰之口公園と呼ばれている。

「大神宮」さんとは、伊勢神宮遥拝のために建てられた社殿であり、明治初年に国教として神宮教の拠点としてこの辰之口に分院が置かれたとの話である。

辰之口付近の住民の生活のもとである飲料水の供給源たる大きな井戸が南側にあり、大きな吸揚《すいあげ》ポンプが据えられ、長い柄がついている。遊び疲れた子供たちが咽喉《のど》を潤す光景によくぶつかる。人手のある店では大きな天秤棒《てんびんぼう》をかついで店員がこの井戸まで水を汲みに来ているが、人手のない家とか多忙な時は、この井戸水を汲んで各地に配達している男がいる。

今治には十数本の通りがある。それらの通りはあまり整備されておらず、いつも砂埃《すなぼこり》が立って目に砂がよく入る。馬車なども一切行き来しないから、寝ぼけ眼《まなこ》で通りをぶらついても安全である。

町には鍛冶屋《かじや》だけが住んでいる一地区があり、煤煙で通りが黒くなっている。また別の花崗岩《かこうがん》職人が幅をきかせている地区では、きれいな石くずで通りが白くなっている。

寺町通りではさまざまな仏教宗派の寺院が仲良く隣合っていて、さすが二百七十年の伝統のなせるわざと感心する。また魚屋の路地ではすべての家が魚を店頭に並べてあり、臭気に満ちている。

今治には風呂屋が十ヵ所以上ある。予は今治に来て初めて浴場なるものに入った。風呂屋はほとんど通りの角に陣取っている。午後四時頃から深夜まで営業を行っている。

午後になると風呂の用意が出来次第、番頭が軒に旗を置き、日が暮れると四角い提灯を吊るした。ぼんやりと明るく、なかなか風情があるものだ。手拭いは自分で持って行かないといけない。女性は米糠《こめぬか》を入れた小さな木綿の袋を持参し、紐できつくしばり、熱い湯に浸して、濡れた玉状の布にして顔や身体を擦ると皮膚が美しくなるとのことだ。浴場で年配の者は、町の話題や商売について論議をかわし、若者は湯につかりながら、はやり唄を口ずさみ、また親しい友人同士はお互い背中を流し合っている。上流階層の大家族はすべて自宅の風呂に入っているが、毎日は沸かさず、二日に一度か三日に一度くらい湯を沸かして入浴している。風呂場は大体が屋敷の後部の袖《そで》に設けられている。

芝居小屋もあり、予も二、三度顔を出したことがある。入場料は五銭から二十銭の範囲内だ。観客席は桝席《ますせき》になっていて、ほとんどの客は弁当持参で幕間《まくあい》になると賑やかにしゃべりながら楽しそうに食べている。

今治市街地・辰之口付近

吹揚城

蘆花が勤めていた今治英学校は今治城の中濠跡にあったので、彼は今治城跡についても書いている。

今治城跡にある吹揚《ふきあげ》公園には素晴らしい庭園がある。春にはすべての桜の木が満開になって人びとの目を愉《たの》しませている。庭園の中央に吹揚神社が祀られている。敷地全体は周囲より高く盛り上げられ、階段の上に建てられているが、石垣が敷地を囲んでいる。堀の一部は海とつながっていて、引き潮と満ち潮の海水の出入がいまだに起り、大小さまざまな魚類の群れが危害を加えられることなく、活き活きと生息《せいそく》している。もっとも料金を払って権利を得ないかぎりは、誰もこの堀の生け簀《す》で釣りをすることはできない。

その今治城は、今も昔も、今治の町のシンボルである。沖から今治港に近づくと海霧の切れ目から、今治城の天守閣が美しく眺められる。そこへは今治港の桟橋を上がって、港湾沿いの道を西へ向かって直進すればよい。

ただ一人吹上《ふきあげ》城のあとに来て　雲雀《ひばり》ききつつものをこそ思え　　吉井　勇

今治城

歌人吉井勇もここに来てこう詠んだが、城の古称は吹揚城で、海浜の自然の砂丘を利用して、その上に築かれた城郭であった。

したがって、石垣下の基礎を安定させるため、堀の水際には幅四、五メートルの犬走りを設け、堀の水は西方を流れる蒼社川《そうじゃ》の水を引き入れ、北隅の水門からは海水を導入させる珍しい工法がとられた。

築城の名人藤堂高虎が慶長五年（一六〇〇）関ヶ原の戦功によって板島《いたじま》（宇和島）八万三千石の城主から伊予半国二十万三千石の国府（分）城主に任ぜられたとき、唐子山《からこやま》の国府城が手狭《てぜま》で、不便な山城だからというので、蒼社川と浅川の間のこの地に平城《ひらじろ》を造った。着工は慶長七年六月で、完成したのは二年後の慶長九年九月である。現存するのは本丸と二の丸の城塁と幅約五〇メートルの内堀だけであるが、江戸時代には今の十倍以上の規模で、櫓《やぐら》数二十三、大手門・搦手門《からめて》・船手門があり、内堀のほか三の丸堀・外堀をめぐらす大城郭であった。だから現在の今治市旭町以南はみんな城郭内だったわけである。地名をとって美須加城とも呼ばれる。

城南の第一駐車場に車を置いて、土手を渡り大手門に入ると、正面に巨大な勘兵衛石がある。これは築城奉行渡辺勘兵衛が大手鉄門桝形《ますがた》見付《みつけ》の石垣中に置いたものを縄張りの記念に保存しているものだ。この勘兵衛の縄張によって、現場で築城を指揮したのが土工頭《どこうがしら》(普請奉行)木山六之丞《きやまろくのじょう》である。

六之丞は今治城普請のとき、人夫たちの士気を鼓舞するため、自分の風体《ふうてい》を唄に詠んで音頭を取らせた。これが今も残る木山音頭《きやまおんど》だ。


木山音頭と申するものは、手拍子、足拍子太鼓の拍手(囃子)、伊予の今治みすかの城を、築きあげたる、その名も高き(囃子)木山六之丞はなぜ色黒い、笠がこまいか、横日がさすか(囃子)笠もこまない、横日もささぬ、木山通いすりゃ、皆色黒い。


藤堂高虎は、それまで「今張」と表記されていたイマバリを「今治」と改め、辰ノ口の本町を中心に風早町・中浜町・片原町・米屋町・室屋町といった六町を配して町造りにつとめた。ところが慶長十三年(一六〇八)八月、早くも伊賀と伊勢八郡へ転封を命ぜられて安濃津《あのつ》城へ移った。しかし、伊予越智郡の所領のうち、二万石の領有が許されたので、養子の高吉《たかよし》(丹羽長秀の三男)がそのまま今治にとどまった。

藤堂高虎はこの今治城の築城にあたって、台湾安平《アンピン》(台南市)のオランダ東インド会社ゼーランジャ城の工法を加味して、海に面した城外に大砲を置き、城郭を海上に突出させた舟溜を設け、直接船を発着できるようにしたといわれる。

しかし彼がこの工法をゼーランジャ城に学んだというのはあたらない。ゼーランジャ城は一六二四（寛永元）年に構築され、当時オランダ人は日本に進出しておらず、学びようがない。あくまでも彼の独創で、備後の三原城、讃岐の高松城と並ぶ瀬戸内の三大水軍城の一つであった。

今治城は藤堂高吉が在城二十八年で寛永十二年（一六三五）九月二日、伊賀名張へ国替となったあと、二日後の九月四日、久松定房が今張浦拝志の浜に上陸し、その日のうちに今治城に入った。これが伊予松山藩十五万石の支藩として、十代二百三十余年間つづいた今治藩三万五千石のはじまりである。

現在城郭の旧二の丸跡は吹揚公園と呼ばれ、正面に天守閣・右手に武具櫓・左手に御金櫓があり、天守閣の東側に多聞櫓と山里櫓が並ぶ。これらは昭和五十五年（一九八〇）の市制六〇周年、平成二年（一九九〇）の市制七〇周年の記念行事として再建されたもので実に素晴らしい。

このほか、旧本丸跡には在来諸神を祀る吹揚神社、二の丸跡には綿ネルを創始した矢野七三郎の銅像、今治タオルの改良に尽力した菅原利鑠《としかね》の胸像ほか、さまざまな記念碑が建てられている。

今治藩主の墓

今治城大手口から西進して蒼社川《そうじゃ》を渡り、喜多村で国道196号に合流し、頓田川橋を渡ると、右手に「今治藩主の墓」という史跡表示がある。

ここは唐子山《からこ》の南麓に位置する古国分寺《ふるこくぶんじ》山で、参道を行き、石段を上がったところに愛媛県指定史

今治藩主の墓所

跡今治藩主の墓所がある。今治藩の初代久松定房、三代定陳と四代定基の墓碑が祀られ、いずれも高さ三・六メートルの宝篋印塔である。

今治藩初代定房の祖父は尾張阿古居《あくい》(阿久比)領主俊勝で、祖母は徳川家康の母於大《おだい》である。於大は三河刈谷《かりや》城主水野忠政の娘で、三河岡崎城主松平広忠に嫁いだが、忠政の死後刈谷城主を継いだ於大の兄、水野信元が織田方となって今川義元と対立したため、義元の支配下にあった松平広忠は於大を離縁した。

於大は久松俊勝と再婚して定勝を生んだが、定房はこの定勝の五男である。定勝の長男は早世して、次男の定行が宗家を継ぎ、寛永十二年に伊予松山十五万石藩主となったから、兄弟で伊予の中心部を領したことになる。三男の定綱は桑名十一万石の藩主となっている。

ちなみに、六男の定政は慶安二年に刈谷二万石の藩主となったが、同四年に三代将軍家光が亡くなったとき、出家して江戸市中を「松平能登入道に物給《ものたま》え」と托鉢《たくはつ》して歩いたという変わり種である。そのため定政は乱心扱いで所領を没収されて伊予松山藩へ預けられたが、その三人の子息はいずれも旗本として永続している。

このように久松家が繁栄したのは、祖先の定勝が徳川家康の同母弟だったからで、定房も伊勢長島七千石から寛永十二年に三万石の藩主となって今治に入部し、後に一万石を加増された。三代定陳のとき、弟定道に五千石を分知したので、以降今治藩の所領は三万五千石となった。

松林の中の墓所は瓦葺《かわらぶき》白土塀に囲まれ、玉砂利を敷いた三条の参道両側に、それぞれ六十七基の石灯籠が並び、正面に初代定房、左に三代定陳、右に四代定基の墓が鎮座している。墓所の背後に凪見《なぎみ》観音菩薩が祀られてあるのは、港町ならではの風情だ。

これ以外の藩主の墓は、東京都深川の霊厳寺に祀られている。

唐子浜と唐子山

唐子浜は風光明媚な白砂青松の海水浴場として知られるが、沖の海中にポツンと赤灯台が建っている。これは来島海峡西水道の入口に、わが国五番目の洋式灯台として建設されていた鴻ノ瀬《こうせ》灯台が航海の邪魔になるので撤去されることになったとき、これを惜しんだ人々が昭和五十三年十月にそっくりそのままここへ移したものである。一、二トンもある大島石二百七十四個を海中に投じて、その上に建設された。海浜の唐子浜海の子の家とともに、記念すべきイギリス製建造物である。唐子浜海の子の家は同じ来島海峡にのぞむ大浜灯台の職員官舎を昭和五十六年七月に移したものである。

唐子浜の名は内陸部にそびえる唐子山に由来するが、この山は古代ここに国府があり、国分寺があったところから、国府山とも国分寺山とも呼ばれる。むかしの国分村と古国分村の境界に位置し、一〇五・三メートルの山頂には天正年間、能島村上水軍の大将村上武吉が築いた居城跡がある。武吉が瀬戸内から退去すると、天正十五年（一五八七）に福島正則が秀吉の命により入城した。

文禄四年（一五九五）正則が尾張清洲に転じると、池田伊予守秀雄が入城し、慶長三年（一五九八）に秀雄が病死すると、代わって小川土佐守祐忠が城主となった。

だが、この小川氏も慶長五年九月の関ヶ原合戦で西軍に加担し、途中で東軍側に転じたものの除封となり、そのあと藤堂高虎が二年後に入って来た。ところが彼は、地勢不便で発展性のないこの城を捨てて、蒼社川と浅川の間の平地に今治城を築いたので、この唐子山城は廃城となったというわけである。

唐子浜と鴻ノ瀬灯台

志島ヶ原の綱敷天満宮

松が根の真砂《まさご》や千代も綱のあと　桜井梅室

白砂青松の長汀曲浦《ちょうていきょくほ》の唐子浜を南下すると、桜井漁港を隔てて志島ヶ原《しじまがはら》に至る。志島ヶ原は燧灘に面した白砂青松の海岸で、広大な松原が延々と続いている。この地域は桜井海岸の一部で、北の織田ヶ浜・唐子浜から西の休暇村瀬戸内東予にかけて約八キロの砂浜が続き、平成八年に「日本の渚《なぎさ》百選」に選ばれた。志島ヶ原は桜井漁港から大井口におよぶ約一一ヘクタールの松原で、ここに三千を数える老樹をはじめとして数万本のアカマツ・クロマツが生い茂る。中心部に菅原道真を祭神とする綱敷《つなしき》天満宮が祀られ、菅公《かんこう》漂着の由来を伝える衣干岩《きぬぼしいわ》や、菅公ゆかりの梅林《ばいりん》あるいは幕末に松山藩が黒船来襲に備えてつくった台場《だいば》跡などがある。

綱敷天満宮の社伝によると、菅原道真は昌泰四年（九〇一）に左遷されて九州大宰府へ赴く途中、燧灘《ひうちなだ》で暴風雨に遭い、この志島ヶ原に漂着した。このとき漁民が一行を助けて岩上に御座所を設けたが、敷物がなかったので、漁船の綱を丸く巻いて円座の替わりとした。これが綱敷天神という社名の起源《おこり》である。このとき菅公は海水でぬれた烏帽子《えぼし》や装束《しょうぞく》等を近くの岩の上に干したのでこの岩を衣干《きぬぼし》岩《いわ》と呼ぶ。

里人たちは折敷《おしき》の上に鮮魚を載せて菅公に献上して無事を祝ったので、道真は感激して自ら梶柄《かじのえ》に

綱敷天満神社（志島ヶ原）

自分の肖像を刻み、「余は菅原道真である。後日余が無事に帰洛したあかつきには、これを証拠として都に余をたずねてくるがよい。もし余が筑紫に果てたと聞けば、この肖像を素波神《そはがみ》として祀ってくれ。必ずや里人たちの願いを叶えてつかわすであろう」と、彫像を残して旅立った。綱敷天満神社はこの彫像を御神体とした天満宮で、社殿を建立したのは享保五年（一七二〇）、時の松山藩主松平隠岐守であった。

菅原道真は学問・書道の神様であるから、社殿の前に筆塚はじめさまざまな句碑、歌碑などがあるが、特に目立つのは月賦《げっぷ》販売発祥の記念碑である。

月賦販売発祥記念の碑

当地方は伊予国府が置かれ、文化並びに経済交通の中心であった。徳川の末期、桜井漆器の販路開拓を目指す多数の帆船が、遠く九州中国近畿等の地に活躍した。碗舟《わんぶね》と呼ばれたこれらの船行商の殆どが、分割払の便法を用いて販路の拡大に成

菅公衣干岩

功した。この販売方法が次第に発展を遂げ、我が国における今日の月賦販売方式を生むに至った濫觴の地である。

菅公鎮座一千年祭の佳辰に当たり、業者相謀り、この地に一碑を建立して、その発祥を記念する次第である。

昭和二十八年五月三日

全国月賦百貨店連合会

元来、桜井の拝志地区は、唐子山城の城下町であったが、藤堂高虎が今治へ城を移したため、さびれた。そこで人々は「けんど」という丸い木の枠に蔦《つた》の網を張った道具をつくって、紀州や九州へ売り歩いた。そのうちに紀州黒江の漆器を仕入れて中・四国九州で売り捌き、九州の唐津焼の陶磁器を仕入れて、紀州・中国で売るというように商圏を広げたので、その行商の船が碗舟として有名となった。

桜井漆器は紀州黒江から製造技術を学んで工夫改良

を重ね、この地域の特産物として知られるようになり、その販売方法も、春に商品を置いて、秋に代金を回収するというローン方式で、そのためこの地が月賦販売発祥の地といわれるようになったのである。

碗舟の意気水軍の血が流れ　　宵明

田坂神社の由緒

志島ヶ原の綱敷天満神社の側に田坂神社という小祠があり、その由来を『与陽盛衰記』はつぎのように記している。

時は来島村上家第三代丹後守康吉の時代、家臣に田坂鑓之助貞縁《やりのすけさだより》という侍がいた。武芸の達人で槍術では天下無敵と称されていた。

ある日、来島海峡で瀬戸を通航する船舶を小早《こはや》に乗って船改めをしていると、十端帆《じったんぼ》の関船《せきぶね》が二十数人の武士を乗せて通りかかった。鑓之助は水主《かこ》に小早を漕がせて押しかけ、「航行の船の衆、ここは来島の瀬戸と申す船改めの関所でござる。帆別《ほべち》の割符《わっぷ》を所持せぬ関船は通行まかりならぬゆえ、疾《と》くその割符を示されよ」と呼びかけた。ところが、関船の侍たちは相手が小早に乗ったただ一人の侍だから無視してそのまま行き過ぎようとした。鑓之助は大声を張り上げて、「お前たちは天下の法を知らざるか、瀬戸内の島々の関所で割符を調べることは将軍家公認の特権でござる。その割符を出さぬとあらばこの先の航行はまかりならぬ」と叫んだ。侍たちはカラカラと笑い、「この広き海に通すまじとは片腹痛し。帆別の割符のとは笑止千万、帆別銭が欲しくばわれらのあとをどこまでもついてくるがよかろう」と、船足を速めて来島瀬戸を乗り切ろうとした。

激怒した鑓之助は、水主《かこ》に目くばせをして関船に小早を乗りかけ、鎖鎹《くさりかすがい》を関船に打ちかけて敵船に乗り込んで、立ち向かってくる二人の侍を槍で突き伏せた。折から風が出て海が波立ったから、船の動揺が激しく、揺れ動く船上では如何な歴戦の猛者《もさ》たちとて船馴れした鑓之助には叶うはずもなく、つぎつぎとその槍先に討ち取られ、八人までもが犠牲となって、六人が負傷して身動きひとつ出来なくなってしまった。

そのうちに潮流は南流とかわり、丁丁発止《ちょうちょうはっし》と打ち合いながら船は桜井浜の沖に漂流し、陸地が近づいたのを見て、敵兵はたちまち喜色を面に浮かべ、鑓之助に呼びかけた。

「汝の武芸の手並み、たしかに拝見いたした。されど、これまでは不《ふ》馴《な》れな船上での戦さのこと。よもや汝に陸の上でもこれほどの手並みがあろうとは思えぬ。もし汝にその手

田坂八幡神社（綱敷天満宮境内）

並みがあると申すなら、これよりは、船をあれなる砂浜に着けて、陸に上がり、尋常の勝負をいたそうではないか」

鐺之助は莞爾として笑った。

「これは異なことを申す。戦さのかけひきに陸も海もござらぬ。望みとあらばわが手並み、陸上にてお目にかけん」

と、船を桜井海岸に乗りつけ、浜に上がって残る敵兵を相手に戦った。だが、陸上では敵兵は前後左右から一斉に打ってかかるので、鐺之助は形勢不利となり、三人を槍で突き伏せ、二人に手傷を負わせたが、ついに息継ぐひまに敵の刃にかかって深手を負い、首を刎《は》ねられてしまった。

このとき辛うじて生き残った敵兵は五人であったが、みんな手傷を負い、さんざんなていたらくであった。この合戦で、鐺之助を討ち取ったのは、九州豊後の武士たちで、佐伯氏の手の者であった。だが、佐伯氏はこの報告を聞くと激怒して命からがら豊後にもどって来た侍たちを家中から追放して、つぎのようにいったという。

「主命に背き、役儀も果たさず、海上の掟を守らずわれらが沽券《こけん》を傷つけたる段、不届き千万。わずか一人の侍のために、多勢を討ち取られて、おめおめ帰ってくるとは前代未聞の恥辱なり。以後出仕を差し止めるゆえ、いずことなく立ち去るがよい」

さて、砂浜に打ち捨てられていた鐺之助の遺骸だが、里の人たちによって入江の浜に埋葬された。だが無念の思いで死んだ鐺之助の魂魄《こんぱく》は成仏せぬのか、その後ここを通る侍がいると、必ず悩乱《のうらん》して落馬するなど、災難が続いた。そこで村人たちは墳墓の上に小祠をつくって、鄭重にこれを祀ったので、それからは祟りがなくなった。江口の八幡というのがこれである。

鑓水《やりみず》の流れ涼しき田坂氏《たさかうじ》　末まで磨く玉鉾《たまぼこ》の道

これは土地の領主が鑓之助の武功を讃えた和歌だが、今ではこの短冊が、江口八幡（田坂神社）の御神体となっている。

桜井の石風呂

志島ヶ原の綱敷天満宮から海岸線の道路をさらに西へ行くと、桜井海浜ふれあい広場、今治湯ノ浦ハイツを経て桜井石風呂にいたる。道中左手の燧灘にのぞむ海岸線の景観も素晴らしく、白砂青松の桜井海岸の一部だ。

石風呂は、この桜井海岸の一角に突き出た虎ヶ鼻の岩に出来た洞窟で、高さ二・五メートル、奥行き七・二メートルの空洞の岩壁に沿うてシダの束を並べ、これに火をつけて燃やすこと十五分くらいで、一〇〇度の気温となる。そこへ海水に浸した筵《むしろ》を並べると、洞中いっぱいに蒸気が立ちこめる。その蒸気が五〇度くらいに下がったところで、濡れ莫蓙《ござ》やバスタオルを持った男女が十分くらい汗を流すのである。期間は夏分の七月上旬から九月中旬まで。石風呂で汗を流したあとは砂浜に出て、海

桜井石風呂碑

中で泳ぐという趣向だ。

こうした石風呂は昔から瀬戸内沿岸の随所にあり、備後福山でも田尻にあった。江戸時代初期福山藩主水野日向守勝成が晩年にここで療養したという記録が残っている。だが、管見の限りで、現在残っている石風呂は安芸の竹原と伊予の桜井浜および大浜湊《みなと》の石風呂くらいなものである。そのうちで、最も古い由緒を持った石風呂といえば、やはり桜井沖浦の石風呂のようだ。桜井の「法華寺由来記」によると、浜江口風呂明神の記録の中に「国分尼寺開基の尼僧証爾が海岸の洞穴を風呂として病苦に悩む民衆を救った」とあるからだ。

虎ヶ鼻の岩上には薬師如来が祀られ、麓に桜井石風呂碑が立っているが、文化七年(一八一〇)十一月の中川安世済美撰にかかる碑文には「天和元年(一六八一)春、無住軒南明大禅師がこの石風呂で不《ふ》遂《すい》の患をたちどころに治したことで一躍有名になった」と書かれている。石風呂入口の説明文はこうだ。

この石風呂は、平安の昔、弘法大師が石窟を開いて里人の病気を治したのが始まりといわれ、近郷の人ばかりでなく、はるばる京から公家や高僧が業病《ごうびょう》・難病の治療に訪れたといわれています。岩にできた自然の横穴を利用した約五〇メートルの洞窟の中でシダを焼き、その上に海水で浸したムシロを敷きつめ、穴にこもった熱と蒸気で体を温める。いわば天然のサウナです。神経痛のほか美容にも効くとあって、七月中旬から九月中旬までの開設期間には、多くの入浴客でにぎわいます。

伊予国分寺と脇屋義助の墓

桜井の石風呂から国道196号へ出て、北上し、左折して県道桜井・山路線を行くと、東方前方に唐子山が見える。国分寺は前方の亀山という小丘の上にあり、四国霊場第五十九番札所となっている。

金光山国分寺は、はじめ華厳宗であったが、その後真言律宗とかわり、本尊は薬師如来である。天平十三年（七四一）聖武天皇の発願により創建され、律令期には七堂伽藍が威容を誇って、空海や真如法親王も訪れたといわれる。伊予の国府があったところだから、この国分寺も官寺として政治・文化の中心となっていたが、南北朝期から戦国の頃にかけて度々兵火にかかり、現在地に移転した。中興の祖といわれるのは江戸時代の嶺堂《りょうどう》上人で、宝物館には和同開珎《わどうかいちん》・布目瓦《ぬのめがわら》・弘法大師画像など多数の文化財が保蔵され、宝物館中庭のトウツバキは市指定の天然記念物となっている。

国分寺が現在地に移動したことは、創建当時の塔跡が東方約一〇〇メートルのところにあることから推定できる。この七重塔跡は高さ一・二メートル、広さ一〇〇平方メートルの基壇で、その上に

史蹟伊予国分寺塔跡

十三個の巨大な礎石が現存している。この塔を中心に金堂・講堂・僧房などが並んでいたと思われるから、県下史跡の第一号として、大正十年（一九二一）三月、内務大臣より史跡の指定を受けた。

国分寺境内の鐘楼の脇に「吉野朝忠臣従三位脇屋刑部卿源義助公霊廟道　是ヨリ二丁」という石柱が建っている。

その脇屋義助の廟所は、国分寺の東隣に鎮座する春日神社の鳥居の前を下って、民家のあいだの道を東へ約四〇〇メートルばかり歩いたところの森の中にある。石段を上がると社殿があり、その奥に脇屋義助とその殉死者のものと伝える墓がある。脇屋義助公霊廟の由来はこうである。

延元元年（一三三六）から始まる南北朝の抗争で、勢力を失った南朝方は、失った勢力を西国で挽回しようと、新田義貞の弟脇屋義助が後村上天皇の命を受けて伊予へ下向した。義助は西国大将として興国三年

（一三四二）五月、佐々木信胤の率いる塩飽水軍に護送されて今張浦に到着し、伊予国府に入ったが、その直後、この国分寺で急逝した。享年三十八歳。それを知った北朝方の阿波守護《しゅご》細川頼春は、大軍を率いて南朝方伊予守護大館《おおだて》氏明の拠る世田山城を攻め、ついで笠松城をも落として、南朝軍を壊滅させた。

現在の霊廟は寛文九年（一六六九）今治藩士町野政貞らが再建したものであり、霊廟脇に貝原益軒の讃文を刻んだ今治藩儒学者佐伯惟忠《さへきこれただ》建立の表忠碑が立っている。

「吉野山世は北風となりにけり　つらなる枝の花散りしより」

これも廟所に建つ東久世通禧《みちとみ》（文久三年、七卿落ちの一人）の歌碑である。

脇屋義助卿霊廟

霊仙山城と円久寺の由緒

国分寺境内から西へ。予讃線を横断して行くと、田園の左前方に霊仙山《りょうぜざん》の山容がせまる。登畑の集落に入ると、三島神社の鳥居前にいたるが、ここは霊仙山城の北麓にあたり、祭神は大山積命《おおやまつみのみこと》である。推古天皇の御《み》代《よ》、越智益躬《ますみ》が鉄人《てつじん》を討ち、その功によって越智郡を賜わったとき、高市《たけち》郷に大山祇神社を勧請して祝ったという由緒がある。

さらに西進すると、左手前方に宮崎八幡宮の鳥居が見える。この八幡宮は霊仙山西麓の冠山に鎮座する古い社歴の神社で、たくさんの末社が祀られている。石段の両側に建立された神社の「しめぐい」の文字が印象的で、それぞれ「たかいちのさとかむりやま」「やわたおおかみのみやまへ」と読むのだそうだ。ここが伊予の越智郡高市郷に立地していたことがわかる。

境内の前に宮ケ崎十八寺社参拝コースという見取り図が掲示されてあり、その下に宮ケ崎賛歌が書かれてある。

「小鳥飛びかう山椿《やまつばき》、お宮詣の花二つ、八幡様へ末永く、祈る二人に朝日はゆ……薬師如来の円久寺、霊仙城主の山城堂、祝福されて御先祖に、二人は感謝の手を合わす」

霊仙山城跡

霊仙山城主中川山城守廟・山城堂

その円久寺へは、ここから左手の道を行けばよい。境内は霊仙山の西麓にあたり、霊仙山城主中川山城守親武の肖像画を祀る本堂の裏手に、親武の墓所山城堂があり、霊仙山南山腹の森の中に親武の娘や親武の妹婿で中川家の家老麻生大炊守の墓などがある。

円久寺境内の案内板によると、「中川山城守親武は伊予守護河野家の重臣として霊仙山城主に任じていたが、本尊薬師如来を祀って天正元年にこの寺を建立した。親武が天正五年に亡くなったあと、弟の常陸介《ちのすけ》通任が跡を継いだが、八年後の天正十三年に来島通総のため城を落とされ、寺も戦火に荒らされた。常《ひた》陸介通任は落城後讃岐に逃れ、元和元年の大坂夏の陣で討死したと伝えるが、親武の娘は天正七年に亡くなり、その墓は霊仙山南腹にある。また家老麻《あ》生《そう》氏の妻となった親武の妹は、夫とともに同山麓に葬られた」ということである。

遍ん路みち

町石《ちょうせき》という言葉がある。これは弘法大師が高野山金剛峰寺《こんごうぶじ》を開き、その時木製の卒塔婆《そとうば》を建てて道しるべとしたのに由来する。それが鎌倉時代になって朽ちた木のかわりに石造りの五輪塔形式の細長い卒塔婆（町石《ちょういし》）となった。現存する最古のものは、文永三年（一二六六）十二月二十八日と刻まれた三十五町石で、これは高野山奥の院の弘法大師廟へ登る石段左側にある。

その町石にあたる道しるべが、四国霊場遍《へ》ん路《ろ》の随所にある。

伊予で最古のものは、松山市恵原町の土用部池の道沿いにあり、

「貞享二乙丑《きのとうし》、右遍ん路道、三月吉日法房」

と刻まれている。しまなみ海道の今治については、四国霊場五十四番の札所延命寺境内にある道しるべが最古のもので、正面に

「左遍ん路みち、願主真念」

と刻まれている。

その遍ん路みちは、五十四番延命寺《えんめいじ》（今治市阿方）から順打ちで、五十五番の南光坊にいたる。

順打ちというのは、札所の番号の若い方から順に参拝することで、その反対が逆打ちである。

昔、おへんろは木の納め札を、札所に打ち付けていたので、「打つ」という言葉が、今も使われて、このように表現するのである。また「打ちもどり」という言葉もあるが、これは同じ道を行って帰る

ことをいう。たとえば、五十四番延命寺下の駐車場横の山地にある道しるべには「五十五番南光坊へ一里打ちもどり」と書いてある。

こうした道標を道しるべに、遍ん路みちをたどる現在の遍路人口は、年間二十万人にも及ぶといわれるが、その目的は信仰・観光などさまざまである。

しかし、昔のお遍ん路さんは、信仰一途《いちず》で、草地や松の木蔭で野宿しながら金剛杖《こんごうづえ》一本で歩きどおし、病んで行き倒れる者も多かった。そこで、へんろに出る者は、へんろ手形を持たされ、それには「死んだとき国元へ知らせなくてよい。死体を始末してください」と書いてあったという。

そうしたお遍ん路の墓石が道端に散見されるが、へんろ道周辺の村々では善根宿《ぜんこんやど》をもうけて、お遍路さんを無料で泊めて、食事を出し、その苦労をねぎらった。

明治の頃、五十九番国分寺境内には遍路宿があり、付近にも善根宿をひらいて、お遍路さんをもてなす家が何軒かあったということである。大正・昭和の時代になっても、遍ん路みちには、お遍路さんを接待する家々がどの村にも多かったのである。

竹に宿る雀も見えて秋の月

これは、国分寺へ八丁の遍ん路道、頓田川南堤上鉄橋の東方にあるみちしるべの町石に刻まれた、雪霽庵静道《せつせいあんせいどう》の句である。

へんろ宿あの世の父母の宿のごと　　林家

四国霊場八十八ヵ所の札所

今治の文学の旅は、同行二人《どうぎょうににん》の遍ん路旅を抜きにしては語れない。

四国八十八ヵ所の霊場巡りは、徳島の一番札所霊山寺から香川県の八十八番札所大窪寺まで、空海ゆかりの聖地を尋ねる旅であり、今治地区にも五十四番札所延命寺、五十五番札所南光坊、五十六番札所泰山寺、五十七番札所栄福寺（玉川町）、五十八番札所仙遊寺（玉川町）、五十九番札所国分寺と六ヵ所の寺院がある。そのうちの国分寺のことはすでに述べたので、今度は車を走らせて越智郡玉川町に入り、五十八番の仙遊寺と五十七番の栄福寺を訪うことにする。両寺とも瀬戸内しまなみ海道につづく今治・小松自動車道の近くにあるからだ。

国道317号を蒼社川沿いに走ると、「西国霊場五十八番札所仙遊寺」という案内板がやたらに目につく。矢印にしたがって南方の作札山《されいざん》に登ると、その中腹にくだんの仙遊寺がある。自動車でなら難なく境内まで登ることができ、途中の台地からは来島海峡大橋を含めて、燧灘と今治市街地とを一望のもとに俯瞰できる。

仙遊寺の一の門は両脇に仁王像を侍《はべ》らせて山麓近くにあるが、むかしの参道はそこから急な坂道を登らねばならなかった。その旧参道の道端に空海ゆかりの霊験の泉「御加持水」があり、この井戸水が霊水として、千百余年このかた、どんな日照りの時にも枯れたことがなく、しかも万病に効くというので、この霊水を求めて、参詣者たちは、苦労しながらこの坂道を登った。

この寺は、天智天皇の勅願による創建と伝え、本尊の千手観音菩薩は海の龍宮に住む龍女が川沿いに昇って来て刻んだといわれ、一刀を彫るごとに三回礼をしたので作礼山の山号ができたといわれる。脇仏は薬師如来と不動明王である。仙遊寺という命名の由来は、四十年来この寺に来往していた阿坊仙人が、ある時雲に乗っていずこともなく飛び去った故事にもとづく。境内にはさまざまな石仏が祀られ、さながら極楽浄土に逍遥するような感がある。

四国霊場五十七番札所栄福寺は、仙遊寺のある作札山から下《くだ》り、蒼社川右岸を東に下ったところの府頭山中腹にある。玉川町の北東端に位置した高野山真言宗の古刹《こさつ》で、狭い境内に伽藍がひしめいている。平安時代初期の弘仁年間、嵯峨天皇の勅願で空海が開創したと伝える。空海が、この地方に海難事故が頻発するのを憐れみ、海神供養をしたという伝承があり、昔から

四国霊場五十八番札所　作札山仙遊寺本堂

四国霊場五十七番札所　栄福寺本堂

海陸の道中安全、福寿増進の祈願寺として有名である。また足腰の病気に霊験あらたかとかで境内に箱車がある。

大正時代の末、足の立たぬ十五歳の少年が箱車を犬に引かせて旗を立て、「ひいてください」「おしてください」と書き、箱の後には棒をつけて「おしてください」と書いた旗を立てて、四国八十八ヵ所めぐりに旅立ち、当山までやってきた。境内の小川のそばで休んでいると、のどのかわいた犬が急に小川めがけて走り込んだため、箱車が少年もろとも小川に転落し、少年はいやというほど痛い方の足を岩にうちつけた。すると、不思議なことにその衝撃で足が立つようになり、少年は不要になった箱車をこの寺に奉納して、今度は徒歩で犬とともに巡礼をつづけ、今もその箱車が境内にある。

そうした霊験あらたかな足腰の守り札を買って、山門を出ると西空の彼方に作札山の山なみが美しく眺められる。その作札山と当山とのあいだには、哀れな迷い犬の伝説を秘めた犬塚池があるが、この池は今治藩主松平定剛が寛政十三年（一八〇一）から文化十四年（一八一七）まで十六年間かけて完成した大池で、農民の灌漑用水として大きく貢献した。

別宮大山祇神社神殿

別宮さんと南光坊

越智郡玉川町からふたたび今治市内に入る。東の海岸線に近く、四国霊場五十五番の札所南光坊があるからだ。

ＪＲ予讃線今治駅から駅前の道を真《ま》っ直《す》ぐ行き、左折して北へ向かうと、別宮《べっく》大山祇神社の大きな石の鳥居の前に出る。俗に別宮さんと呼ばれる大山祇神社は、大三島の宮浦から日本総鎮守大山祇神社を地御前《じのごぜ》として越智大領越智玉澄が和銅五年（七一二）にここへ勧請したものだ。

正治年中（一一九九―一二〇一）にはさらに大三島から社家《しゃけ》百四人と供僧二十四坊のうち南光坊、円光坊・大善坊など八坊をここへ移した。社家の大祝は代々越智郡の大領越智氏の一族がつとめ、一遍上人《いっぺんしょうにん》絵伝によると、鎌倉時代河野通信の孫一遍上人が巡錫《じゅんしゃく》の途次、この神社に立ち寄ったことがわかる。その後、

四国霊場五十五番札所　南光坊本堂

この社殿は度々兵火や落雷によって焼失した。

天正三年（一五七五）九月に来島通総《みちふさ》によって再建され、慶長七年（一六〇二）以降は藤堂氏および歴代今治藩主久松氏の庇護を受けて今日に至った。しかし、天正三年の再建当時の社殿は拝殿だけが残り、他は昭和二十年の戦災で焼失した。

境内の大楠は市指定の天然記念物であり、切妻造り桧皮葺《ひわだぶき》の拝殿と谷文晁《たにぶんちょう》筆「白馬扁額」は、それぞれ県と市指定の文化財となっている。

四国霊場五十五番の札所である南光坊は正治年間に別宮大山祇神社の別当寺として大三島宮浦から移された八坊のうちの一寺で、代々河野氏の崇拝を受けていたが、天正年間の兵火に罹《かか》って八坊すべてが焼亡《しょうぼう》した。再建されたのはこの南光坊だけで、慶長五年に今治に移封してきた藤堂高虎は、この寺を藤堂家の祈願所とした。高虎の子高吉が薬師堂を寄進し、その後の歴代今治藩主たちもこの南光坊を祈願所として祭祀料を献納して保護した。境内にはたくさんの句碑がある。

呼びとめて遍路笠をぞぬがせける　子青

来島の渦にも遊び秋遍路　正一郎

この別宮さんから予讃線の線路を越えて西へ。小泉の四国霊場五十六番札所金輪山泰山寺へ向かう途中の馬越《うまごえ》町にある鯨山《くじらやま》古墳は、そのかたちが鯨に似ていることから鯨が丘と呼ばれている。西の前方部が頭の前方後円墳で、越智国造小千命《おちのみこと》（乎致命）の墳墓と伝え、愛媛県指定の史跡となっている。

玉澄さんの大楠（越智大領越智玉澄の墓標）

日の出にも負けぬ夕日や鯨山

これは鯨ケ丘の安養寺境内に立つ田岡大鳳（安養寺住職）の句碑である。「従是南《これよりみなみ》今治領」と刻まれた境界石のある鯨山から県道松山今治線を西へ進むと、別名《べつみょう》という在所《ざいしょ》に行き当たる。ここには遠くからも観望できる楠の大樹がある。根回り一三・六メートル、高さ二二メートルという市内最大の巨樹で、県指定の天然記念物となっている。

この楠は越智大領越智玉澄の墓標と伝え、墓石を幹の根元に巻き込んでいるといわれている。


玉樟はいよよかがみと成《なり》にけり　天川日高に枝も栄えて　正教

玉澄は越智国造であった小千命の子孫で、はじめ宇摩郡を支配していたが、父玉興の跡を継ぎ、越智郡の大領となった。玉澄は領内の政治文化に貢献し、大宝年中（七〇一―七〇四）に大三島宮浦に大山祇神社を遷宮し、長男益男に政権を、次男安元に教権を譲って、それぞれ大領と大祝に任じた。

前述したように玉澄は別宮に地御前として大山祇神社を勧請したが、その屋敷も別名の字《あざ》塔本大祝谷に営み、そこで天平十九年（七四七）に没し、字六反地のこの地に葬られたのである。

大祝屋敷跡は、越智玉澄の創建と伝える嘯月院《しょうげつ》の丘の麓にある。そこには五輪塔七基が並んでいる。現在鳥生《とりう》に大祝屋敷跡があるのは、天正五年（一五七七）に本家の世継ぎが絶え、分家であった鳥生大祝家があとを継ぎ、延宝三年（一六七五）に同家が大三島の宮浦に移るまで、そこが大祝家の本拠となっていたからである。

今治市内を歩いてみると、数多くの三島神社が祀られ、その神紋はいうまでもなく、他の神社にしても、その神紋は隅切《すみき》り折敷縮三文字《おしきちぢみさんもじ》の越智氏（河野・大祝）の家紋が用いられている。いかにこの越智氏の勢力が強大であったかがわかる。

泰山寺から阿方貝塚へ

金輪山《きんりんざん》泰山寺は今治市小泉字寺内《あざてらのうち》にある四国霊場五十六番の札所である。

寺伝によると、寺の西南を流れる蒼社川はたいへんなあばれ川で、付近の農民は毎年のように氾濫に苦しみ、人取り川として恐れられていた。そこで弘仁六年(八一五)に弘法大師がやって来て農民たちに呼びかけ、堤防を築き、土砂加持の秘法によって川を鎮め、このとき建立したのがこの泰山寺だといわれている。寺号は地蔵経の「女人泰産」に由来し、本尊は地蔵大菩薩である。

裏山の金輪山一帯は、かつて泰山寺の塔頭《たっちゅう》十坊が並び、全山が寺域であったが、鎌倉時代以降、度々の兵火に罹って焼失し、元禄三年(一六九〇)に現在地へ縮少移転された。境内には本堂・大師堂・庫裏《くり》・通夜堂などが並び、鐘楼は今治城内にあった太鼓楼

四国霊場五十六番札所　金輪山泰山寺

泰山寺奥の院　観音堂の鏝絵仏像

を移築したものである。

歩いて三、四分のところに奥の院があり、そのお堂の観音像は鏝絵《こてえ》で、漆喰《しっくい》を塗った上に鏝で浮き彫風に描かれた珍しい仏像である。

この泰山寺から川沿いの小路を行くと、半キロ先に大熊寺がある。本尊毘沙門天《びしゃもんてん》は行基菩薩《ぎょうぎぼさつ》の作と伝える。この寺も昔は河野・大祝両家の帰依を受けて繁盛していたが、たびたびの火災で焼失し、現本堂は慶応二年（一八六六）の再建である。境内のノダフジは幹の周囲八〇センチ、棚面積は約二アールにも及ぶ大樹で、二百年以上という樹齢を誇り、今治市の指定天然記念物である。

金輪山泰山寺から北方の阿方へ行く途中に片山というところがある。そこには阿方の貝塚と並ぶ弥生前期の片山貝塚がある。今治市制五〇周年を記念して開設された市民の森公園へと続く丘陵で、主要部は海抜二五メートル、洪積台地の先端部である。近くに天神山城跡があり、市民の森にかけての丘陵一帯には、土壙墓や円墳が分布し、さながら大古墳群の感があり、丘陵から市街地が俯瞰できる。

阿方の字池尻の田屋にまたがる住宅地に史蹟表示のある阿方貝塚は、海抜約一〇メートルの舌状台地末端に位置し、ここから出土する土器は阿方式土器といわれ、瀬戸内地方の土器編年の指標とされて、県指定の史跡となっている。

近見山延命寺と普門山乗禅寺

四国霊場五十四番札所近見山《きんけんざん》宝鐘院《ほうとういん》延命寺《えんめいじ》は阿方貝塚から五〇〇メートルばかり西へ行ったところにある。国道１９６号の北側に案内の表示があり、三〇〇メートルばかり進んだところに山門が見える。

四国霊場五十四番札所　近見山延命寺の鐘楼

その寺号の如く、もとは近見山《ちかみやま》の頂上近くにあり、開基は行基で、空海の再興と伝えるが、戦国時代に豊後から大友氏の侵攻を受けて兵火に罹り、享保十二年（一七二七）に現在地に再建された。宝永元年（一七〇四）鋳造の梵鐘銘には、こうした延命寺の由緒が刻まれ、その鐘の音色《ねいろ》は見事であったから、名鐘として戦時中にも供出を免れた。市指定の文化財である。

仁王門のつぎの門は明治初年に今治城解体のとき、その城門の一つを移したものと伝える。本堂を正面にのぞむ参道の右側にひときわ盛り上がる大樹は、目通り三・二メートル、高さ二〇メートルのツブラジイで、市指定の保存樹である。その近くに立つ宝篋印塔は、寛文の頃、重税に苦しむ村民を救った阿方《あかた》村庄屋越智孫兵衛の供養塔で、参道左手の石段を上がったところに大師堂がある。この寺の本堂は昭和初期の再建で、文化財的にはともかく、境内には地蔵菩薩、不動明王像や土産物《みやげもの》店などが立ち並び、ひねもす参拝客が絶えない。

普門山乗禅寺の裏手にある石塔群

俗に延喜《えんぎ》の観音さんと呼ばれる普門山乗禅寺《じょうぜんじ》は、阿方の延命寺から北西に、波止浜《はしはま》方面行きの県道を行ったところの右側にある。創建は古く醍醐天皇の勅願により建立され、本尊の如意輪観音《にょいりんかんのん》は仏師安阿弥《あんなみ》の作と伝える。

この寺も河野氏や歴代今治藩主によって保護されていたが、ごたぶんにもれず宝暦五年（一七五五）の火災で焼失した。本堂は明治二十八年（一八九五）の改修で、慈照門は今治城の辰ノ口門を移したものである。

この寺の見所《みどころ》はなんといっても境内裏山の墓地にある国指定の重要文化財で、石塔十一基が整然と並んでいる。宝篋印塔五、五輪塔四、宝塔二で、一ヵ所にこのように鎌倉期の優美な石造美術品が揃っているのは全国的にも珍しい。

またこの墓所のすぐ後の丘には、「伊予の佐倉宗五郎」と称される延喜の庄屋八木忠左衛門と妻子の小さな墓がある。寺の仁王門の右側にその頌徳碑が建っている。

忠左衛門は重税と凶作にあえぐ村人たちを見るにしのびず、私財をなげうってこれを救助するとともに、村の窮状と代官の不正を藩庁に直訴した。そのため、一子小太郎とともに紺原《こうのはら》村の刑場で貞享三年(一六八六)六月二十九日に処刑された。

野間神社と野間の石塔群

乗禅寺前の県道から国道を越えてあともどると、神宮《かんのみや》という所にこんもりとした野間神社の森が見える。左折して参道を進むと、野間郡唯一の式内名神大社野間神社の鳥居に行きつく。随身門をくぐって高い石段を上がると、拝殿があり、そこに秘祭神事として有名なわらみこしが一体奉納されてある。春の祭礼には古式のままの奴《やっこ》行列や獅子の競演が華麗に演ぜられる。拝殿の天井には山本雲渓作「仁田四郎と猪」「虎退治の図」など多数の絵馬が奉納されている。境内から発掘されたと伝える和鏡十一面は県指定の重要文化財である。

野間 覚庵の五輪塔二基

この野間神社境内で有名なのは、本殿裏にある鎌倉時代の見事な宝篋印塔であり、国の重要文化財に指定されている。この塔はもと下方の谷間にあったものをここへ移したというが、その側には、これよりもっと古い年代の小さな五輪塔が寄り添う。宝篋印塔の側面には元亨二年（一三二二）十二月十六日付の銘文が刻まれている。

この神社は大宝元年（七〇一）の創建と伝えるが、記録によると天平神護二年（七六六）に従五位の神階を受けて次第に昇進し、承和四年（八三七）に大山祇神社と同格になり、天慶二年（九三九）には純友の乱平定の祈願に功があったので正二位に叙された。

野間神社からもとの国道196号にもどり、大西町に向かって車を走らせ、左折して野間の坪之内に入ると、野間の大墓と呼ばれる「馬場の五輪塔」があり、坂道を登った長円寺谷には「長円寺跡宝篋印塔」がある。

さらにそこから野間寺に向かって道を下ると、前方の住吉神社の横に二基の見事な覚庵《かくあん》の五輪塔が立っている。すべてが国指定の重要文化財で、このように見事な鎌倉時代の墓塔は、ほかでは見られない。まさに天下一品の宝物である。

このほか、乃万《のま》地区には今治市が文化財に指定している宅間《たくま》の中山神社裏石造五輪塔、同じ宅間の石塔二基（マリア石像と隠れキリシタン像）および野間の熊野神社境内にある蓮《はちす》の五輪塔やキリシタン石像など、数々の墓塔がある。まさに日本有数の文化財宝庫ゾーンである。

大浜八幡宮

別宮大山祇神社前の国道317号を真直ぐ東進すれば、波止浜港と糸山公園に至るが、途中で右折して海岸線の大浜へ出ると、むかしの今治漁港の情緒がただよっている。まず湊《みなと》の大浜灯台が人目をひく。

大浜の湊付近は来島海峡の南の入口にあたるので、明治以降汽船の航行が激しくなり、夜間通行のための灯台が必要となった。

そこで明治十五年（一八八二）糸山山頂へ建設を出願したが許可されず、明治三十五年（一九〇二）になってやっと建設されたのが、この洋式灯台である。昭和二十九年になって潮流信号所が併設されたが、昭和三十八年（一九六三）に大浜信号所が新しく設けられたため、その役割を終えた。

また、ここには桜井浜の石風呂と並ぶ湊の石風呂が開設されたところであり、これより南一帯の海岸が石井浜と呼ばれる。

元弘三年（一三三三）に来襲した長門探題北条時直の軍勢を伊予の勤王方であった土居通増と祝安

大浜漁港

親らの軍勢が迎撃して打ち破った古戦場である。

湊から海岸通りを北上すると、大浜漁港で、かつては来島海峡を支配する村上水軍来島氏の軍港があった。江戸時代以降も今治藩主が参勤交代で江戸へ向かうときには、この港から乗船し、波止浜の小浦で下船するのを恒例としたと伝える。旧暦八月十五日に行われる大浜八幡宮の大祭で、櫂伝馬《かいでんま》競漕が行われ、十余艘の船団が神輿を載せた船を守って海上渡御を行うのも、この大浜漁港である。

大浜漁港の正面に大きな石の鳥居があり、参道が中砂《なかすな》場《ば》の丘に通じている。石段を上がると、大浜八幡宮が鎮座し、モガシ、ケヤキ、ヤブツバキ、クロガネモチが生い茂る神奈備《かんなび》の森に覆われている。広い神池があり、丹《に》塗《ぬ》りの橋が水面に映えて美しい。今治歴代藩主の崇敬が厚い古社で、乎致命《おちのみこと》を祭神としているが、平安時代初期に宇佐八幡より分霊して大浜八幡と称した。

社殿は二段・三段と石垣をめぐらし、拝殿には名絵師沖冠岳《おきかんがく》の「観刀之図」や山本雲渓の「祭礼之図」「鐘馗《しょうき》之図」などの素晴らしい絵馬と、奉献船が一艘奉納されてある。面白いのは足袋《たび》を御神体として祀る石段横の潮吹様《しおふきさま》だ。

社殿は度々再建され、元弘三年（一三三三）河野氏、大永四年（一五二四）務司《むし》城主村上吉智・吉任、天正三年（一五七五）来島通総と記録され、慶安二年（一六四九）と元文三年（一七三八）以降は今治藩主の寄進である。

糸山公園と来島大橋

糸山は今治市の北端小浦の背後にある丘陵で、標高九八メートルの山頂からは来島海峡や波止浜湾を俯瞰し、今治の市街地や瀬戸内の島々を遠望できる。来島海峡大橋が架橋された現在、その景観《けいかん》はいよいよ助長され、溜息の出るほど美しい。

瀬《せ》戸《と》渦《うず》のとけてはながれ春の潮　　柳原極堂《やなぎはらきょくどう》

古代よりここは海上交通の難所にのぞむ枢要の地であったためか、山頂には巨石信仰の跡があり、その奉斎は江戸時代まで続けられていた。付近には横穴式古墳群が点在し、葬祭の場所であったことを示している。公園のあちこちに歌碑や句碑が多く、高浜虚子、野口雨情、柳原極堂、中山晋平などの文人たちもここに遊び、句と歌を残した。

糸山公園より来島海峡大橋を望む

狂い汐なりや来島瀬戸の　汐もぜひなや渦《うず》もまく

糸山公園の来島海峡展望館の側にある野口雨情の詩碑である。

髪の長い少女が、ハットのつばに両手をかざして来島海峡大橋を眺めている。これは、地元出身の彫刻家高階城太郎氏製作の「海へ」と題する塑像で、展望館の前に立っている。

「伊予に来て、今治付近から海を眺める。内海で最も狭かった来島海峡は潮流も激しく、潮の満ちるときは渦を巻き音を立てる。そこを眼下に見おろすと、舟が逆落しに通って行くなど、他ではみられない」

これは石川寅治の随筆『来島海峡』の断章だが、これも糸山公園からの観潮記である。

来島海峡展望館と「海へ」の塑像

つらなりて小さき渦泡うまれをり
　大渦潮のうづまく縁に　　　山下陸奥
青々と湧きてうづまく渦潮の
　さなかに深きくぼみをぞ見し　同右

「波止浜観潮楼の丘の上の眺めはすばらしい。折ふしうすもや立った海上にいくつの島、又その向ふの島、だんだんうすれて遠く又島の頭、瀬戸内一ばん島の寄った処、潮の変化のうつくしい処、正面に大島、あの大島へ行ったのは、四年前程の晩春、鯛網の勇ましくおもしろい頃であった」

これは小杉放庵の「四国から近江路」の断章である。公園を北に下れば来島瀬戸をはさんで、小島《おしま》と来島《くるしま》の全容が俯瞰できる。

　戻り来て瀬戸の夏海絵の如し　　虚子

波止浜公園

県道糸山公園線を下り、国道317号に入って北進すると、造船の町波止浜に入る。右折して波止浜港へ向かうと、左手の山が波止浜公園である。

波止浜公園は、波止浜湾の背後にある海抜約四〇メートルの小山で、園内には高浜虚子や今井つる女らの句碑がある。

春潮や和寇の子孫汝《なれ》と我　　虚子
渦汐にふれては消ゆる春の雪　　つる女

このほか俳人河東碧梧桐《かわひがしへきごとう》や歌人吉井勇もこの公園に遊んだ。

来島の瀬戸にあらそふ渦潮の　波ひかりつつ日は落ちむとす

これは味岡光之助の歌碑であるが、歌碑の近くに公園整備に貢献した昭和初期の町長原真十郎氏の胸像が立っている。古くから景勝地として知られ、塩田業で産をなした長者《ちょうじゃ》たちの接客と憩いの場である。しゃれた庵や料亭が並んでいた所である。

公園に上ると、波止浜湾や西の瀬戸をへだてて来島と小島を眺め、遠く大三島、伯方島、大島などのしまなみも望める。桜の名所としても知られ、向いの糸山や来島海峡とともに瀬戸内海国立公園に指定されている。眼下の波止浜湾は奥深い入江が箱のような形をしていることから筥潟湾《はこがたわん》と呼ばれ、昔から帆船の風待ち潮待ちの港として利用された。戦国時代には来島水軍の船溜りとなり、江戸時代に入ってからは、天和三年（一六八三）に波止浜塩田が開発されて町屋が増加し、塩の買い付けのため、江戸や北陸から千石積み、五百石積みといった荷船が盛んに出入りするようになった。波止浜港が伊予の小長崎《こながさき》と称されるようになったのはこの頃からである。元禄十六年（一七〇三）には船番所が置かれ、嘉永二年（一八四九）には御番所前に高さ六メートルの灯明台《とうみょうだい》が建てられ、今も残っている。金毘羅大権現《こんぴらだいごんげん》と描かれた大灯籠《おおとうろう》で、海に生きた波止浜町民の心意気を示している。

波止浜港の大灯籠

くるしま

来島の松を涼しと見てつきぬ　　つる女

これは来島船着場に建つ今井つる女（高浜虚子の姪）の句碑である。

来島は周囲わずか一キロの小島であるが、全島が村上水軍来島氏の城跡で、来島海峡の要《かなめ》の地位にある。ここは宮窪《みやくぼ》の能島《のしま》とちがって、その先の小島と馬島まで常時連絡船が通っているので、渡島に支障はない。

わたしがはじめてこの島に渡ったのは、昭和五十年であった。生憎日曜日だったので、小さな渡船は島への釣り客でいっぱいであった。渡航している西瀬戸は、来島が近づくにつれて潮流が早くなったが、思ったよりおだやかな潮流であった。

「春時雨《はるしぐれ》島の桟橋濡らしすぐ」と、つる女の句にもあるように、桟橋を上がると、すぐ人家が立ち並び、来島水軍の城郭があった丘を背にして、東南方のわずかな敷地に軒がつらなっていた。島には不釣合なほど立派なお堂があったので、その由緒を若い婦人に聞いてみたが、「わかりません」という答えだった。奇妙なことに、犬・猫など四つ足動物がおらず、墓地のない島であった。

ちょうど干潮時だったので、周囲の磯辺を歩いてみたが、そこには昔ながらの自然が残り、見上げる断崖の上には枝ぶりのよい松にまじって矢竹が繁茂していた。

釣人が好む漁場は斎灘に面した磯辺であった。そこは切り立つ断崖の下で、遠浅の磯辺が広々と続き、その向こうに激流が渦巻き、巨浪が黒い岩肌を噛んでいた。

断崖の上は来島水軍の城郭となっており、そこに本丸を囲繞《いにょう》する武者走りがあったと思えるが、天然のままの防塞で、人工の防御施設は何もなく、桟橋や防禦の柱穴があったところは、島の西側の波止浜の水場をのぞむ磯辺にあった。そこの岩肌には無数の柱穴が穿たれ、堅固な要塞跡を思わせた。

その村上水軍来島氏の城郭は断崖頂上を本丸として、南面した下方へ順に、二の丸・三の丸が構築されていた。したがって、登山口は人家が並ぶ集落の中にあり、そこから山麓へと続く細道を、繁茂

来島城跡（今治市来島）

する雑草をかき分けて進むと、奥に石段があり、それが村上神社の参道となっていた。神祠があり、神紋は角折敷縮三文字である。境内は来島城の二の丸にあたる段丘で、その上に二塁の段丘があって、そこが来島城の本丸跡である。矢竹の生い茂る藪をかき分けると、その中に本丸の山頂へと続く石段が残っており、山頂に立つと北の断崖の下から、ゴーッという潮鳴りが聞こえてくる。

「来島の山頂から見る景観の美しさに、私は目を奪われて立ちつくした。島々が天からばらまかれたように、広い海上のそこかしこに横たわっている。東の燧灘には、馬島・中途島などの島影が見え、富士山を思わせる頂上の平坦な四阪島（?）が、海のはるか向こうにかすんでいた。北は大三島だが、これも島々にさえぎられている。西の斎灘へと広がる海も同じで、見渡す限り島また島だ。眼下を見下すと鮮やかに見分けられる幾つかの潮流が唸りを上げて渦巻いている。波と波とがぶつかり合って、飛沫を跳ね上げ、海辺へ打ち寄せては舞い上がる怒涛の音が耳を聾《ろう》する」

これは、当時福岡市に居住していた直木賞作家白石一郎氏が、その受賞作『海狼伝』とそれにつづく『海王伝』を執筆するために瀬戸内海の芸予諸島と港をたずね歩いたときものした随筆「水軍の城」の断章である。白石一郎氏は『歴史紀行・海よ島よ』（一九九四年十一月二十四日・講談社）にも「瀬戸内海の島々」で、この次に訪れた能島での印象をまじえて、これは「島ではないな。大きな戦艦だと思えばよい。来島という島全体が瀬戸内海の西の入口に睨みをきかす不沈艦なのだと、そのとき実感した」と書いているが、それほどに、この島は初めて訪れる人たちに強烈な印象を与えるものである。

本丸跡から東南へ降りると、城の三の丸であったと思える区画に高い石垣をめぐらして、その中に薬師如来を祀った心月庵というお堂があり、庭に「桃桜《ももさくら》見に来し島の庵《いおり》かな」という守田陽山の句碑があった。

焚《た》き寄せ

来島の東北方には、来島瀬戸に向けて昔からの防波堤が突き出している。そこに対岸の小島を見ながら釣り糸を垂れている老人がいたので、近寄って話しかけた。魚籠《びく》には魚は一匹もいなかった。

「本当はこの先の小島か馬島へ渡るつもりだったのじゃが、生憎《あいにく》船便がなくてのう」と、その人はこぼしていたが、釣糸に魚のかからぬつれづれに、焚《た》き寄せの話しをしてくれた。

　この来島海峡、正確にいえば小島と馬島のあたりだが、そこには一名を岩戸漁業という奇妙な漁法があった。昔からの原始的な漁法で、漁師が新月の晩に船を漕ぎ出して早瀬《はやせ》に碇をおろし、赤々と火を焚《た》く。すると、その火に誘われて魚が集まって来るが、潮流が激しく磯に打ちつけて渦巻く海の難所だから、魚は潮流を乗り切ることができず、行動の自由を失って岩場にからだをぶつけそうになる。それを避けるためやむなく海面に浮かび上がってくるところを、漁師たちがたも網で片っ端《ばし》から掬《すく》い上げるという漁法だ。まったく面白いほど獲れて、むかしは日に何十貫となくすくい揚げることが出来たのだという。

小島漁港

　この漁法は最初小島ではじめられ、それから馬島でも行われるようになった。その漁業権は漁師仲間が互いに組内で持ち、満月で思うように魚が獲れない一週間前後と農繁期に休むだけで、ほとんど毎晩のように行われた。むかしは松明を焚いて魚を寄せたが、明治になってアセチレン瓦斯となり、さらにそれがバッテリーにかわった。だからこの岩戸漁業のため、暗夜の来島海峡に一定の間隔を置いて点々とする漁火は提灯行列のようで、瀬戸内の来島海峡ならではの海の風物詩を醸《かも》し出していた。

勿論、この話をわたしにしてくれた老人は、その組内ではなかったから、そんな網掬いの醍醐味を満喫する機会はなかったが、知人に両三度誘われて、それを見物に出かけたということである。

わたしがこの島にいたのは、この日十時二十五分から十二時二十五分まで、わずか二時間であったが、それでもたちまち見物の場所がなくなって、「早く帰りの船が来ないかなア」とうんざりしたくらいだ。浮世離れして、しばし俗塵から遠ざかりたい人にとっては、うってつけの場所かもしれないが、当時はわたしもまだ若かったので、時間の浪費が勿体なくて堪えられない思いであった。

やっと渡船がやって来て、帰りの船に乗ったが、そのときわたしは周囲にアブラナギという名の海面を見た。油を流したように海面がドロリとして、まるで死んだように見えるのだ。細波《さざなみ》一つ立てない海面は夏の暑さも手伝って、人々を眠気に誘わずにはおかない。ついウトウトとして、ハッと目覚めた波止浜の岸壁の上には、自動車が目まぐるしく動いていた。

来島水軍家の系譜

三島村上水軍来島家の始祖は村上右衛門尉吉房である。それ以降の当主の系譜は、二代出雲守吉

来島水軍の遠見番所（遠見山《おみやま》の海山城）

元、三代丹後守康吉、四代右衛門大夫通康、五代出雲守通総、六代右衛門佐《うえもんのすけ》康親とつづき、この康親のとき、慶長五年（一六〇〇）の関ヶ原合戦に遭遇し、翌年豊後国玖珠《くす》郡へ転封となり、この玖珠郡と日高・速見両郡のうち一万四千石を領して、海とは関係のない山国の小大名となった。それでも同じ三島村上水軍のうち、能島村上氏や因島村上氏が毛利氏の家臣となって萩藩の船手組となり、二千三百石から三百九十石というわずかな扶持を与えられたのに比較すると、大いに恵まれている。

来島村上氏の出自については、豊後久留島藩家老家所伝の久留島家譜が真実を伝え、つぎのように記している。

先祖は信濃村上なり。浪人となり、流落のとき、伊予国に赴き、河野氏に依って累代その家臣となり、数度の忠節あり。

このあと、四代右衛門大夫通康のことに言及して、伊予の大守河野弾正少弼通直の子四郎（通直）は幼弱にして愚昧ゆえに、弾正少弼は通康をもって婿となし、諱字《いみなあざな》および側折敷三文字の紋ならびに河野家の系図と記を付与す。

と記し、右衛門大夫通康が河野家を継承したことを伝えている。来島村上氏の家紋が能島・因島両村上家のように㊤すなわち丸に上の字でなく、河野家の隅切折敷縮三文字の家紋であるのは、このためである。

また、その初代と二代についても、『東寺百合文書』にその消息が記され、村上右衛門尉は応永二十七年（一四二〇）頃、幕府から伊予弓削荘の所務職に任ぜられ、それが康正二年（一四五六）の頃には村上治部進《じぶのじょう》と代わっている。これは来島家初代吉房、二代吉元に比定《ひてい》され、伊予国守護河野氏に直属して、岩城島の関立《せきたて》や大崎下島の海関で瀬戸内海の治安に任じていたことがわかる。

来島村上氏と伊予守護河野家との関係は、来島初代吉房が前述した河野弾正少弼通直の四代前の河野刑部大輔通堯《みちたか》（徳王丸通直）の娘婿となったことに始まる。このときから来島氏は河野氏の家臣となり、来島に拠って河野氏の直属水軍を指揮したのである。

来島村上氏が河野氏の滅亡したにもかかわらず、小大名として存続できたのは、四代通康の河野家相続問題がこじれて、来島騒動が起こり、これに反発した通康の子通総《みちふさ》が河野家に反旗をひるがえして豊臣秀吉の陣営に走り、三島村上水軍から離脱して、河野氏滅亡に一役買ったからである。

だが、この五代通総は、兄の得居通之と共に秀吉の朝鮮出兵に従軍して、文禄元年（一五九二）六月七日（通之）と慶長二年（一五九七）九月十六日（通総）に戦死した。

小島の要塞跡

いにしえの海賊島の夜の灯を　遠くながめてなつかしみおり

吉井　勇

来島を探訪して一年後の夏、わたしはふたたび波止浜へ行き、小島へ渡った。渡海船は来島へ寄港したあと、来島の瀬戸を横断して小島《おしま》港の桟橋へ着岸した。

小島は来島海峡中央斎灘《いつきなだ》寄りの島で、半農半漁と船舶関係の仕事に従事するわずかな人々が居住しているに過ぎない。戦国時代には水軍の城砦もあったが、その後無人島となり、元禄の頃に来島から八軒の農民たちが北部の柳井田に入植し、天保の頃から前述した岩戸漁業で賑わうようになった。行政区画は今治市である。

明治期になって、この小島には地下要塞と砲台が設営された。すなわち明治中期、ロシヤ帝国との緊張関係が高まると、その侵攻を予想した明治政府は明治三十二年（一八九九）から七年間かけてこの島の南・

小島中部砲台・地下兵舎跡

中・北の三ヵ所に十二門の砲台と赤煉瓦の兵舎・発電所および探照燈と火薬庫等を建設した。

この要塞は帝国陸軍の長老、上原元帥が設計築造したもので、総工費は二十八万円であったという。明治三十七、八年に日露戦争が起こると、二〇三高地と旅順港の攻略に攻めあぐねた日本陸軍は、この砲台のうち中・南の四砲台を撤去して大砲四門を満州へ搬送した。こうして搬送された大砲は旅順で二〇三高地の攻撃に一役買ったわけだが、残った北砲台の八門の大砲はなんの役割も果たさぬうちに大正十五年(一九二六)八月の爆撃演習をむかえた。

すなわち日本陸軍は、近代戦の時代となって地理的にも無用の長物と化したこの砲台を爆撃演習の標的として空軍の偉力を試そうと、大正十五年の八月十五日から立川飛行隊が海軍の霞ケ浦飛行隊と協同して、連続爆撃したのである。このとき両飛行隊は広島を基地として高度一、〇〇〇メートルから一、五〇〇メートルの空中より、五〇〜一〇〇キロの爆弾を投下した。

ところが、この砲台はほとんどびくともせず、その砲台は爆撃演習のあと、昭和二年(一九二七)に波止浜《はしはま》町へ払い下げられ、波止浜公園に運ばれた。そして、小島に残された兵舎跡をはじめ、砲台などは、小島要塞の遺構として、島内の観光資源となったのである。

昭和五十二年、今治市は小島の要塞跡を観光の名所とするために、南・中・北の各砲台跡へ通じる遊歩道を舗装し、その翌年から三ヵ年かけて二千本の椿を道の両側へ植栽した。今も残る道標と観光案内の表示は昭和五十四年に設置されたものである。爆撃で破壊されているのは、北部砲台のみで、あとは、ほとんど無疵のまま残っている。

小島より馬島を望む

私は潮の流れがやや緩やかになるのを待って、小さな舟でこの海峡を越えて、来島と並んでいる小島といふ島へ渡った。ここには波止浜の町長原真十郎氏の別荘があったが、それは耕漁荘と名付けられた二間ほどの草庵めいた家であって、夜になると硝子越しに岩陰で鰯を漁っている漁船の篝り火の風につれて明滅しているのが眺められた。私はその晩は、来島海峡を流れる渦潮の音を聴きながら眠ったが、昔の勇ましい海賊船のことを思ふと、中々しづかには寝付かれなかった。

これは、歌人吉井勇の『相聞居随筆』に出てくる「内海点描」の中の来島海峡の断章である。

来島海峡大橋が完成した現在、その景観を眺めるには、海上からが最適であるが、陸上からならこの小島がよい。

かつて、上原元師は、自分が設計して製造した小島の砲台が執拗にくりかえされる爆撃にビクともしなかったのを見て、手を打って喜んだというが、同じような快哉《かいさい》は平成十一年五月一日以降、この島に渡って、人と車の行き交う来島海峡大橋を見物する観光客の中からも起こるにちがいない。

大きなる青渦潮は流れゆき　遥かに見えてなおも光れり
すさまじき青渦潮のさなかなる　渦の中心はしづかに移る

両歌とも歌人山下陸奥の作である。

小林一茶の四国旅日記

「十二日、四里、今治卯七を訪ふに、公《おおやけ》の障《さわ》りあれば、又半道《はんみち》、波止浜・花雀亭《かじゃくてい》に宿る」

これは「寛政七年乙卯《きのとう》一月八日、三島てふ名所に到る。しづけしや春を三島の帆かけ舟」に始まる俳人小林一茶『四国旅日記』の、寛政七年（一七九五）一月十二日の記録である。

小林一茶（一七六三―一八二七年）は、宝暦十三年五月五日に信濃国柏原（長野県上水内郡信濃町柏原）の農家に、小林弥五兵衛の長男として生まれたが、三歳で母を失い、継母との不和が絶えなかったので、江戸へ奉公に出され、さまざまな苦労を重ねて俳人となった。

寛政四年（一七九二）三十歳の春に西国行脚の旅に出て、各地の俳人と交流した。したがって、この旅日記は、彼が三十三歳の正月に四国の伊予三島へやってきたときのものである。

二畳庵の後身庚申庵《こうしんあん》（松山市味酒《みさけ》町二丁目）

三島には、養老四年（七二〇）八月二十三日大三島から大山祇大神を勧請して造営した三島神社がある。東予屈指の大社として知られ、日誌の中の俳句は、彼が三島神社に参詣したあと入野《いりの》村へ向かう途中、景勝地の八綱浦《やつなうら》を通過したとき詠んだものである。

入野村（宇摩郡土居町）には、村の西南部に入野薄原《すすきはら》と称する歌枕《うたまくら》の名所があったからだが、一月九日に彼は入野の暁雨館《ぎょううかん》に泊まり、

「梅が香をはるばる尋ね入野哉」

という句を詠んだ。さらに、

「はろばろに尋ね入野の壺すみれ
　ゆかりあればぞ我も摘みけり」

という一首をものした。

翌十日、一茶は入野の名所薄原の景色を愛《め》でなが

ら、二里半程歩いて新居浜《にいはま》へ行き、騎龍亭《きりゅうてい》に泊まった。

「帳とづる加勢もせずに旅寝とは」

翌朝は早立ちで、八里を踏破して桑村郡の中村（東予市）に到って宿泊し、翌十二月に四里の行程で今治の高田屋卯七の家に着いた。ところが公儀の障りがあって、宿泊をことわられたので、やむなく疲れた足をひきずりながらさらに二里歩き、波止浜の花雀亭という俳人仲間の離れに泊めてもらった。

このあと一茶は、風早郡《かざはやぐん》の難波《なんば》村から松山へ向かい、八反地《はったんじ》村の兎文《とぶん》宅や松山城下の二畳庵で、伊予の俳諧仲間と旧交をあたためた。二畳庵《にじょうあん》は俳人栗田《くりた》樗堂《ちょどう》の庵である。この庵は現在復元されている庚申庵の前身で、松山市味酒町三丁目の阿沼美《あぬみ》神社境内にあったと思える。

「門前や何万石の遠がすみ」

小林一茶の句碑（松山市道後公園）

二月朔日《ついたち》の小正月を道後温泉で過ごした一茶は、

「寝ころんで蝶泊まらせる外湯哉」

と発句し、五日に松山を出て二里の道を歩き、三津浜の方十亭《ほうじゅうてい》を尋ねた。ここで俳句仲間と相会して、小深里《こぶかり》の洗心庵や三津の浦辺を逍遥しながら懐旧の俳諧を交歓している。

「汲みて知るぬるみに昔なつかしや」

「梅の月一枚のこす雨戸かな」

十一日に三津を出た一茶は、八反地村へもどり、ふたたび波止浜を訪れた。今度の波止浜での泊まりは、端光寺境内の草月庵《そうげつあん》である。

十四日から十九日までここで遊び、十五日の雨の日に

「軒の雨鉢うつ桜しづけしや」

という句を詠んだ。

十九日、波止浜をあとに六里の道を歩いて中村に宿をとったとき、丁度桜が見頃だったので、村から十丁程離れた実報寺《じっぽうじ》村聖帝山実報寺境内の一樹桜を見物し、

「遠山と見しは是也花一と本」

という句を詠んだ。

伊予路はその頃が桜の花の満開の時期で、「行き戻り尋ね入野の花見哉」と句を詠み、旧暦の二月二十五日にもう一度入野の暁雨館に投宿。翌日、一茶は土居神社に詣で、「落書《らくがき》の一句拙《つたな》し山ざくら」と発句し、二十七日には入野を出て三里、三島神社に参詣した。

「冥加《みょうが》あれや日の本の花惣鎮守」

このあと一茶は、川之江の三角寺に詣でて、「是でこそ登る甲斐あり山桜」という句を詠んだあと、二ヵ月ぶりに讃岐観音寺大和町の専念寺に帰り、そこから大坂へと向かったのは三月八日のことであった。

しまなみ奇談

前述したように、瀬戸内しまなみ海道は、広島県尾道市の西瀬戸尾道ＩＣから愛媛県今治市の今治ＩＣまでである。

したがって、この『瀬戸内しまなみ海道 歴史と文学の旅』も、その海道周辺地域はすべて網羅したことになる。だが、瀬戸内の海をテーマにした作品とあってみれば、なにか海に関する面白い話をもって、この作品を締め括らなければなるまい。

そこで考えついたのが標題の奇談で、一つは波方《なみかた》町の「唐津磯蛸釣《からついそたこつ》り漁業」の話であり、一つは菊間《きくま》町と東予の北条の町に伝わる「うつぼ舟」の話である。両地域とも、しまなみ海道からは外れているが、この奇談を紹介して、本書の締め括りとしたい。

■唐津磯の蛸釣り漁業

『日本三代実録』（八九二年宇多天皇の勅命で編纂された清和・陽成・光孝三代の歴史書）の、貞観九年十一月十日の条に「聞く如く近来伊予国宮崎村、海賊群居し、掠奪もっとも切《せつ》なり。公私の海行《かいこう》、これがために隔絶す」という文言がある。

この宮崎村は、高縄《たかなわ》半島の北西端にあった村で、現在の波方町の一部である。宮崎村はもと独立した小村であったが、明治二十三年の町村制施行に際して、高縄半島の他の村々である波方・樋口・小《お》

宮崎の梶取ノ鼻　ここと東の「なぶと岬」の中間にある岩礁が、唐津崎である。

部《べ》・馬刀潟《まてがた》・森上の五か村と合併して波方村の一部となった。波方村が波方町となり、呼称も昭和三十年に「はかた」から「なみかた」に変わった。

その宮崎村の梶取鼻《かじとりばな》からあとがえって、むかし狼煙台《のろしだい》のあった火山《ひやま》（火建山）に登って、東北方を俯瞰《ふかん》すると、眼の下に唐津磯《からついそ》というところがあり、珍奇なロマンを秘めた物語を伝えている。

むかし、太閤秀吉が茶人大名織田有楽《おだうらく》に命じて珍品の陶器を収集させた。生憎《あいにく》有楽は所用があって出かけることができなかったので、代わって有楽の家臣上田藤右衛門が君命を奉じ、九州の陶窯で珍品奇器を製作させ、それを船に満載して斎灘《いつきなだ》を航行しかかった。たまたまこの海上で時《し》化《け》に遭い、宮崎の湾内に避難し、宰領の上田藤右衛門は陸に上がって森という農家に泊めてもらい、嵐の過ぎるのを待った。ところが、数日たっても風波はおさまらず、そのうちに秀吉の訃報《ふほう》が伝えられて、船頭は邪心を起こし、藤右衛門が陸にいるのを幸いとばかり、船中の珍宝数百点を奪い、故意に船を沈めて逃亡してしまった。

驚いた藤右衛門は生きた心地がなく、すっかり塞ぎ込んでノイローゼとなり、岩頭に上《あ》がってハッタと海面を睨んで、屠腹《とふく》して果てた。慶長三年（一五九八）十月九日のことである。宮崎村の人々はこれを憐れみ、小祀を建てて葬り、唐津明神《からつみょうじん》と称した。

時は流れて文政十年（一八二七）の五月、来島の漁夫がこの海域で釣《つり》をしていたところ、たまたま蛸《たこ》を吊り上げ、その蛸が陶器を抱いていた。見ると、その陶器は無類の珍品で、骨董屋《こっとうや》に値ぶみさせると、びっくりするような高値がつき、村の古老に聞くと二百三十年前の事件が分かった。念のため細縄《ほそなわ》を蛸にくくりつけて海中に放つと、その蛸は海底に沈んで間もなく陶器を抱いて海面に上がって来た。細縄をつけて蛸を海中に放ち、それを手繰《たぐ》りよせる蛸釣り漁法が始まったのは、このときからである。

陶器を唐津《からつ》という。したがって、この陶器の蛸釣り漁業が行われる海域を唐津《からつ》の海と呼び、その磯辺を唐津磯と呼ぶ。

これは明治二十七年三月に波止浜の松岡三左衛門という人が『波止浜にて蛸をもって陶器を釣るの来歴』という著作で世に伝えた話である。

■あいぞうの火

民俗学者柳田国男の作品にうつぼ舟の話が出てくる。これは小さな箱舟で、外から波が入らぬように厚い板を張りめぐらした厳重なつくりである。外から閂《かんぬき》をかけて、中から外へ出られないようにしてあるが、そこへ不義を犯した女が懲罰のために入れられて、海に流されるのである。それでも箱の中には食糧や水が入れられて、当分の暮らしには差し支えないようにしてある。だから、運がよければどこかの浜に流れ着いて、外から閂をはずしてもらって、水と食糧を補給してもらえる。だが、一回目は出してもらえず、三回目になってやっと許されて外界へ出られる。そんな残酷な掟の舟がうつぼ舟である。

次の話は、そのうつぼ舟にまつわる、ある菊間の漁師の物語りである。

むかし、菊間の沖の安居島《あいじま》の方角から、夏の宵に夕闇がせまると、きまって怪しい火の玉が波の上をすべるように、こちらの海岸めがけて近づいてきた。その火はある距離まで近づくと、ハタと消えて、あとは真っ暗な闇の海面ばかり……。人々は、これを「あいぞうの火」と呼んだ。哀れなうつぼ舟の女の執念のなせるわざだったからである。

いつの頃かわからぬが、菊間の漁師が沖に出て釣りをしていると、一隻の奇妙な小舟が流れてきた。方舟《はこぶね》で、帆もなければ櫂《かい》もなく、苫《とま》がかぶさって中が見えない。「だれも乗っていないのか」と、乗り移って苫をはらいのけると、中の船室に女が一人赤ん坊を抱いてうずくまっている。高貴な家の出らしく、身のまわりには高価なお宝がぎっしりと積まれている。女は泣きつかれて眠っていたらしく、漁師の呼びかけに目を覚まして、「どなたかは存ぜぬが、どうかお助けください。助けてくだされば、ここに積んである品物のうち、お好きな物を差し上げます」と懇願した。

「よし、助けてやろう。じゃがその前にお宝をお礼に貰っておこう」と、そういって漁師は素早くありったけの財宝をみんな自分の漁船に移しかえてしまった。そして、それが終わると、漁師は、女が哀願する手を邪険にふりはらい、なおもすがりつこうとするのを足蹴《あしげ》にして、そのまま地《じ》に向かって舟を漕ぎ去ってしまった。

折からやまおろしが吹いて、女の乗った舟は沖に流され、流れ着いた先があの安居島であった。安居島の漁師はこれを見付け、気の毒に思って女を乳飲み子ともども助け出して、陸《おか》に上げて介抱したが、そのとき女はもう絶望にうちひしがれ、生きる気力を失って事切れてしまった。安居島の漁師は「可哀相に、いずれどこかのやんごとなき家の出のお姫らしいが、これもなにかの縁《えにし》じゃ、葬って差し上げよう」と祠《ほこら》を建て、姫坂《ひめさか》神社と名付けて、命日には回向《えこう》を欠かさなかった。

一方、菊間の漁師の方は、思わぬお宝に恵まれて、そのお宝をすぐさま金《かね》に換えて、その金で毎日贅沢三昧《ぜいたくざんまい》に暮らし、二度と漁に出ることはなかった。だが、悪銭身につかず、いつしか身を持ち崩して自堕落《じだらく》となり、次々と家庭に不幸がおとずれて、罪の意識にさいなまれ、「自分がこんなに不幸になるのは、あのとき自分が女を見殺しにしたから、その報いを受けているのじゃ」と、ありし日の罪を告白しながら、とうとう狂い死にしてしまった。

そこで、村の年寄たちは、累が他に及ばぬよう、女の霊を弔うことを申し合わせて、厄除《やくよ》け大師を祀る村の遍照院《へんじょういん》の裏山に姫坂神社を建てたのであった。

■東予北条の藤御前伝説

これによく似た話が東予の北条《ほうじょう》にある。これも柳田国男が紹介している『日本の伝説』で、話は次のようになっている。

むかし、東予の西条に土居《どい》という地頭がいた。その土居氏が北条の浜でうつぼ舟を見付けて、中にいた美しい女を助けた。藤御前《ふじごぜん》という名で、京の名門藤原氏の出だが、道ならぬ不義を犯したという罪でうつぼ舟に入れられて瀬戸内海を流されたのだった。助けられた藤御前は、土居家でしあわせに暮らしていたが、その美貌が評判となって、小松一万石の領主の耳に入り、土井氏に彼女を差し出すよう命じた。召し出された女を見て小松殿は一目惚《ひとめぼ》れ、側室になれと命じた。だが、姫はいくら強要されても、不義の罪で処刑された亡き愛人への操《みさを》を立てて、どうしてもこれを諾《うべな》わなかった。すると可愛さ余って憎さが百倍という世のならいにもれず、小松殿は怒って藤御前を大きな樽の中にいれ、そこへ蛇を何匹も入れて蛇《くちなわ》攻めで女を殺してしまった。

それからというもの、土居の村に悪疫が流行して村人たちは苦しみ、小松の殿も川狩りに出かけて土居までやってくると、馬が飛び跳ねて落馬したから、人々は、これは藤御前の亡霊のなせるわざと、村の鶴岡神社の境内に祠を建てて彼女の霊を祀った。

今でも東予の北条にはこんな民謡がある。

藤御前神社（西条市北条・鶴岡八幡神社境内）

〽伊予の北条にゃ　よい娘《こ》はできな
　　　よい娘できたら蛇《くちな》責め

わたしは、この民話をたしかめるため、ＪＲ予讃線で壬生川《にゅうがわ》駅に下車し、北条の町を訪ねたが、そこに伝わっている伝承は右に述べた柳田国男の話とはだいぶんちがっていた。

藤御前を蛇責めにしたのは、地頭土居《どい》兵馬《ひょうま》重行《しげゆき》という人の妻で、この妻が、夫の兵馬重行が藤御前を妾にして可愛がり、自分をかえりみなくなったので嫉妬し、こんな残忍な蛇責めの拷問にかけたというのだ。時に天文四年九月十八日、藤御前は当時十八歳であった。

ところが、その後兵馬の妻は無念の最期を遂げた藤御前の祟りで病魔に悩まされて苦しんだので、兵馬は藤御前の霊を鎮めるため、神祠二宇《にう》を建て、一つを藤御前神社、一つを藤権現社《ふじごんげんしゃ》とした。したがってこの地には二社が東西に通じる道路をへだてて南

藤之神社（西条市北条蛭子《えびす》）

北に並び、南側が藤御前神社、北側が藤権現社として村人たちからあがめられていた。明治四十五年四月十九日の神社合祀令によって藤御前神社の方は、現在の鶴岡八幡神社境内に遷座させられ、残った藤権現社は藤之神社と名称を変えた。

蛇責めで殺された藤御前は心のやさしい女であったから、息を引き取るとき、「今よりのち、女の願いごとは一生に一度必ず叶えてさしあげる」と言い残したというので、村の娘たちは、その徳を慕って参詣する者が多く、この両神社は女の守神《まもりがみ》となっている。祭日は九月十八日である。

文明年中、此里ニ藤ノ前ナル美人アリ。押領使ノ妻、藤ノ美艶ヲ妬ミ、無実ノ罪ニ堕シ、水火及ビ蛇責メノ刑ヲナス。藤ノ前落命ス。時十八歳九月十八日ナリ。藤ノ魂魄《コンパク》鰻トナリテ怨ヲ報ジ、彼妻ヲ苦シメタリ。因テ石鎚蔵王権現ヲ勧請シ藤ノ前ヲモ神ト祀ル。夜陰藤生ジテ繁茂セリ。又古池鰻多ケレドモ取ル人ナシ。村人、藤ノ前ノ霊ヲ崇メ、ヤガテ女性ノ苦悩ヲ除キ救ウ神トシテ称エ祭ル。神社ノ由緒ハ他ニ諸説アルモ略ス。

これは、神社の祠の中に掲示されてある藤御前神社の由緒書である。

芙美子「帰郷」の詩

西条市北条の鶴岡八幡神社境内にある藤御前神社の由緒を調べたあと、わたしは境内の記念碑に風《ふ》情《ぜい》を添えている早咲きの桜の一枝を眺めていた。神社の裏門の塀越しにである。するとそこを通りかかった老婦人がわたしに背後から声をかけた。

「今は実報寺の一本桜が見頃でござんすよ。行って御覧になってはいかがでしょう」

この紀行の『小林一茶の四国日記』で一茶が、寛政七年の旧暦二月十九日に波止浜から六里の道を歩いて中村へ来て宿をとったとき、「丁度桜が見頃だ」というので、村からわざわざ十丁程はなれた実報寺村へ見物に行く、その実報寺境内の大樹の桜である。

そこでわたしもその気になって、急ぎ壬生川《にゅうがわ》駅まで歩き、そこからタクシーで実報寺へ桜見物に出かけることになるのだが、その駅前で、わたしははからずも林芙美子の「娘から父へ」と題する記念碑を目にすることができた。記念碑には、こう書かれてあった。

何もかも忘れ
　この不幸な私を
父上は
　愛して下さるでせう
　　　　芙美子
父上様

この東予の壬生川は、林芙美子の実父宮田麻太郎の出身地であり、同時に芙美子にとっても心の古里である。麻太郎は東予市新町（周桑郡吉岡村新町）の出身で、今は生家はなく、新町の新福寺に宮田家の墓があるだけだが、彼女は小さい時別れたままのこの父を偲んで、大正十三年十二月に、大略つぎのような文面の手紙を書いた。

「大変ご無沙汰しましたが、お変わりありませんか。私もあさってで二十三になります。今東京で、色々な苦労をなめ、それでも元気で生活しています。

母は父（養父）と一緒にいますが、私は一人でこちらにいます。随分長いこと音信もなく、血を分けた父のありかも知らないでいる私でしたが、先日、わずかな記憶をたどって下関の方へ照会し、やっとわかりましたので手紙を書いています。

何か商売をしていらっしゃいますか。私も只今は小説だの童話などを書いて、なんとかやっていますから、東京へお出での節はお立ち寄り下さい。寒さの折から、御体を大切に祈ります。

近いうち詩集を出したいと思いますが、なにぶん貧乏で仕方がありません。きっと偉くなりますから見ていて下さい。ほんとうに力強く闘って行きます。人間というもののあまりたよりにならない世の中にあって、私は野中に立つ一本の身ノ上で、私自身を資本にして勝負をしなければならないのです。
とにかく、体だけは元気です。ご安心下さいませ。何もかも忘れ、この不幸な私を、父上は愛して下さるでせう——御自愛を祈ります」

芙美子はこのあと、小説家として世に出たあと、一度この故郷を訪ねているが、そのとき書いたのが「帰郷」の詩である。

芙美子「望郷」の文学碑（東予壬生川駅前）」

わたしはこの紀行の冒頭を芙美子の自伝的小説『風琴と魚の町』から始め、因島での『放浪記』の断章など、彼女の作品を随所にちりばめた。そして、今また、はからずもこの紀行の最後を、彼女の故郷である東予の壬生川でしめくくることになった。
いわば、わたしのこの作品は、彼女の名作『放浪記』の跡をたどった文学紀行のようなものである。されぱこの作品の最後も、芙美子がこの東予の壬生川で詠んだ、「帰郷」の詩を転記して締め括りたい。

今この詩は、東予壬生川佐志久山《さしくやま》の頂近くの道端の碑石に刻まれて、芙美子のありし日の面影と一緒に、道行く人人《びと》へ語りかけている。

帰郷　　林　芙美子

古里の山や海を眺めて泣く私です
久々で訪れた古里の家
昔々子供の飯事《ままごと》に
私のオムコサンになった子供は
小さな村いっぱいにツチの音をたてて
大きな風呂桶にタガを入れている
もう大木のような若者だ
小指をつないだかのひとは
誰も知らない国へ行っているってことだが
小高い蜜柑《みかん》山の上から海を眺め
オーイと呼んでみようか
村の人が村のお友達が
みんなオーイと集まって来るでしょう

あとがき

旧尾道市街地から今治市までの瀬戸内しまなみ海道歴史と文学の旅を終えて、ＪＲ予讃線今治駅に降り立ったとき、わたしは「おやっ」と思った。というのは、駅前のしまなみライナー・バス停のところに、猿飛佐助《さるとびさすけ》の像が立っていたからだ。猿飛佐助とは真田《さなだ》十勇士のナンバーワンで、明治四十三年から大正十三年にかけて刊行された立川文庫《たちかわぶんこ》で、少年たちの人気をさらった痛快無比のヒーローである。

それが、なぜこんなところに立っているのか、わたしは不思議に思って切符売場の従業員に聞いてみたところ、その婦人の答えは「わかりません」であった。でも、理由なしに佐助の像がここにあるはずがないと思いながらも、そのときはバスに乗ったが、福山市に帰宅して書物を調べていたところ、やっとその理由がわかった。『立川文庫誕生秘話』という、その本の説明書きにはこう書かれてあった。

幕末の頃、伊予の今治に日吉屋《ひよしや》という廻船問屋があった。主人は山田丑《うし》蔵だが、彼は侠気のある男で、維新の志士をかくまったり、明治になっても土地の顔役になって、肩で風を切った。その丑蔵の一人娘に敬《けい》というすこぶるつきの美女がいた。十七歳のとき、開明的な今治で、キリスト者の青年医師を婿養子にとって、四男一女をもうけた。

ところが明治二十九年、彼女が四十二歳になったとき、今治へ巡業にやって来た一つ年下の講釈師玉田玉秀斎《たまだぎょくしゅうさい》（加藤万次郎）とわりない仲となり、島づたいの渡海船で大阪へ駆け落ちした。玉秀斎はそのため顰蹙《ひんしゅく》を買って講談の業界から締め出され、たっきの道を失った。

けれども、そんなことでへこたれるお敬ではない。彼女は当時大阪で月刊雑誌が発行されて、その中の講談読み物が人気をさらっていることに着目すると、講釈師に速記者を付けて、その講談を速記させ、読み物にして雑誌に連載を始めた。そして、それがヒットすると、今度は書き講談を本にして出そうと画策した。

お敬が玉秀斎と駆け落ちすると、残された四男一女のうち、長女の寧《ねい》は母の不倫がもとで嫁ぎ先を離縁となって、当歳の蘭子を連れ大阪の母を頼った。四人の息子たちも次男が東京へ出て、一本立ちとなった以外は、みんな大阪と神戸へ出て来たので、お敬はこの子たちをすべてこの仕事に動員した。とりわけ、長男は歯医者となっていたが、そっちの方はかまわず、講談にのめり込み、山田阿鉄《おてつ》という読み物講談の作者となった。

玉田玉秀斎はいうまでもなく、妻のお敬も、雪花山人とか野花散人とかのペンネームで講談を書き始め、そうした共同執筆で作品がたまると、それを大阪の出版業者へ持ち込んで、当時東京で一大旋風を巻き起こしていた袖珍文庫《しゅちんぶんこ》と同じような本にしてくれといった。だが業者は、こぞってそっぽを向いた。ほとんどあきらめかけていたところ、最後に持ち込んだ立川《たつがわ》文明堂の主人立川《たつがわ》熊次郎がお敬の熱意にほだされて、これを引き受けた。こうして誕生したのが少年向けの講談読み物立川文庫《たちかわぶんこ》である。

表紙はお敬の発案で今治日吉屋の女紋《おんなもん》である揚羽蝶《あげはちょう》で、内容が抜群に面白いということが評判となる。

り、大当たりをとり、少年ばかりでなく、大人たちも争ってこの文庫を読むようになった。講談本の売れ行きがよくなると、阿鉄は奥村次郎・中尾亭というライターを見出して、仲間に入れた。

最初は一休禅師、水戸黄門、大久保彦左衛門といったところであったが、そのうちにまったく架空の人物である猿飛佐助や霧隠才蔵《きりがくれさいぞう》が出版されて、いわゆる忍者ブームを巻き起こした。問題の猿飛佐助は、お敬の生家とさほど遠くない石鎚《いしづち》山系の渓谷にかけられていた猿飛橋からとった名で、その名付親はお敬なのだ。それを息子の山田阿鉄が脚色して、あんな面白い物語にしたのである。すなわち立川文庫と真田十勇士のヒーローたちは、この山田一家が生み出した大衆文学の作品だったのである。

今治駅前の猿飛佐助像

わたしも、この『瀬戸内しまなみ海道　歴史と文学の旅』を上梓するにあたって、これまでわたしの作品を手がけてくれた東京の出版社に企画出版を依頼したところ、その販売が見込めぬということで、ことごとく拒否され、やむなく自費出版ということになり、大阪の図書出版浪速社に持ち込んだところ、協力出版をして下さることになり、やっと、しまなみ海道開通一〇周年の記念事業開催中に発行できることとなった。とりわけ同社の代表取締役杉田宗詞氏にはご尽力をいただき、お礼を申し上げるが、同時にこの作品のオリジナルとなったＮＨＫラジオ深夜便および、それをもとに小生がまとめた同題名の紀行を新聞に掲載させてくださった岡山の山陽新聞社と愛媛新聞社に衷心より、御礼を申し上げたい。

ともあれ、この作品が、そのまま埋没し、忘れ去られようとする貴重な瀬戸内文化を、後世に残すことへの機縁ともなれば、老い先短いわたしにとって望外の幸せである。

森本　繁

平成二十一年卯月吉日

瀬戸内《せとうち》しまなみ海道《かいどう》 歴史《れきし》と文学《ぶんがく》の旅《たび》

二〇〇九年 八月三十日 初版第一刷発行

著者
森本 繁

発行者
井戸清一

発行所
図書出版 浪速社
大阪市中央区内平野町二―二―七
電 話 (〇六) 六九四二―五〇三二 (代)
FAX (〇六) 六九四三―一三四六

印刷・製本
亜細亜印刷 (株)

落丁、乱丁その他不良品がございましたら、お手数ではございますが
お買い求めの書店もしくは小社へお申しつけください。お取り替えさせて頂きます。

Printed in Japan ISBN978-4-88854-441-2